写真Ｋ－１　太田川河岸の基町相生通り（『広島市公文書館紀要』第 30 号　1970 年頃撮影）

図Ｋ－１　広島中心部と相生通り（アイソメ図）（都市環境開発研究所提供）

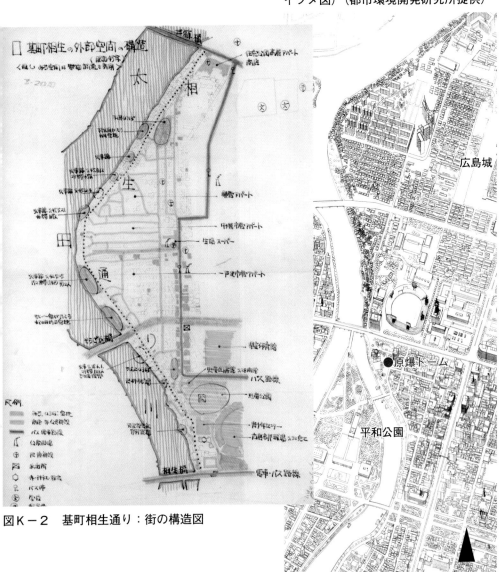

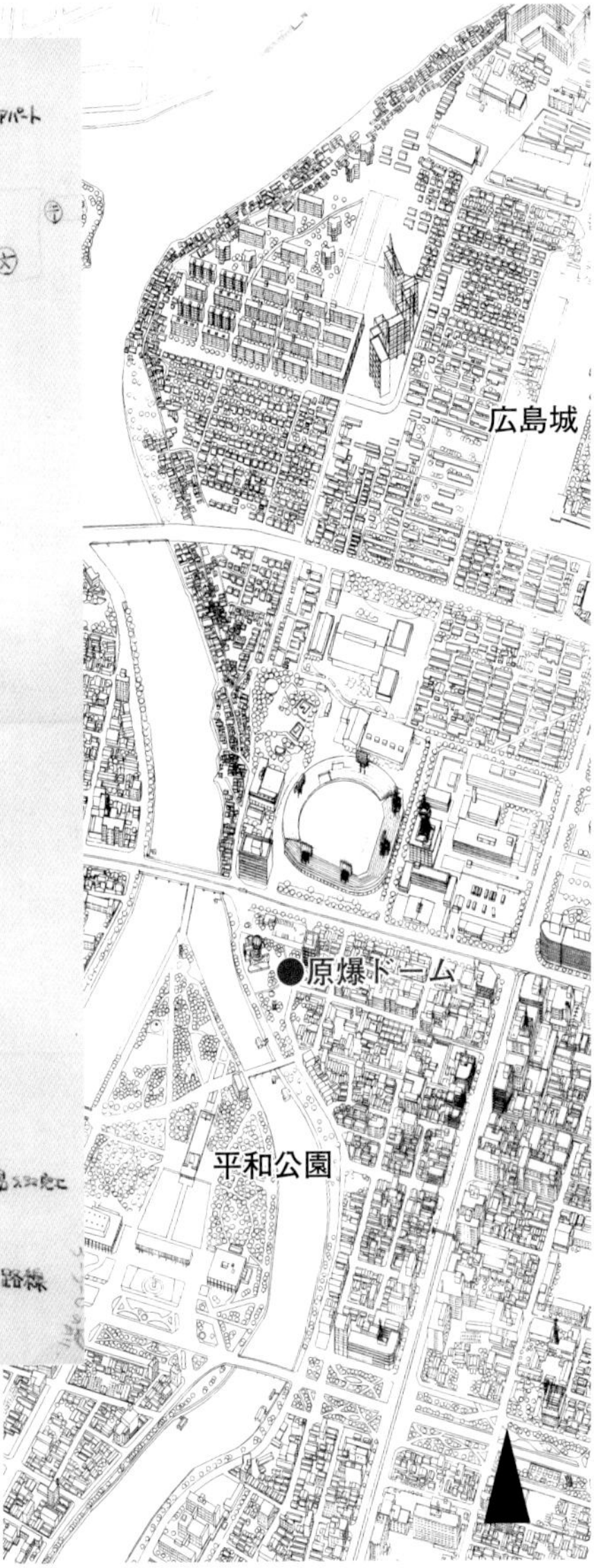

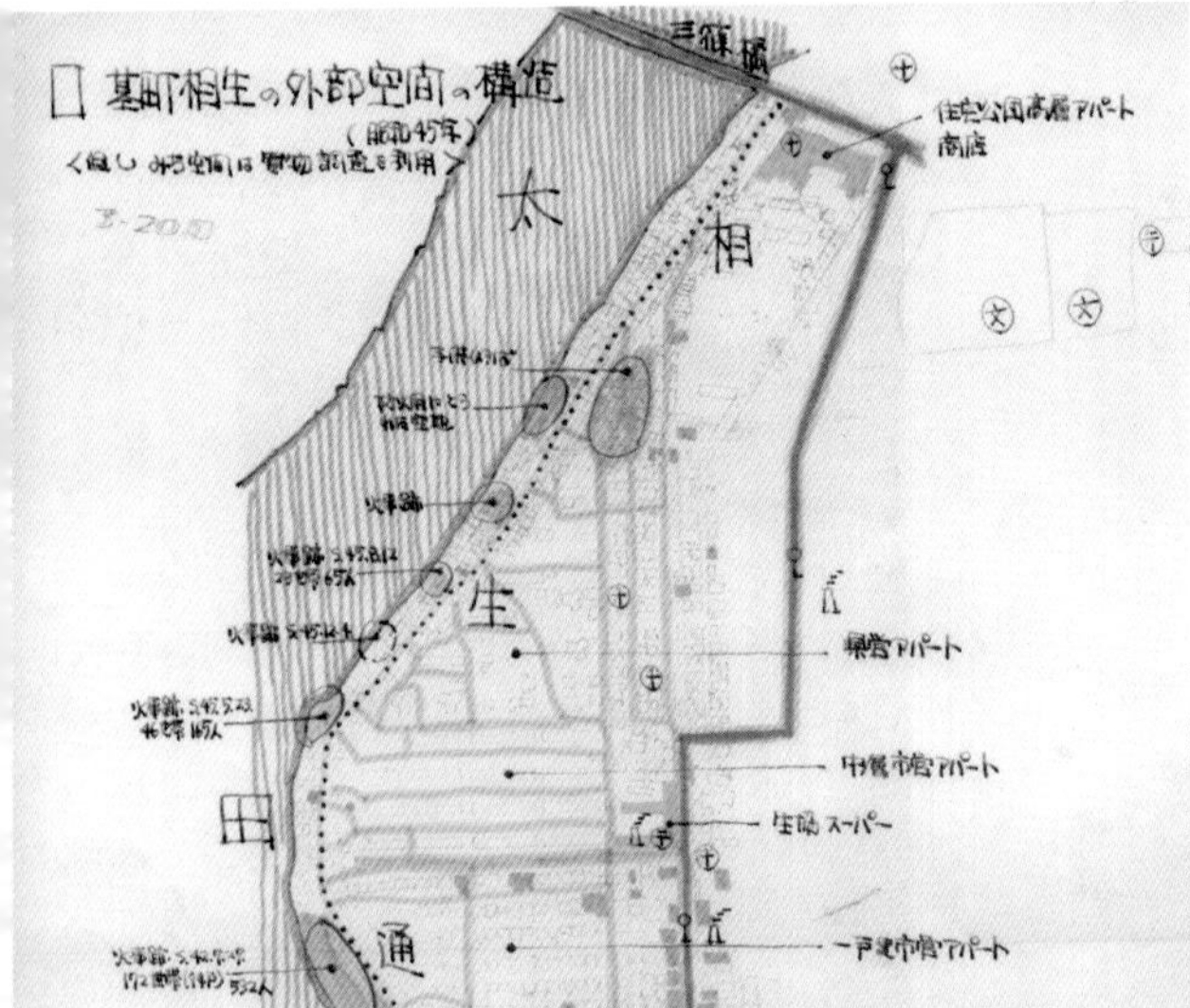

図Ｋ－２　基町相生通り：街の構造図

写真Ｋ－２　北から南に向かって相生橋・原爆ドーム方向を見る。右の川沿いの白い筋が相生通り。市民球場が着工される以前。(広島市公文書館提供)

写真Ｋ－３
南から北に向かって三篠橋方向を見る。川に沿う右側が相生通り。(1969年撮影　広島市公文書館提供)

写真Ｋ－４　通りの風景(上・中段、石井和紘撮影)

下段（左）川側からの風景（『都市住宅　7308』p79　石井和紘撮影）（右）佐々木雄一郎・1967 年撮影

写真K－5　相生通りの屋根・路地で遊ぶ子どもたち

最下段(左)『都市住宅　7308』p79 (石井和紘撮影)

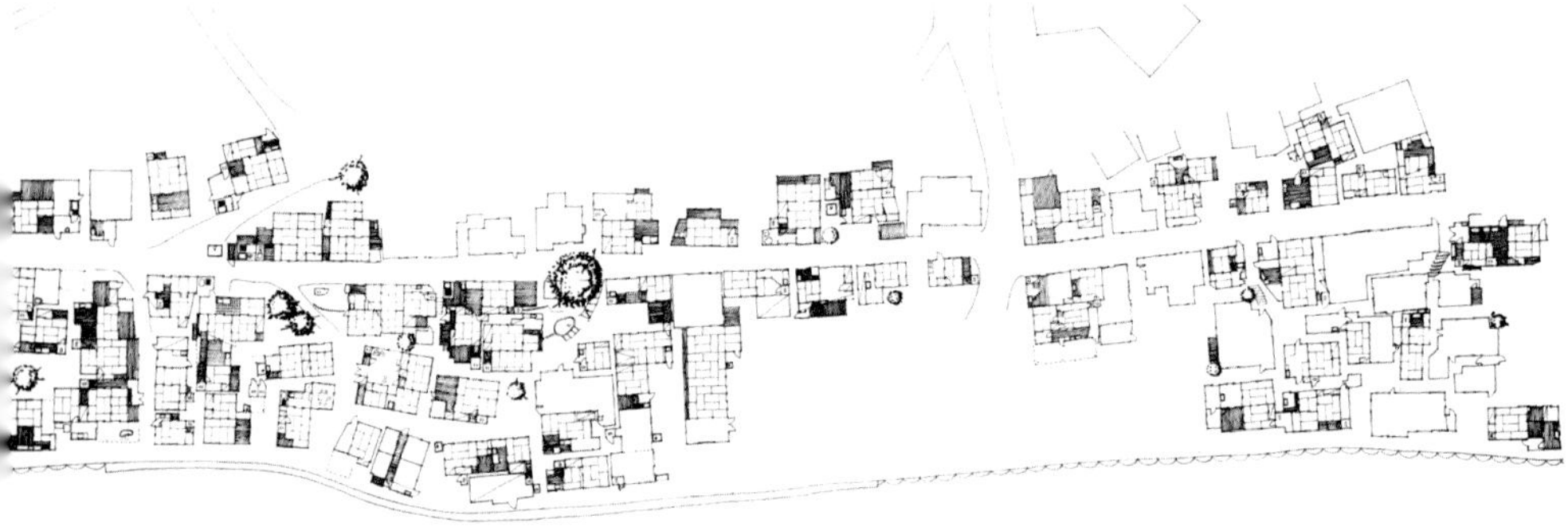

積図（昭和 45 年までの建築状況）　＊白地は不明も含む（『広島新史』都市文化編）

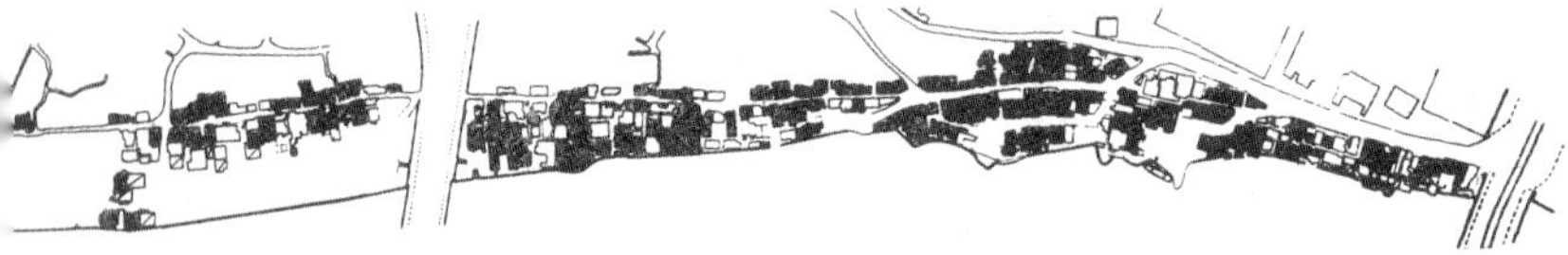

子どもの行動　＊１日４回、定時に観測したもののひとつ。

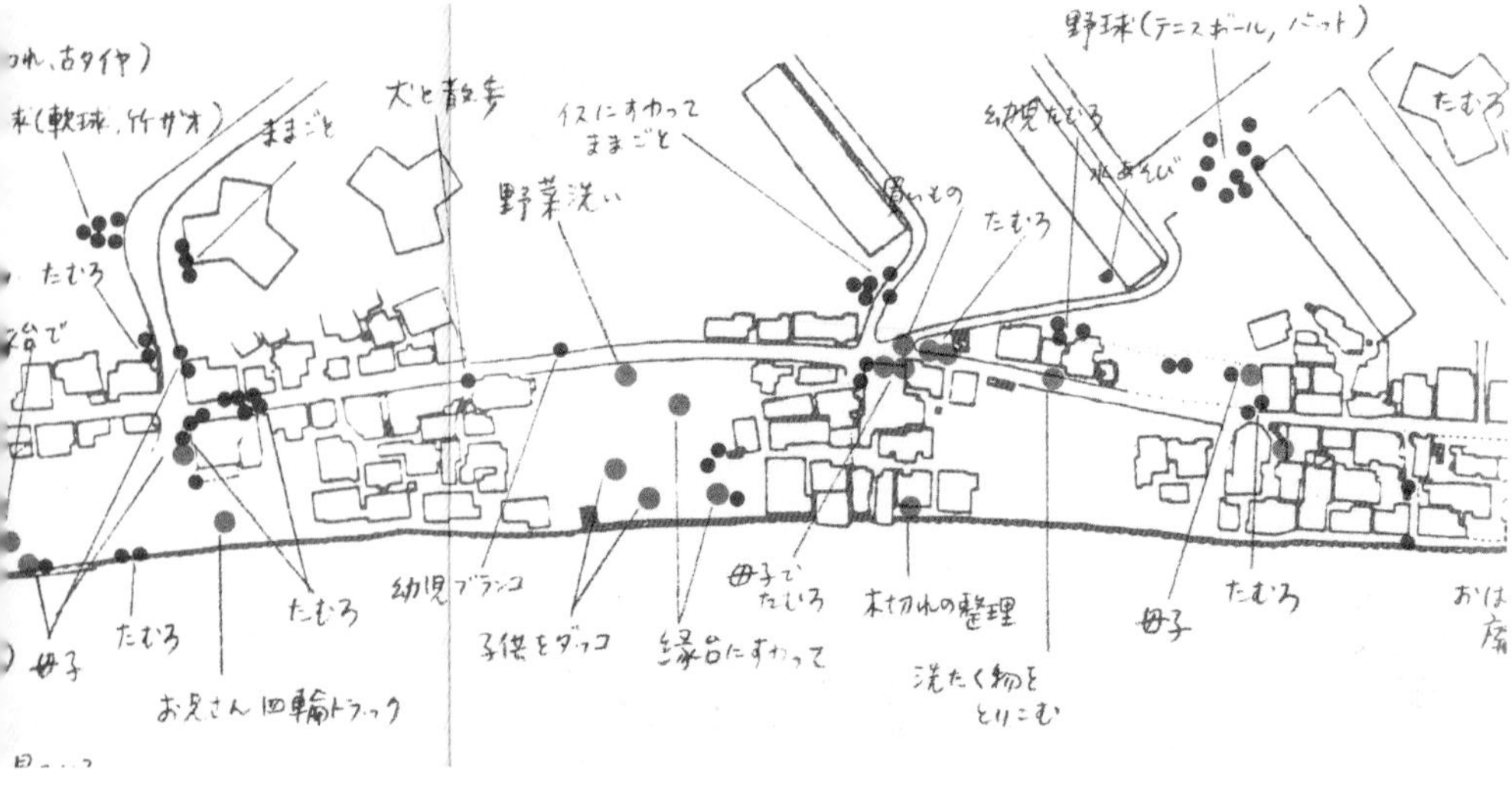

図Ｋ－３　地区北部（三篠橋から南へ約 400 ｍの間）平面図

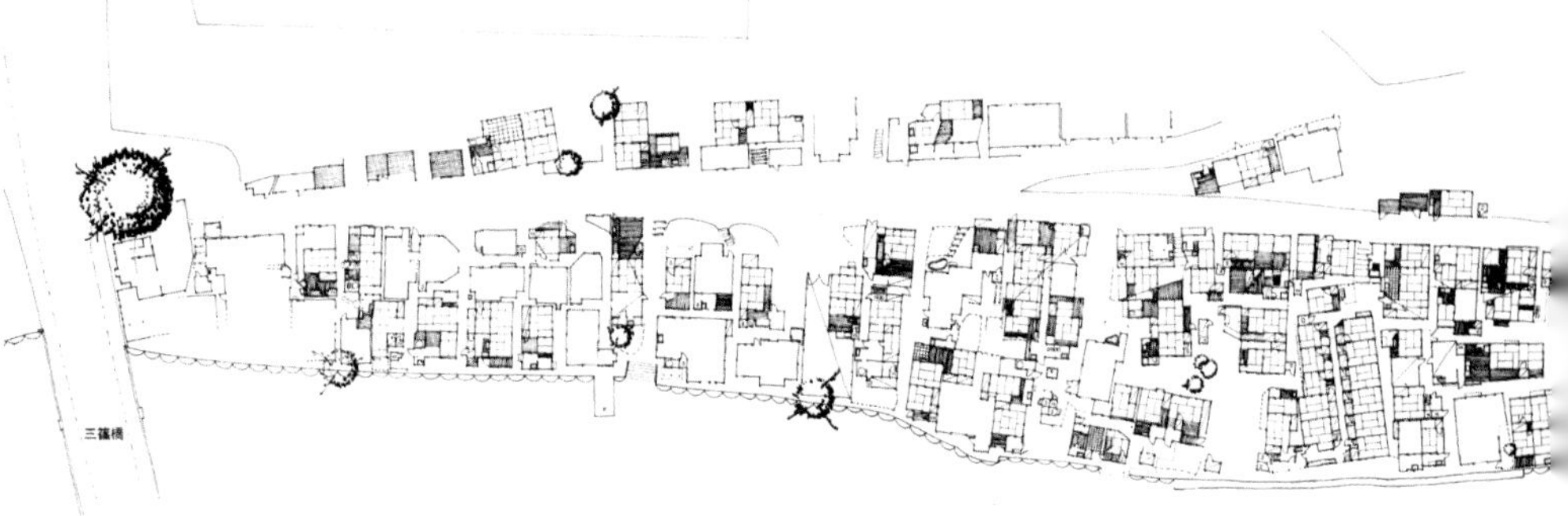

図Ｋ－４　（上）建築年代別建物集積図（黒塗りが昭和 29 年頃までの建築状況）（下）

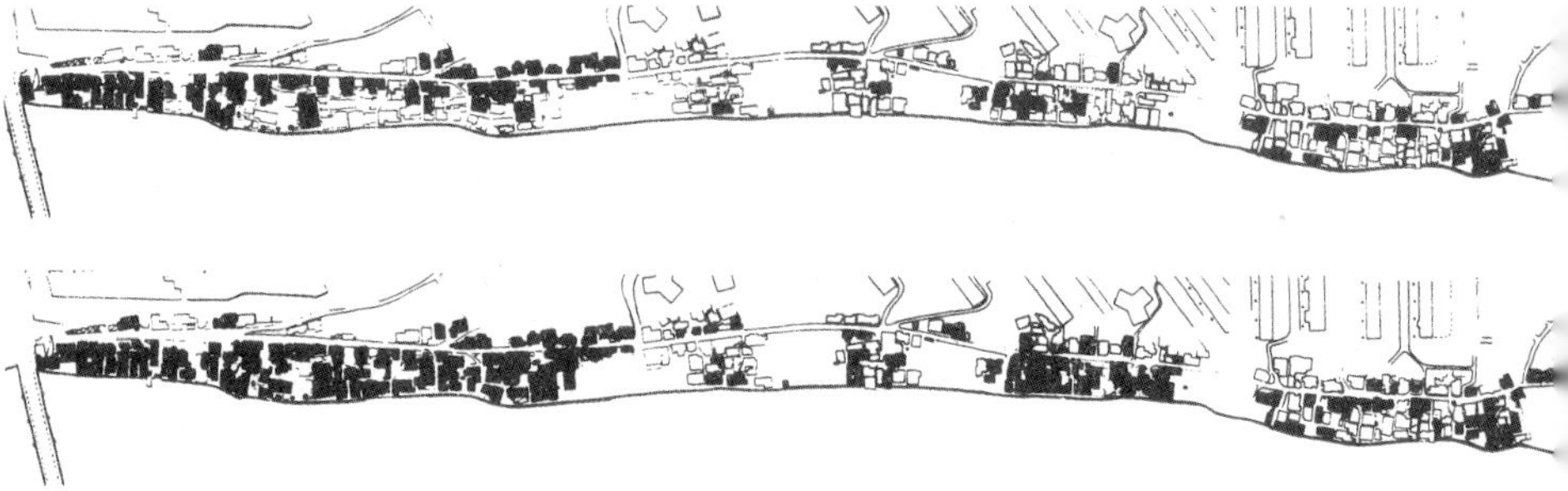

図Ｋ－５　時間帯別行動図（調査日　1970 年 8 月 28、31 日午後 4 時～ 4 時半）●大人の行

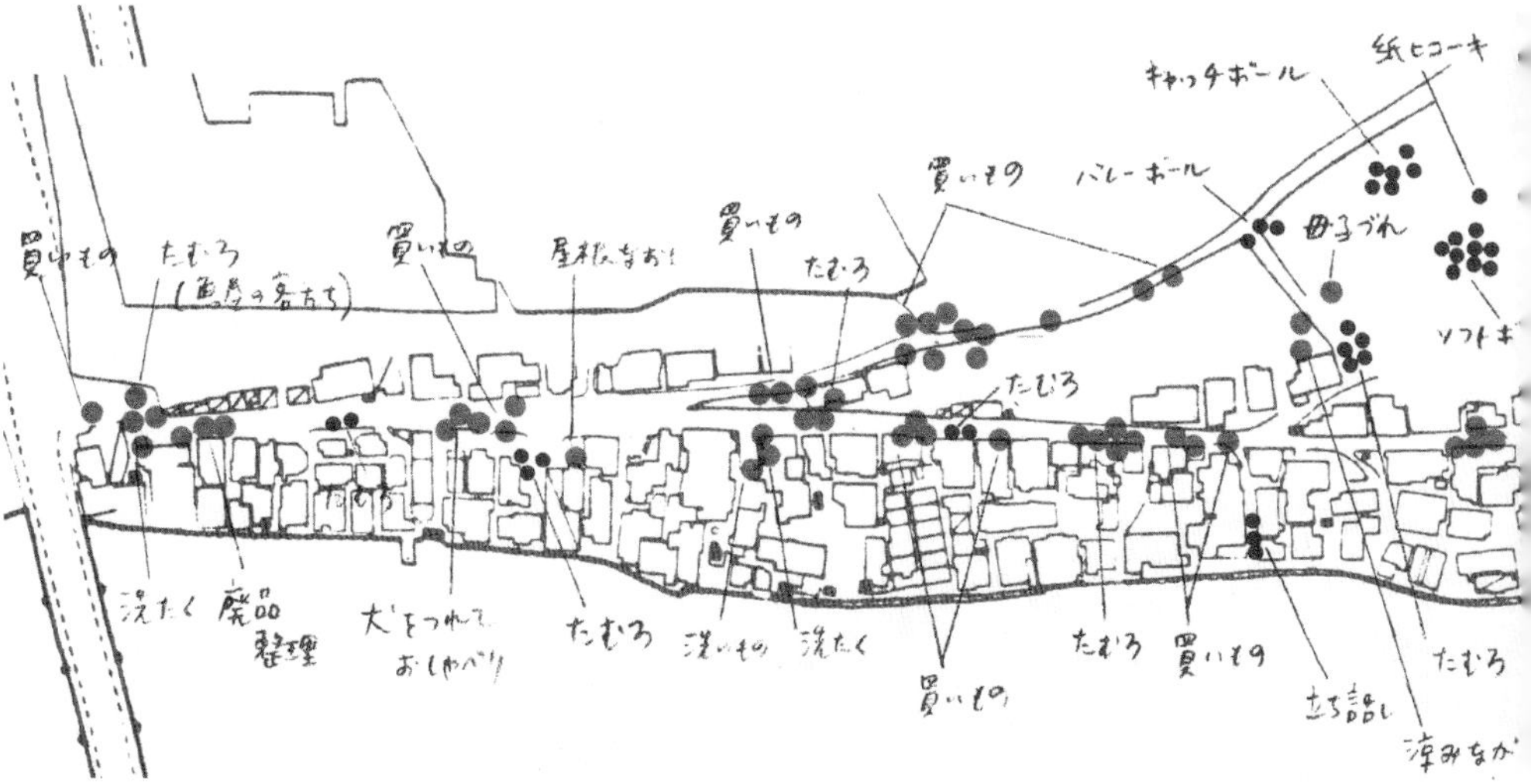

写真Ｋ－６　基町全景　長寿園（左端）まで河川敷の建物を撤去し緑地に整備（『ヒロシマの被爆建造物は語る』　井手三千男・1995 年撮影）

写真Ｋ－７　整備された本川河川敷と基町住宅地区　2013 年撮影

原爆スラムと呼ばれたまち

ひろしま・基町相生通り

石丸 紀興・千葉 桂司・矢野 正和・山下 和也

はじめに

ひとつのまちが消えた。あるいは消されたと言った方が正確かもしれない。ともかく、かつて確かに存在していたまちが、そっくり姿を消したのである。それは広島市の基町の中に存在した「相生通り」というまちである。

広島のデルタの中心部、中区に基町と呼ばれる一角がある。広島城や県庁、旧広島市民球場（広島カープの本拠地）のあるところと言えば、お分かりかもしれない。しかし、かつての「相生通り」のまちのことを知っている人はどれくらいいるだろうか。ましてや、実体としてすでになくなっているのであるから、今後ますます知られざる存在となることも考えられる（口絵写真K‐1）。

一方、基町は高層アパートが林立することで知られている。広島のデルタのなかで、際立つ存在であるこの基町高層アパートは、基町再開発という事業の一環で建設されたものである（口絵写真K‐6・7）。

「基町地区の改良なくして広島の戦後は終わらない」と繰り返し表現されたように、基町再開発は広島にとって長年の懸案であった。この事業は1978（昭和53）年にひとまず終了し、同年10月11日には、「基町地区再開発事業完成記念式」が挙行され、10年間にわたる大事業に終止符が打たれた。この再開発によってギッシリと建て込んでいたバラック住宅などの建物が取り払われ、見違えるような基町は生まれたのである。

取り払われた住宅地は、公的な住宅として建てられたものもあれば、不法に建てられたものもあった。太田川の支流で、本川と元安川に分岐する付近から上流の東岸は堤防があり、さらにその外側（川側）に比較的広い河川敷があった。河川用語で堤塘敷と言うが、そこに相生通りと呼ばれるまちがあった。その相生通りこそ、いわば不法に建てられた一大住宅群（住宅以外の施設も含む）であったのだ。

相生通りは「原爆スラム」とも呼ばれたことがあった。その呼称は、マスコミや行政側がそれぞれの思惑で使用したとも言われており、多分に拡大解釈した言葉であった。とはいえ、その比率の大小の問題はあるものの、相生通りに被爆者が居住していたことは紛れもない事実であった。

その相生通りはまた、戦後の広島のなかで差別と貧困にあえぎながら、生き抜いてきたという表現も可能な場所であった。そのことにこだわって相生通りと取り組み、作品として表現した作家たちもいた。大田洋子は、その『夕凪の街と人と』という作品において、戦後の、特に1953（昭和28）年頃の基町を描いたのであった。山代巴らの「広島研究の会」は、被爆後20年の広島の現実を捉えようとして、様々な面からアピローチを試みたが、そのなかで文沢隆一が相生通りに、ある時期住み込んで一文を草してもいる（第3章3の「共同設備の苦労」参照）。

さて、再開発事業が開始されて間もない1970（昭和45）年に、相生通りの調査を実施したメンバーがいた。それから約10年の後に、その調査を担った主要メンバーに新たな参加者を加えて結成した「基町相生通り研究グループ」*が、70年調査のその後を追跡する調査を実施した。

本書は、相生通りの発生から消滅までを、可能な限り記録しようとしてまとめたものである。1970（昭和45）年夏から秋にかけて行った、撤去直前の「基町／相生通り（通称原爆スラム）実態調査」と、その9年後の1979（昭和54）年に、かつての「基町／相生通り」に居住した人たちに対して行った追跡調査の2つをもとに、まとめられている。そして調査後、半世紀近い時を経て振り返り、消滅したまちの意味を改めて問い直すとともに、今日の思いをまとめたものである。それは同時に、次の時代に伝えていきたいという思いからでもある。

＊基町相生通り研究グループ
石丸紀興、岩田悦次、千葉桂司、平野英治、矢野正和、山下和也

とはいえ、本書が社会的にマイナス効果を果たすことを懸念する。相生通りが注目を浴びたのは、やはり広島のなかで特異な存在であったからである。その事実を明らかにすることが、新たな社会的悪影響を及ぼすならば、私たちの作業は報われない。私たち自身もそういった状況を、興味半分で眺めることは許されないことと考える。仮に差別が存在することを記述する時、決して差別を許容するものではないことを断りたい。まして差別が再生産されることになれば、私たちの意図は無残にも踏みにじられる。

本書が、広島の消えたまちの一つの証になり、さらには広島や世界の今後のありようにも何がしかの参考になれば幸せである。

１９８１年　記す（一部加筆）

追跡調査（１９７９年）から10年後、ベルリンの壁が壊されて冷戦構造は一変し、２００１年のアメリカ・ツインタワーへのテロに象徴されるように、世界はさらに多極化へと向かった。

１９９５年と２０１１年の２つの大震災（阪神淡路・東日本）は、ひとたび破壊された街の復興の難しさを、特に原発事故からの復興の険しさを教えてくれた。

こうした動きの中にあって、被爆後の30年間、太田川河岸に存在し続けた相生通りの多くの人たちは高層アパートへ移り、新たな生活がスタートして一世代の時が過ぎた。今、世界はＩＮＦ（中距離核戦力）全廃条約の破棄や米中貿易戦争に象徴されるように疑心暗鬼に満ち、混迷が増幅しつつある。遠い回り道のようではあるが、ここで再び相生通りが存在した意味を振り返り、これからの基町・広島、さらにヒロシマのあり方を探る一助とはできないか。この50年、様々なかたちで報告してきたことをまとめ、ここに本書とするものである。

２０１９年　記す　石丸紀興　千葉桂司　矢野正和　山下和也

目次

巻頭口絵

はじめに 11

序章 ひろしまに基町相生通り／通称「原爆スラム」と呼ばれるまちがあった 19

1 基町相生通りの位置 19

2 原爆スラムと呼ばれたまち 20

3 変容しつつ撤去を待つ 22

4 我々を調査に駆り立てたもの（1970年の実態調査） 23

5 スラムと呼ばれたまちをどう読み解くか 24

調査前のいくつかの幸運／苦渋の悉皆調査と助っ人／調査用にアパートを借りる

6 その人たちはどこへ行った（1979年の追跡調査） 28

7 基町相生通りはスラムであったか 29

コラム1 相生通り特集／不法占拠「都市住宅」とその紹介記事（中国新聞） 33

第1章 ひろしま基町がたどった歩み――広島の復興に基町が果たした役割 35

1　広島基町のはじまり――城下町広島のかなめ　35
2　軍都を担った基町――悲劇の遠因となる軍都のまち　36
3　被爆から立ち上がる基町――一大応急住宅を市民に提供したまち　37
4　復興の要を支えた基町の3大機能　38
基町の公園機能／基町の住宅機能／基町の官庁機能
5　基町のありようと再開発へのみち　42
コラム2　広島カープと基町／広島市民球場（初代）　45

第2章　相生通りとはどんな「まち」だったのか　47

1　未知のまちへ飛び込む　47
外から眺めていたまち／最初に訪ねたいえ
2　そこにはどんなまちがあったか　50
命をつないだ相生の土手／この世界の片隅で／市内の復興事業でふくらむ経済成長から取り残される
3　不法占拠に始まるまち　56
不法占拠の意味／敷地割から解放されたいえ／多様な共有空間の発見
4　集合した家々とまちの構造　60
すき間の役割り／分かりにくいみちは安全なみち／暮らしを支えた共同施設
5　頻発した相生通りの火災　65
6　住民に聞く「まちはこうしてできた」―インタビューによる人びとの声から　68
7　三度目の消滅――再開発への動き　77

8　このまちが語るもの　78
コラム3　NHKドラマメイキング「川栄莉奈がたどるヒロシマ」　80

第3章　まちをつくり上げた人たちの素顔と暮らし　82
1　まちをつくり上げた人たちの素顔　82
どんな事情でこのまちへ／このような人たちが住んでいた／住みやすさを求めて
2　相生通りの家々と暮らし　88
どんな家々があったか／「いえ」の使われ方と暮らし／たくましく生き抜いた家々
3　生き抜く知恵と暮らしの様子　100
相生通りを歩く／単身世帯の暮らし／主婦の買い物ルートと店／共同設備の苦労
コラム4　相生通りの子どもたち　110

第4章　調査で出会った人たち　112
1　調査記録「もとまちノート」に記した17家族のひとたち　112
2　同じく11家族の人たちのこと　124
コラム5　相生通りが再現される　NHK広島放送局開局90周年記念　ドラマ「夕凪の街・桜の国」　131

第5章　消滅するまち――移転の選択肢　133
1「戦後の収束」に向けた相生通りの去就　133

復興計画と基町／復興計画の側面史／戦後直後からの基町／基町相生通りの去就

2　基町再開発事業の足取りと目指したもの　136

計画と事業／基本計画の概要／居住者の移転

3　移転の選択肢　――高層アパートか地区外か　相生通りの人たちはどこへ行ったか　141

相生通りの人たちがとった移転行動

相生通りでの居住場所と地区（長寿園・基町）・地区外への移転

立ち退きのプロセス／入居資格の扱いと入居手順／撤去される日々

4　それぞれの新しい生活をどう受け止めたか　――元相生通り居住者にもたらされたもの　150

再び相生に住んだ人たちを探す／再開発事業への期待と不安

物的側面から見た評価（基町・長寿園地区）／社会的側面から見た評価（基町・長寿園地区）

〝終の棲家〟としての高層アパート

コラム6　平和と緑の軸線　155

第6章　相生通りの人たちにとっての基町再開発　158

1　相生通りがあり続けた意味とその継承　158

「原爆」と「スラム」／人間優先の生活空間の復活

2　基町再開発事業が目指したまち　――基町再開発の評価と課題　160

再開発が目指したもの／本格的都心住宅地の選択／「く」の字型住棟の挑戦

再開発事業から得たもの、残した課題／社会的課題解決手段としての再開発の限界

3　基町の今と元相生通りの人たちのこれから　166

まず、いえの狭さの解消から／高層共有空間の改善／コミュニティーづくりへの挑戦

元相生通りの人たちのこれから
4　広島の戦後は終わったか――再開発すべきは何であったか　171
5　調査後40年を経て　172
コラム7　NHK　原爆スラムと呼ばれた街で　176
終　章　広島における現代都市としての試み――基町相生通りから基町中央公園への視点　178
1　相生通りと基町地区　178
はじめに――計画論へ／相生通り当初形成過程における計画論
相生通り形成過程の特徴と環境の変化／相生通りの存在から導けること
2　基町地区の整備過程からの計画論　188
基町地区の整備過程からの計画条件／住宅地と公園機能の相互干渉
住宅地と住宅計画の計画的特質／問題提起としての計画論
住宅・注宅地の変遷・展開の記録・記憶と開示／都市の重要性の把握と表現
3　被爆100周年において何を世界に向けて発信できるか　201
おわりに　204
執筆者／初出／参考文献／出典　206

序　章　ひろしまに基町相生通り／通称「原爆スラム」と呼ばれるまちがあった

1　基町相生通りの位置

2012（平成24）年4月のよく晴れた休日、我々は相生橋のたもとから太田川（以下、本川という）に沿って咲きほこる桜並木と、新緑にまぶしい元相生通りの土手筋を北に歩いた。現在の「相生通り」は、原爆ドーム北側を東西に走る電車道の愛称として呼ばれるが、かつては相生橋東詰めから太田川に沿って北に伸びる土手道沿いと河川敷一帯が相生通りと呼ばれていた。

青々と芽吹いた河川敷の芝生には、多くの家族連れで賑わう姿が見えた。子どもたちが遊びまわり、見守る大人たちはシートの上に寝そべり、川面からそよぐ爽やかな風に心地よさそうにくつろぐ（写真0-1）。

半世紀前、今からは想像もつかない風景がそこにあった。ここに遊ぶ人たちは知る由もないが、かつてこの地に、1000戸を超えるバラック住宅がひしめき合う「原爆スラム」と呼ばれるまちがあった（口絵写真K-1）。間違いなく、そこに暮らす人たちや家々や通りの姿があったのである。およそ半世紀前、我々はその消滅したまちを記録すべく、炎天下を毎日この土手筋に通ったのだった。

写真0-1　2012年4月の本川河川敷（口絵K-1の現在の風景）

まず、当時の相生通りの位置について語らなければならないだろう。1945（昭和20）年8月6日、広島の被爆を象徴する原爆ドームのすぐ西側に、原爆投下の目印とされたT字型の相生橋がある。その東詰めから北に、空鞘橋《そらざやばし》を経て三篠橋《みささばし》に至る約1・5キロメートルの弓型の河岸沿いに、連続した一つのまちがあった。そこは本川の堤であり、堤外、つまり川の中の河川敷であった。一級河川である本川の両岸は、当然のごとく国有地ということになる。国有地に無断で家を建てれば不法占拠ということにもなる。

戦後、基町一帯に多くの応急住宅が建てられたが、堤、つまり相生通りはそういった住宅群の西の端を、小高くあたかも縁取るごとくに囲っていた。増え過ぎた基町の住宅群は、この堤から今にも本川にこぼれ落ちんばかりの景観を呈していた。

基町は、広島だけでなく日本の運命をも左右したとさえ言える枢要の地であった。基町の成り立ちについては後述するが、広島のデルタの要にあたる場所（図0・1）にあり、城を中心にした場所柄だけでなく、政治的にも社会的にも広島の歴史を規定する役割を果たしてきたまちである。

枢要な役割を果たす基町地区も、相生通りと言われたこの付近は、本川の洪水からまちを守る堤防として、あるいは船からの荷揚げなどの場所として補助的な役割を果たしたに過ぎない。もちろん堤防としては堅牢なものであり、広島城築城の技術によって寺町側に比して明らかに優位にある堤防とされたのであった。とはいえ、およそ居住空間としては意図されたはずもない。堤防と河川敷が、どういう運命のめぐり合わせか、その後多くのバラック住宅の密集する帯となり、その名も「相生通り」というまちを形成するに至るのである。

2 原爆スラムと呼ばれたまち

基町相生通りの調査に関った一人は、相生通りを振り返って次のように述懐する。

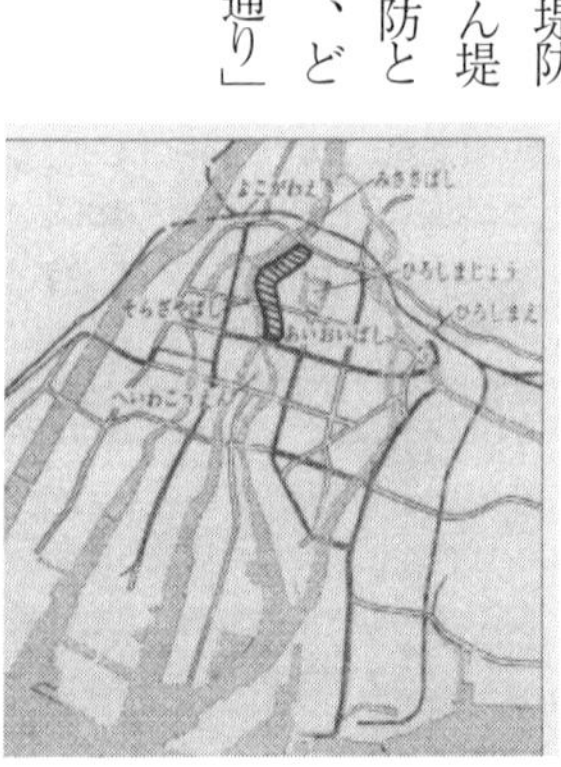

図0-1 位置図（広島のデルタと基町相生通り）

「相生通りはヒロシマの戦後の実情を、人々の生活を通じて語り続けてきたまちであり、同時に貧困に苦しみ、土手もんとさげすまれ、差別のなかで生きたまちでもありました。しかもその河岸はまた、人々の声が飛び交い、子どもたちが走り回る一つのまちでもあったのです」と。このように表現される相生通りとは一体どんなまちであったのだろうか。

基町相生通りは、2つの側面を象徴するまちであったと言える。

1つは、発生の起因が、原子爆弾投下による都市の壊滅であったということである。広島は一瞬にしてほぼ全域が壊滅し、生死をさ迷った市民に安住の地はなく、そこここに廃材によるバラックを建て、雨風を凌ぐ場所とした。相生通りの土手に発生したバラックも、それと変わることはない。市内にあった多くの河川敷に建つバラック地区（図0-2）のうち、爆心地に最も近く、最後まで残った市内最大のバラック住宅地区であるがゆえに、「原爆スラム」の名称が付けられ、被爆の象徴の一つとなった。

1970（昭和45）年の調査時点では、居住者の被爆割合が市内に比べ特段に多くはなかった。にもかかわらず、1963（昭和38）年頃に「原爆スラム」と名付けられたことには別の思惑があった。それは基町地区の復興事業促進のために、行政・居住者双方にとって必要な名前でもあったからである。

もう1つは、戦後の社会・都市問題、住宅問題の集積したエリアの象徴という側面である。敗戦後、こうした

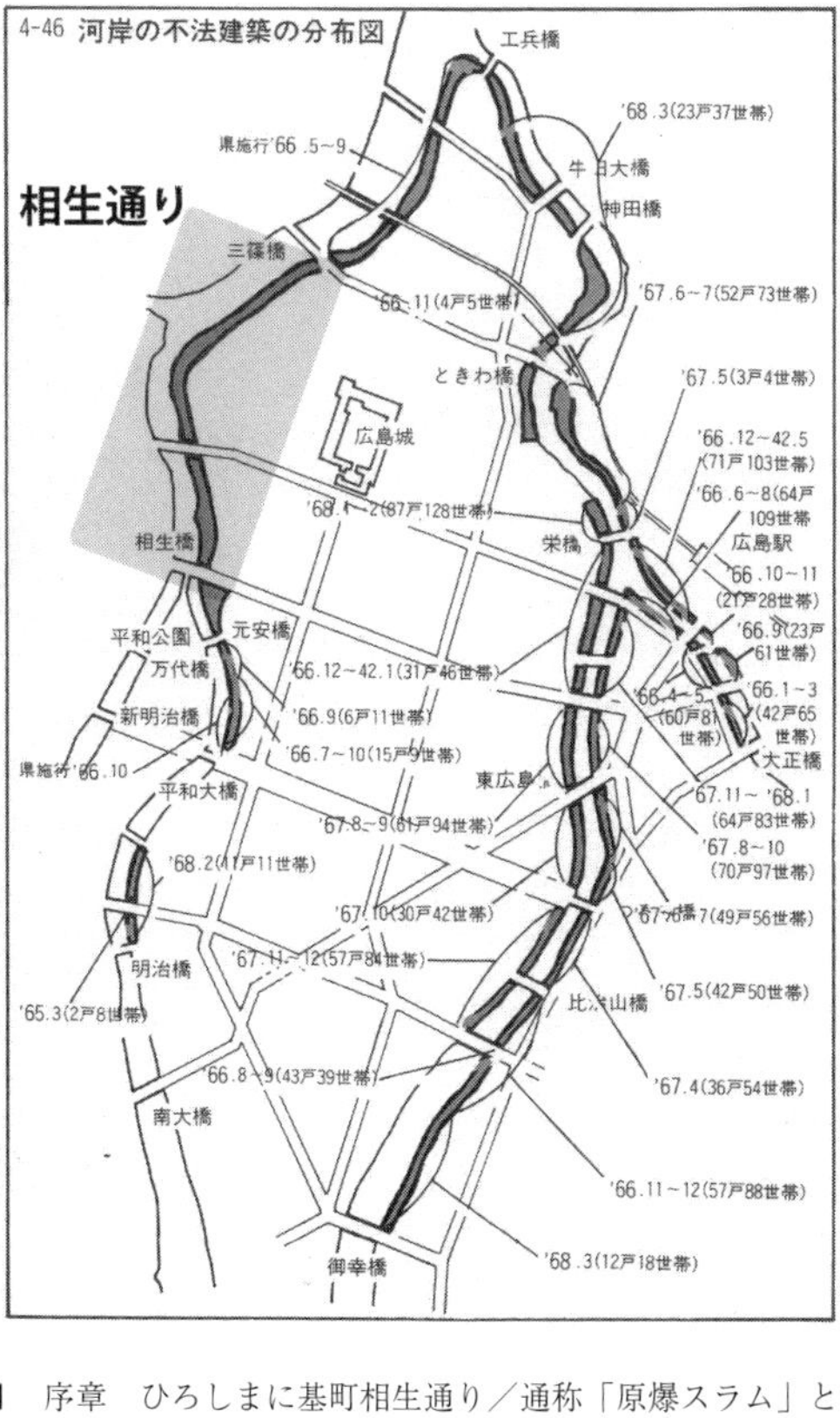

図0-2　河岸の不法建築分布（『広島被爆40年史』4-46）

地区の発生は空襲を受けた多くの都市に共通していたが、当地区は市内の戦災復興事業による他所からの立ち退き者たちや、その後の貧困や差別といった経済的社会的弱者の集積したまちとなった。市民の多くが被爆者であり罹災者であるなかで、とりわけ土地・家屋・財産を持たざる人たちは、戦後の長い復興の過程で置き去りにされた。経済的恩恵を受けなかった人たちの住むまちだけが「スラム」と呼ばれた。

かくして基町相生通りは、原爆とスラムを背負うまちとして存在し続けることになったのである（中国新聞が1967年7月26日〜8月3日特集「原爆スラム」を連載している）。*1

3 変容しつつ撤去を待つ

ヒロシマは生者もまた死者に劣らず悲惨であった。相生の土手でも同様である。すすきや笹やぶに覆われた土手にぽつぽつとバラック小屋が建ち並び始め、1950（昭和25）年頃には不法住宅64戸、*2 河川敷一帯の住宅は100戸を超える状況であった。

当初は、被爆者たちが多く集まっていたことは想像に難くないが、その後の引揚者などによる未曽有の住宅不足と、復興事業に伴う土地区画整理などが原因となってまちを追われ、ここにやって来る人たちが増え続けた。当地区に付けられた「原爆スラム」という呼称は、実はそうした地区を作り上げていった「出発点」と「過程」を如実に示す言葉でもあったのである。

1965（昭和40）年頃、市内の戦災復興土地区画整理事業*3も大詰めに近づいていた。いよいよ市内河岸のあちこちにあった不法建物の撤去が始まり、大半が除却されると、相生通りの姿が殊さらに目を引くようになった（図0-2）。

最後まで残ったのが基町相生通り地区であった。「この地区の改善なくして広島の戦後は終わらな

*1
中国新聞の1967年7月26日から始まる9回連載のタイトルは、次のとおり。①土手のねぐら、②どん底ぐらし、③スラムっ子、④差別はゴメン、⑤同居した朝鮮人、⑥残された日は短い、⑦善意の花（お役所は頼れない）、⑧底辺被爆者の怒り、⑨今度こそ本腰を

*2
『基町地区再開発事業記念誌』の「第3章　基町不良住宅地区の形成」5頁による。

*3
戦災復興土地区画整理事業は、東部地域を広島市

い」とする広島県・広島市は、まず戦後すぐに建設され老朽化した公的住宅地を対象とする再開発を目指して模索を始めた。そして、地元住民はこれに西側の相生通り地区を含めて再開発するよう、強力な運動が進められた。[*4]

ちょうどその頃、相生通りでは大きな火事が続いてもいた。1966（昭和41）年には建設省への陳情により一定の方向性が確認され、1968（昭和43）年には基町・長寿園団地の基本計画を策定し、住宅地区改良法の地区指定を受けるための調査が行なわれた。そして翌年の1969（昭和44）年3月18日「広島市基町地区」は改良地区に指定された。同年には高層アパートを建設する事業として第1期工事が着手され、基町再開発事業は始まった。いよいよ基町相生通り地区のバラック撤去が始まろうとしていた。

この後、基町の景観を一変することとなった高層アパートは、1970（昭和45）年秋には早くも入居が始まるという段階に立ち至るのである。当時の朝日新聞も「消える原爆スラム」という特集を組んで伝えている。[*5]

4　我々を調査に駆り立てたもの（1970年の実態調査）

その少し前、1967（昭和42）年7月、大阪市立大学の大藪寿一助教授（当時）は相生通りの現地調査を行い、その成果を「原爆スラムの実態（上）（下）」として発表していた。調査メンバーの一人は、これを目にしていたが、まだ原爆スラムと呼ばれた「まち」へ研究的関心までは持ちえないでいた。では、なぜその後我々は、この「まち」に目を引き付けられることになったのか。

1970年頃と言えば、全国で大学闘争（紛争）が吹き荒れていた時期である。広島大学も例外ではなかった。大学は一時封鎖され、むしろ他校以上に騒然とした状況であったかもしれない。このような時、広島大学の院生や学生だった我々は、ある者は様々な問題提起に真正面から真剣な議論を日

が、西部地域を広島県の西部復興事務所が担当したが、基町地区の作業は1971年以前は、広島土木事務所で行われた。1972年、基町を担当する再開発課は広島県都市計画事務所に移った。

＊4　広島市基町地区住宅建設促進同盟など。

＊5　朝日新聞1970年2月5日～特集「消える原爆スラム」、「新しい都市住宅」（上）、「狭いアパート」（中）、「人間性復活へ」（下）

夜戦わせ、ある者は悶々とした日々を過ごしていた。我々調査メンバーの一人は当時を振り返る。

「当時大学では研究者や大学のあり方をめぐって議論が繰り返されていた時期でした。そうした問題意識に触発されながら、建築や都市を学ぶ学生であった我々は、建築・都市が社会とクロスオーバーする実践的な研究を模索していました。その思いから、『戦後都市広島』と『被爆都市ヒロシマ』に関わるテーマを強く意識するようになったのです」

その頃の我々にとって、原爆スラムと呼ばれていたこの地区は、正直言って物理的にも精神的にも異空間であった。しかし、「ヒロシマ—原爆スラム—基町再開発」という一連の繋がりの中で、今まさに撤去されようとしている「まち」の調査は、「今をおいては不可能になる」という思いから、我々は「まちの記録を残す」意味から図面採取を中心に、そこで暮らす人々の生活を記録するため悉皆調査（全世帯全戸調査）に挑戦することを選択した（写真0-2・3）。

大阪市立大学の調査が都市社会学・都市病理学的な観点からなされたが、我々はそれとは異なる、都市計画学・都市住宅学からのアプローチを試みようとしたのである。

5 スラムと呼ばれるまちをどう読み解くか

さて、実際の調査はどのように進んだのか。

まず、調査を実施する目的を整理しておかなくてはならない。我々は議論の結果、以下のような調査目的と方法を採ることとした。

① このまちが存在したことをきちんと記録にとどめるため、家々の間取りと並びを計測し、「まち」の記録として保存する。

② このまちに住む人たちがどんな暮らしをしているのか、住まい方とコミュニティの面から聞き

"原爆スラム"をヒロシマの証人に

実態調査に乗り出す

永久保存へ詳細な模型

写真0-2 1970年調査の紹介記事（中国新聞1970年8月4日掲載）

採り、探る。そして、

③「スラム」と呼ばれる高密度な集住形態がどのようにしてでき上がったのか、そしてどのようにまちが維持されているのか、暮らしと空間の対応構造を発見する。

④土地の所有権を持たない、つまり不法占拠した「まち」にはどのような空間構造の特徴があるのかを読み解くこと。

そこから、一般市街地の計画的に作られたまちとは異なるものを発見し、居住空間のあり方に示唆を得ることを目指す、とした。

次いで、どういう方法で調査を進めたか。具体的には、まちの物的記録を残すことを優先し、あわせてその社会構造と空間構造の大きく2点を把握すべく、以下3つの方法を採った。

1つは、家々を戸別訪問し、巻尺で測っては間取り図を採取するとともに、各戸の家具配置の採取と住まい方（食事や就寝方法など）をヒアリングすること。あわせて家々の集合形態を図面化する。

2つ目は、定時定点観測により「まちの使われ方の実態を把握する」こととし、外部空間（通りや路地、広場など）の使われ方を、大人や子どもの生活行動を通して観測すること。

そして、3つ目は、「居住者の意識構造、コミュニティの実態」を、個別のアンケートと聞き取りや寄り合いインタビューにより証言記録として採集することであった。

こうして調査は全戸、約720戸を対象として、真夏の炎天下、フィールドワークは始まったのである。

調査前のいくつかの幸運

1970年8月から始まる我々の実態調査では、その前段でいくつかの幸運に恵まれた。

写真0-3　1970年当時の相生通り（川側より見る）

その一つが何と言っても広島県・広島市の協力を得られたことである。

後述する基町地区は、広大な軍事施設跡が戦後もほぼ空地として残り、ここに被災者や引揚者などのための応急仮設住宅が多数建てられた。それを囲むようにべったりとバラックの不法住宅が建て詰まり、相生の土手を超えて本川河川敷まで一面に広がっていた。その境界は不明確であったため、1946年の航空写真をもとに、財務局が県と市の管理境界を線引きしていた。土手から河川敷は、県管理の区域であった（写真０‐４）。

県と市はこの地区一帯を戦後の総決算として再開発する計画から、住宅地区改良事業地区指定の前年、1968（昭和43）年10月、基町地区一帯の居住実態調査を実施していた。我々の調査が可能になったのは、実はこの実態調査のお陰であったと言っても過言ではない。というのは、今では考えられないことだが、県はこの実態調査の個別世帯の個票（原票）を、大学による学術調査のためならばと、相談に行った我々に開示してくれたのだ。その当時の県の担当職員の英断がなければ、我々の調査はこれほどスムースには運ばなかったに違いないし、日の目を見ることもなかったであろう。それほどこの県調査原票の存在と開示は、我々を勇気づけ作業をはかどらせてくれた。もちろんプライバシー上の厳守を約束して、我々は七百数十枚の原票を一枚一枚書き写す作業から調査に臨み、50年経つ今もこれを守っている。

苦渋の悉皆調査と助っ人

さて、もう1つの幸運があった。

いざ調査を始めてすぐ、これは想像以上に大変な作業であることに気が付いた。スタートは院生2人と学部生1人の3人だけで、間取りを測り図面化する作業と、アンケート項目について、その場で聞き取る作業を分担して同時に進める予定でいた。分担するとはいえこの複数作業は、相当な時間と労力を必要とする作業であることが分かった。我々は若さから転がり出た無謀とも言える悉皆調査を

写真０‐４　基町航空写真　1969年頃、左端の川沿いが相生通り。右上が広島城、左下のT字が相生橋（西日本写房提供）

悔やんだが、もはや後戻りはできない。あわてて応援を求めに走った。

　この2つ目の幸運は、我々の志を理解してくれた学科後輩や他大学の学生が応援を申し出てくれたことである。おかげで途中から総勢十数名のグループになった。この人たちの応援がなかったなら、この調査は不可能であったに違いない。地区内を歩き回る研究グループのメンバーの頭を、容赦なく照らし続ける8月の暑さを恨み、助っ人メンバーにはただただ感謝するしかなかった。

　また当初、アンケート用紙は前日に渡しておいて、後日回収する方法で考えていたが、少しやってみてこれも無理と分かった。知りたい項目が多くて、住民に記入してもらうアンケート方式ではとうてい回答は期待できそうにない。すぐにその場で直接聞き取る方法に変更した。後にそれがとても有効だったということが分かった。暮らす人びとの生の声を数多く聞き採れたからである。

　調査は、2～3人のグループで手分けして取り組むのだが、家の形は複雑で、その都度推し量りながらの作業が連日続き、思いの丈を語る住民の聞き取りには時間を要し、遅々としてはかどらなかった。

調査用にアパートを借りる

　我々は調査に入る前に、地域へ挨拶に出かけた。見も知らない学生がウロウロして不審者と見られないよう、あらかじめ地域のしかるべき人に我々の趣旨を理解してもらい、協力を仰ぐ必要があった。会ったのは当時の基町相生四区の町内会長、東秀治さんであった。幸いに多弁で人当たりの良い東さんの理解を得て、我々はすぐ地区内で借りられるアパートを紹介してもらった。

　こうして地区の南にある二階建てアパートの四畳半の一室を、月3000円の家賃で借りることができた。流しとトイレは共用で幾分高い気がした。家主はすぐ近くに住む朝鮮の人であった。空き室が多かった。そこに調査資料、調査用具などを運び込み、調査事務所とするとともに、そこを毎日の作業拠点にすることで、大学との往復を省け、しかも地区内の人たちと溶け込めたらと願ってのこと

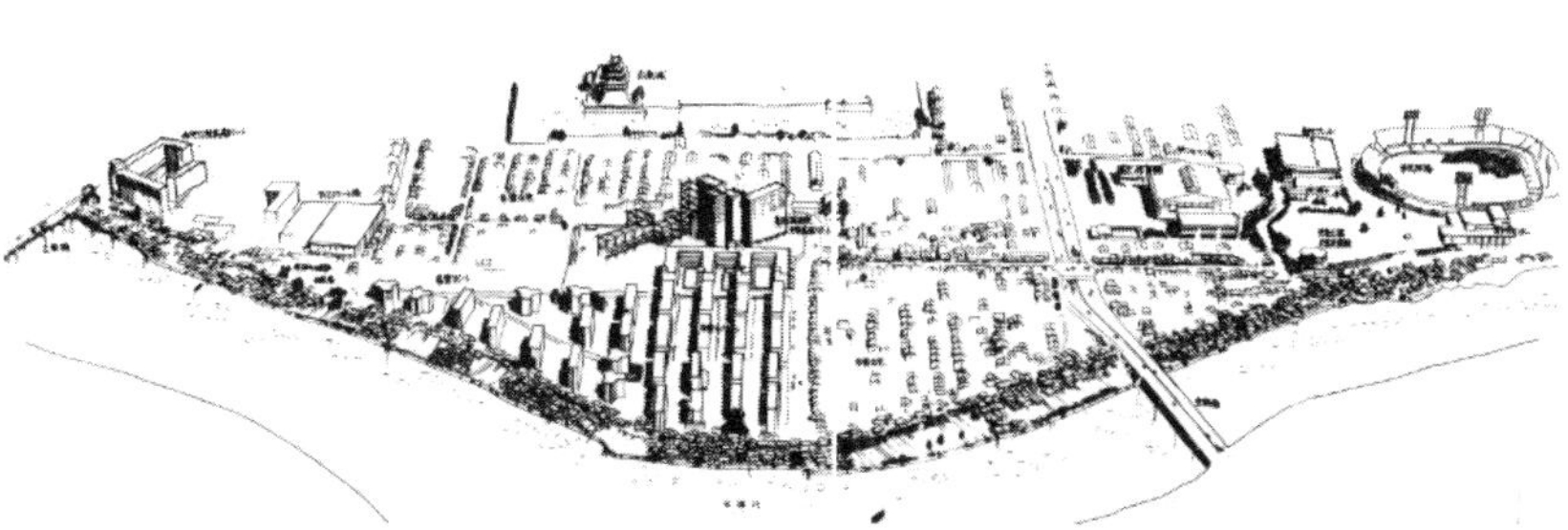

図0－3　鳥観図。「く」の字に曲がった相生通り全域を俯瞰する（著者作図）

でもあった。しばらくすると、近所の子どもたちが珍しそうに遊びに来るようになった。

このアパートは二階建てで、主に単身者用で便所は共用であった。世帯持ちが入っていた一部の部屋を除いて、台所は無く、部屋の作りはベニヤ板のままの天井・壁、そして古ぼけた畳。外装は相生地区にあるほとんどの住宅と同じ建築古材を再利用した下見板貼り、屋根はトタン板。簡単な組み立て架構のため、痛み方や老朽度は激しい。しかし、作業拠点としてはなんら不自由はなかった。本川を一望に見下ろせる、眺めだけは抜群の窓が一つだけあった。


朝、その日の作業用に図面採取のための巻尺、三角スケールやペーパー、アンケートやヒアリング用紙などをセットし、そのアパートを出る。午前中1軒、午後2軒のペースで進める。それがやっとであった。3人チームで1日3軒、3チームでやっと9軒。約720軒が対象として80日以上かかることになる。一瞬気が重くなる。夕方足取りも重く引き揚げて来る我々の唯一の楽しみは、事務所部屋に貼った調査家屋現況図に、その日に調査を終えた家を赤く塗りつぶし、それが少しずつ北に向かって増えていくのを眺めることであった。そうして、窓から夕日で赤く染まった本川の川面に目をやり、一日が終わる。数日おきには研究室にもどり、ディスカッションが続くこともあった。

8月4日に相生橋たもとから始まった調査も、北端の三篠橋に辿りついたのは10月、秋も半ばになろうとする頃であった。

6　その人たちはどこへ行った（1979年の追跡調査）

1970（昭和45）年調査からほぼ10年を経過した1979（昭和54年）年、再び基町に注目した。それまで基町を眺めていなかった訳ではないが、中に入り込んで調査後のフォローをする行動を特に してこなかった。そこで、かつて相生通りに住んでいた人たちの追跡調査を実施しようという掛け声が上がった。新たな卒論学生を加えて研究会が組織された。その一人は次のように思いを巡らせた。

「かつての相生通りは河岸緑地となり、基町にはファミリープール・子ども文化科学館が建ち並び、中央公園の一角を形成しています。私たちはその華やかな装いの風景のなかに、一つの『まち』があったことを憶えています。しかしあの『まちの人たち』はどこに行ったのでしょうか、どのような事情や心情のもとに以降の行動を選択したのでしょうか。そして今、どのような生活を始めており、以前の生活をどう感じているのか、『消えたまち』の住人の事情をぜひ追跡してみたい。そうしなければ基町相生通りの調査は完結しないと思うのです」と。

再開発事業が終了した時点でもう一度、再開発前と後の諸々の事情を比較調査し、まとめておくことは我々の責務ではないだろうか。従来、再開発の必要性は度々述べられてきたが、はたして所要の目的が達成されているのであろうか。「再開発する側の論理」は数々公表されているにしても、「再開発される側の意見や思い」は、必ずしも十分に捉えられているとは言えないのではなかろうか。追跡調査は、ぜひともやり遂げなくてはならない。

こうして再び、相生通りに住んでいた人たちを捜し求めて話を聞く作業に着手することとなったのである。この1979年の追跡調査の内容は、第5章で述べる。

7 基町相生通りはスラムであったか

我々は70年調査当初、相生通りを「原爆スラム」と抵抗なく呼んでいた。当時そのような呼称が一般的であった。正直言って私たちが相生通りに関心を抱いたのも、そのような語感から発せられる特別な雰囲気と無関係ではなかった。

大藪寿一氏たちの研究レポートも、明確に原爆スラムと呼んでのまとめであった。論文「原爆スラムの実態」のなかでは、「ここはスラム問題と原爆問題の現実の、そして唯一の交差点であり、まさに原爆スラムと呼ばれるにふさわしい地域であった」と述べている。ここではスラム形成過程と社会的機能について次のように整理されている。

「スラムの形成過程と社会的機能の段階は次の4つに分けられる。すなわち
①移民・移住者の避難所的・腰かけ場的機能の段階
②不適応者・落伍者・転落者の流木たまり場的機能の段階
③逸脱的行為者の隠れ場的機能の段階
④社会的移動者の社会濾過的機能の段階
である。そして当地区の場合、第1段階が原爆被爆時における被爆者たちの避難所的・腰かけ場的機能の段階であり、その後戦災復興・経済成長が進むにつれて第4段階が登場する」とある。

しかし、調査が進むにつれて、我々は「原爆スラム」という語意そのものが気になり始めた。ここは本当に「スラムと呼んでいいのだろうか」。

そこでもう一度スラムとは何なのかを振り返ってみたい。

通常、スラム（Slum）は貧民街と訳される。国連によるスラムの定義は、「人口の過密や不衛生な状態に加えて、公共施設が十分でなく、これらのために住民の健康や安全や道徳などが危険な状態におかれているような建物の集団地区」とある。

一般に都市社会学あるいは都市病理学で「スラム」と定義する特性は何か。おおむね次のように整理されている。[*6]

①物的荒廃（住宅の状態）
老朽化、密集化、過密居住、生活設備の不備、環境衛生の劣悪さ
②生活解体（社会・生活の状態）
人口構成（不均衡・男性・若い独身層・老人層が多い）、職業構成（社会的評価・収入が低い・不規則な

＊6
大橋薫『都市の下層社会』（誠心書房、1962年）

就業が多い）、社会的移動性大、匿名性大、社会的距離大、社会的統制の欠如

こうした指摘がなされ、さまざまなスラムの形態分類がされている。

はたして、ある地区をスラムと呼ぶとした時に、単に物的劣悪性の理由のみで、安易にスラムという呼称を付けていないだろうか。その裏にはどういう社会的、あるいは政治的動機が含まれているかを見極めなければならないだろう。あくまでも社会的、物的環境改善に結びつくことが肝要なのであって、排除的、差別的な言葉としてセンセーショナルな響きだけが残ってしまうことを慎重に避けなければならない。多くは社会的偏見が醸成され拡大していく危険を持っているからである。

被爆後の焼け跡では多くの市民がバラックで雨露をしのいだ。相生通りのこのまちだけが、そのままの姿で約30年間、最後まで残った。しかし、この土手にも広島市民は生きていた。被爆の惨状の中から立ち上がり、戦災復興や高度経済成長といった社会変動の荒波の中で生き続けた。貧困に加えて国籍差別や被爆による様々な困難、さらに土地の不法占拠からくる一種の負い目や居住環境など、多くの問題を抱きかかえ、あえいできたまちであったことも事実としてある。

スラムと呼ばれた社会的偏見の根拠は、戦後約30年を経てなお、不法占拠による周囲と際立った物的外見上から受ける印象によるところが大きいだろう。確かに建物は粗末であるけれども、そのなかで営まれている生活の印象は違った。暮らしに苦しさはあったとしても、荒廃・無気力とか陰湿というものは稀で、むしろ活気があり明るささえ漂っている状況すらあった。はたして、ここ相生通りはスラムと呼べるまちであったのだろうか。我々の疑問は深まった。

この「原爆スラム」という表現は、後に１９６３（昭和38）年頃から始まる、広島の戦後復興の最後で最大の復興事業を進める基町再開発促進運動の「象徴」として生まれた言葉であることは先述した。原爆、すなわち被爆というヒロシマ固有の冠を載せ、被爆者と貧困層とが肩を寄せ合って暮らす

まちというイメージを発信することは、再開発事業の促進には強いインパクトを与えたかもしれない。しかし、この街に居住する人たちの心情には複雑な思いがあったにちがいない。

とはいえ、このまちがそれらに該当するスラムであったと結論付けるのが我々の目的ではない。問題なのは、なぜこのまちが戦後約30数年もの間、スラムと名指しされ残ったのか、そこに暮らす人たちにとって本当にスラムと呼べるまちであったのか、である。

いずれにしても、そもそも「スラム」という呼称については再考する必要がありそうだった。我々は、「原爆スラム」を単に環境の悪化した問題地区という一面的見方で決めつけることは避け、むしろ、一般の市街地にない独特の環境が存在する可能性を見つける視点を排除せずに臨もうと心がけた。つまり、スラムと呼んだとしても、その地区を問題視する語感の発するムード的な志向性に捉われないよう、「スラム」という呼称は、論を進めるうえで必要な場合を除いては、できるだけ控えることにしたのであった。

このまちがスラムであったかどうかの規定については様々な考え方があるだろう。これ以降の記述で、このまちの実態を読み解きながら、「基町相生通りはスラムであったろうか」を考えていきたい。この物語を読み終えた時、読者の皆さんはどう理解されるであろうか。

コラム1
相生通り特集／不法占拠：『都市住宅』とその紹介記事（中国新聞）

1970年相生通り実態調査から3年後、建築専門誌『都市住宅』1973年6月号に調査結果の報告特集の依頼がきた。50数ページにわたり本文に加えて調査成果の様々な図表の掲載である。特集の表題はこのために急遽結成した集落構造研究会（千葉・矢野・岩田）と銘打ったなかでの議論の末、「不法占拠」を選んだ。言葉だけ見ればいささか物騒だが、私たちはこの言葉を、被爆後の惨状下で生きていくために選ばざるを得なかった行為と捉えた。住み着いた場所が太田川の河川敷、国有地であったがゆえにその行為が、法的には不法であり見た目には占拠であったに過ぎないのだと。

報告ではそうした観点から、縷々実状を展開し、まちの実測図面とともに暮らしのあり様を紙面の及ぶ限り記述した。研究室のなかに埋もれるのではなく、こうして専門誌といえども世間に発表できたことは幸いであった。

この本が刊行されての直後、地元新聞の中国新聞社記者（当時）の碓井巧さんから連絡が入り、就職後も広島に残っていた二人（矢野・岩田）で、最近閉店した市役所西向かいの喫茶店「サボイア」の二階で会った。まだ駆け出しの学生気分が抜けない私たちの話を、碓井記者は真摯に聞いてくれた。関西方面に就職していた千葉はコメントを寄せていた。

特集の紹介記事は「消え去る〝原爆スラム〟を照射」と題してのものであった。三人のコメントを丁寧に書き込んでくれるとともに、「不法占拠」の言葉を「人間解放や自主性への深い示唆」と要約してくれた。行動調査の小さい黒点（子どもたち）・大きい黒点（大人たち）が書き込まれた図面を見て「実に人間的な姿で描き出されている」、夕涼み、ままごと、洗たく、釣り、子守などの説明を「愛情深く書き込まれている」と描写してくれた（口絵図K-5参照）。読んだ私たちも元気になった。

　この記事で、基町相生通りの調査の成果が、建築の研究や専門分野を超えて地元の人たちにも知られることとなった。

『都市住宅　7306』「特集／不法占拠」

消え去る〝原爆スラム〟を照射
若手建築家三人が調査報告
そこに人間らしさ
都市の住宅作りに示唆

「消え去る〝原爆スラム〟を照射」中国新聞記事の一部（1973年7月10日掲載）

第1章　ひろしま基町がたどった歩み
——広島の復興に基町が果たした役割

1　広島基町のはじまり　——城下町広島のかなめ

基町は広島のなかで、「基《もとい》の地」と呼ばれ発展したように、要《かなめ》の地にある（図1‐1）。それはそのまま各時代における役割にも通ずるところがあった。

毛利輝元が1589（天正17）年に、当時寒村に過ぎなかった一画に城を築いたことから、広島と基町の歴史が始まった。封建時代の基町について述べることは本書の目的ではないので省くが、封建領主の中枢部が基町に立地したことによる基町の変遷過程は、そのまま広島の一つの歴史を表現したものであった。だが、ともかく基町は広島城と、武士の屋敷町によって特徴付けられたのである。その基町の西の端を構成する相生通りは、どのような歴史を歩んできたのであろうか。

江戸時代の資料を見ると、堤防上には広島城の外郭櫓《がいかくやぐら》が築かれ、西側からの攻撃に備えた要塞を形成していた。もちろん、堤防は堅固で洪水から広島城を守る役割を担わされていた。例えば、堤防の高さは対岸に対して広島城側を数寸でも高くして築城したのであった。そして堤防の外側には、通常は冠水しない土地が所々で広がってお

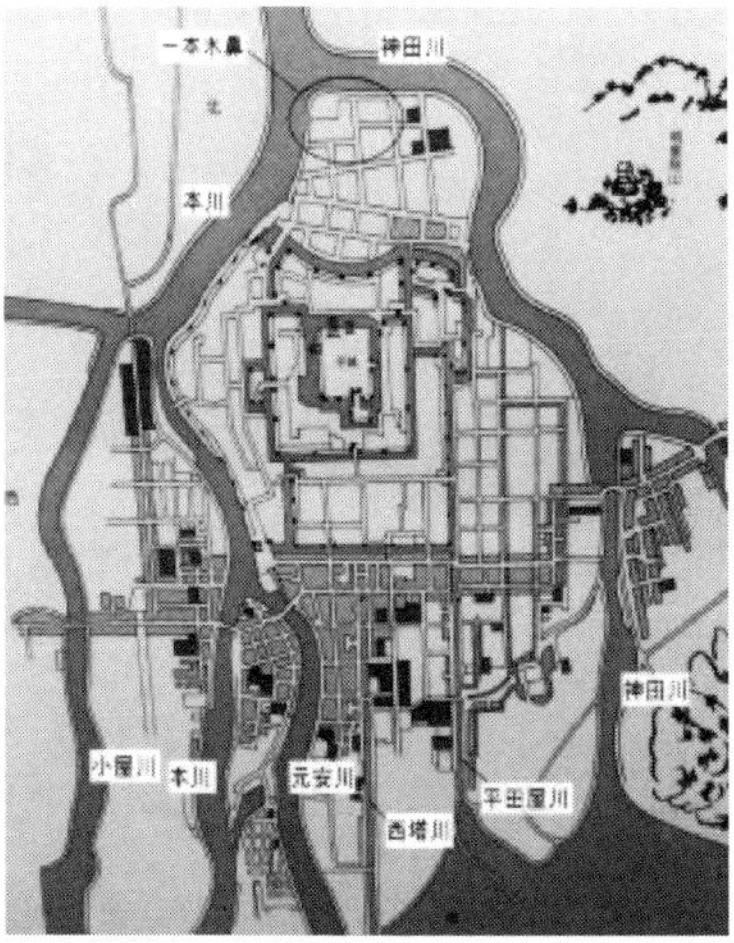

図1‐1　1619年頃の広島城下町。城の左、くの字に折れ曲がった川沿いが後の相生通り。

り　そこで荷揚げ作業などが行われていたと思われる。物資の輸送に舟運が重要な役割を果たしていた時代のことなので、河岸のいたるところに船着場があったのは当然であろう。

明治になって、堤防の櫓は存在しなくなった。しばらく後まで、現在の商工会議所の建物の場所に三番櫓の土台が残っていたという。大正初期に開通した市内電車は相生橋東詰の停留所を、「やぐら下」（現在の原爆ドーム前）と呼んでいた。いつの頃か、堤防には桜の木が植えられていた。もちろん堤防の重要性は変わらず、軍用地を洪水から防護する役目が与えられていた。また、堤防の外側にはやはり荷揚げ場があり、「広島城郭内各部隊配置図」には、「太田川荷揚げ場釦場」とあり、２０２２坪という表示も見られる（図１－２）。

２　軍都を担った基町――悲劇の遠因となる軍都のまち

明治、大正、昭和初期は軍都の中枢その他重要施設が集中立地した（40～41頁の写真１－１）。

１８７３（明治６）年に第５軍管広島鎮台が置かれ、広島が軍都としての歩みを始めた。すでに１８７１（明治４）年に徴兵制が敷かれ、広島城内に鎮西鎮台第１分営が設置されたところから、基町と広島の運命が決まったといえよう。１８７５（明治８）年には城内に練兵場が設置され、１８８６（明治19）年には第5師団と改称された。一方、宇品港築港を目的として広大な埋立がなされ、宇品線が敷設された。このようにして１８９４（明治27）年には、日清戦争勃発によって広島城内に大本営が置かれ、西練兵場内の仮議事堂で臨時国会も開かれたのである。この時は、広島そして基町が、あたかも臨時首都のごとき活況を呈したであろう。

日露戦争時にも、広島が軍事都市としての性格をいかんなく発揮した。宇品が兵站輸送基地として決定的な役割りを果たし、市内には多くの軍事施設が立地した。

大正時代には、軍都としての性格を弱めた時期もあった。第一次大戦後には、軍縮の形で一部の軍

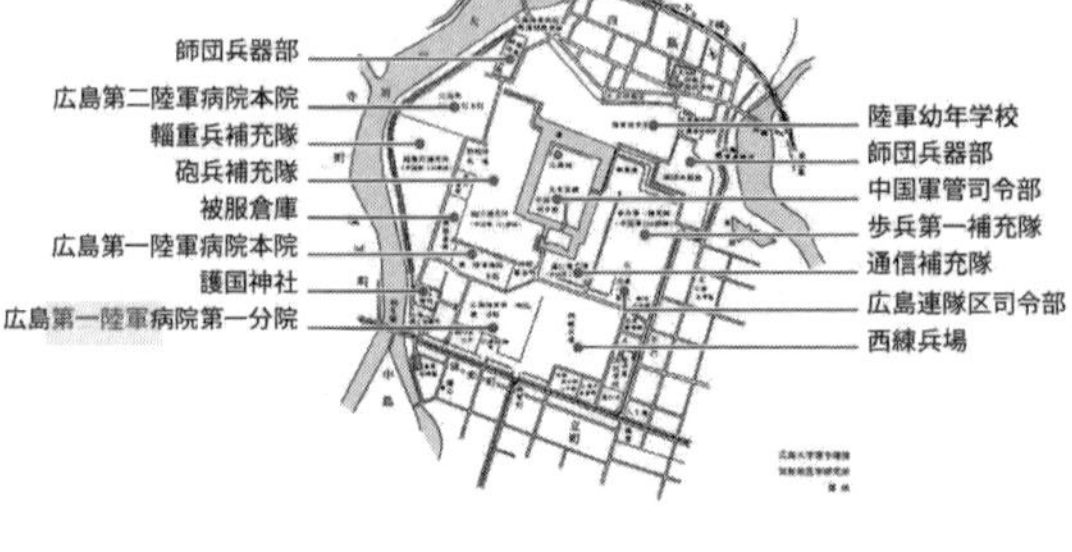

図１－２　軍事都市広島の中枢基地（広島大学原爆放射線医科学研究所提供）

事施設が廃止することさえなされている。しかし、それも一時の小康状態であった。やがて1931（昭和6）年の満州事変から日中戦争、太平洋戦争へと戦線が拡大するにつれて、広島は軍都の中の軍都になり、市内は戦時体制へと再編成されていった。本土が分断されても機能するようにと、1945（昭和20年）年4月に第2総軍（司令部は二葉の里）が置かれ、6月には中国軍管区・第59軍の司令部が創設されている（図1-2）。

このような動きも、1945（昭和20）年8月6日の被爆によって一変してしまうことになる。軍都広島の中枢機能立地が、その悲劇的な結果の遠因とも言えようか。広大な軍施設は、広島城天守閣とともに消滅してしまった。基町は爆心地に近い距離にあって、決定的な打撃を蒙ることとなったのである（写真1-1）。

3　被爆から立ち上がる基町——一大応急住宅を市民に提供したまち

まず1946（昭和21）年の復興計画において、広大な軍施設跡地が残った基町地区に、極めて大規模な中央公園が計画された（詳しくは4の「基町の公園機能」で後述）。そこでは同時に応急の住宅建設も進められた。つまり広島の中心部、枢要な地において住宅建設が始まり、一大応急住宅地になっていったのである。

被爆後すぐ、基町には住宅営団・広島県・市の三者による応急住宅が建設された。住宅営団は越冬用住宅の簡易なバラック住宅やセット住宅[*1]の建設に着手。これに並行して市復興局が十軒長屋のバラック20棟をはじめ、およそ2年間で1800戸を超える住宅を建設した（詳しくは4の「基町の住宅機能」参照）。

こうして基町地区の戦後は、罹災した市民を救う一大応急住宅地から出発したのである。復員兵や引揚者用の住宅はまさに焦眉の急であり、完成しないうちから入り込み、生活を始める家族もいたと

＊1　セット住宅：住宅営団による「住宅セット」（販売用の建築部材一式）を使って建てられた住宅（終章E-2図参照）

いう記録は、切迫した当時の住宅事情を物語るものである。

一方、かつて藩政時代に水運や荷揚場としての整備がなされていた基町西部の本川河岸には、かなり広い河川敷が形成されていたが、そこにも被爆後、不法建築としてバラック住宅が入り込んで、住宅用地に利用されることとなった。国有地である堤防沿いに生まれた不法占拠によるこのまちは、基町相生通りと呼ばれて成長した。十数年後には別名「原爆スラム」とも名付けられることとなるが、ここは、広島の戦後史において独特の意味を投げ掛けるまちとなるのである。

このように基町地区は広島の都市形成・変遷を最も強く特徴付ける地区として記憶されねばならないと言える。

4 復興の要を支えた基町の3大機能

ここからは戦後の基町がどのような姿でたち現れてくるかについて述べてみたいと思う。要約して言うと、戦後の基町は、「公園」と「住宅」と「官庁」という3大機能の地区として位置づけられるだろう。これに民有地における商業・業務機能を加えれば4大機能となろう。

基町の公園機能

基町が公園機能を果たす地区として位置づけられるのは、戦災復興計画においてである。

戦災を受けた全国100余りの都市で策定された戦災復興計画は、日本の戦後の都市を規定する上で、極めて重大な役割を果たしたものであった。終戦後まもなく、1945（昭和20）年11月15日、戦災復興院が設立され、同年12月30日に「戦災地復興計画基本方針」が閣議決定された。こうして全国の戦災都市で復興計画の策定が一斉に進行したのである。

広島においても、まず広島県都市計画課を中心にして、次いで設立された広島市復興局で、広島市復興計画の原案が検討された。

戦災復興計画のうち、道路と区画整理の計画と公園の計画は、それぞれ1946（昭和21）年10月、11月に正式に決定され告示された。その間、広島市にあっては、「広島市復興審議会」を開催して、復興計画に関する様々な項目を討議し、広島県は「都市計画広島地方委員会」を招集して復興計画の確定を図ったのである。

このような戦災復興計画には、いくつかの特徴が見られるが、そのうちでも特徴的なのが公園緑地計画の重視であった。それは、終戦時までの公園緑地の不備の反動のように、著しく拡大された公園緑地を整備しようとするものであり、それは「公園緑地拡大整備思想」とも呼べるものであった。

この公園緑地拡大整備思想によって、基町に一大公園が計画された。それは中央公園と呼ばれるもので、70・48haもの面積を占めていた。[*2] もちろん相生通りも、この中にすっぽり包まれていた。

中央公園がどのような意図で計画されたかについて少し詳細に述べるなら、次のようになろう。

① 広島に3つの大公園を計画し、その第一として中央公園を考える。

② 広島城址を中心に、元の軍用地と産業奨励館を含めた23万坪（76ha）を確保する。

③ この公園は市民のための医学保健上の施設、中国地方の中心都市としての施設、運動公園としての施設を考える。

このように、基町に大公園が計画されたことは、基町のその後の運命に重要な影響を及ぼすこととなった。問題は、計画された中央公園がそのままの形では整備されず、図面上でのみ大きな公園機能が確保されたことにあった。

基町の住宅機能

基町の第2の機能は、住宅であった。

＊2
『広島被爆40年史』「都市の復興」48頁、都市計画公園配置図1（終章図E－1）

この住宅機能が出現してくるのは、次のような経緯からであった。原爆によって多くの住宅が焼き尽くされた。被爆した市民も、疎開先から帰ってきた市民も、あるいは引揚者や復員軍人など、市内は住宅を求める人たちであふれていた。彼らは日々の生活でさえ容易ではなかった。まして本格的な住宅など建てる術はなく、バラックや被災を免れた民家への同居でなんとか雨露をしのぐしかなかった。

このような時期に、公共による住宅が渇望された。そして、この基町が格好の建設場所として狙われたのである。

それにはいくつかの理由があろう。公園予定地とはいえ元軍用地であり、国有地であって障害物も少なく、当面住宅地としておくことに無理がないと考えられたのではないか。ともかく応急的・優先的に住宅の立地を図ろうと考えられたと言えよう。公園予定地であることが、むしろ住宅立地の要因とさえなったと言える。

まず住宅営団が、1946（昭和21）年頃に西練兵場の片隅に、124戸の「セット住宅」を完成させる。同年9月には、市復興局の営繕課が中心となって、基町の元野砲兵連隊跡に十軒長屋20棟（200戸）を建てた（写真1 - 2）。いずれも最小限度の住宅であった。このように1946年から47年にかけて住宅営団が合計743戸の越冬住宅を建て、市は市営住宅として1946年に先の長屋を含めて392戸、翌年に609戸、さらに翌年に36戸と合計1037戸を建設している。また、県も引揚者用住宅として34戸を建設し、公的住宅は総計1814戸にのぼったのである。そして土地の一時使用を認めた民間住宅181戸も併せて、1949（昭和24）年頃の基町は、図1 - 3に示すような一大住宅地に変貌していたのである。なお、住宅営団の住宅は、営団の解散（1946年11月）に伴い市営住宅として管理された。

このように、1946年11月に公園用地として計画決定された中央公園に、住宅が続々建設されたのであるから、明らかに制度的には矛盾であった。しかし当時としては、住宅への著しい需要があり、

写真1－1　相生橋辺りから北を望む。本川の左岸（右端）が相生通り。その右一帯が軍用地跡

適当な建設場所がない時、とりあえず公園用地に建設しておき、将来の対応に任せようという発想は無理もないところであった。

基町が応急的な住宅地に変わっていく過程で、西端の河川敷にもバラック住宅が集積し始める。1947～48年頃のかなり早い時期に、バラック住宅が相生の土手に建ち並び始めていたことは、後述する現地居住者からの聞き取りでも確認できた。そして相生通り土手の東側、つまり基町側に、その後市営住宅が建てられるにしたがって、不法住宅が次第に土手に追い上げられるとともに、その後市営住宅地区の空き地にも不法住宅は建てられた。その境界を不明確にしながら不法占拠の住宅は約1400戸にも達したのである。

基町への住宅機能の立地は、かくして公的に、また不法にと進められ、押しも押されもしない住宅地が形成されたのである。

基町の官庁機能

基町に諸官庁が立地したのは、次のような理由からであろう。

終戦までは、最も枢要な地区が軍事施設によって占められてしまっていたが、それ故に戦後は、その広大な国有地は行政の中枢機能を配置する格好の場所として狙われたのである。そしてそれは、立地する時の政治力によって着々と実現するに至った。1947（昭和22）年6月には裁判所、検察庁が入り込み、次いで広島郵便局電信課（後の電信電話公社）、広島法務局、広島家庭裁判所、広島通産局、広島拘置所、広島県庁などが続々と集中していった。1958年「一団地の官公庁街施設計画」（基町団地19.2ha）が指定されたこともあって、かくて基町は一大官庁街を形成したのである（図1-4）。

城下町が「近代都市」に生まれ変わる時、城跡に諸官庁が立地する形態は、広島に限ったことではない。しかし、広島の場合は軍都という過程を経て辿りついた形態であった。なお、市役所が基町に行かず、現地復興したことは、それなりのユニークさであろう。

同　相生橋辺りから原爆ドームのある南方面を望む（広島平和記念資料館提供　撮影・林重男）

官庁が基町に立地したとはいえ、当初の中央公園計画に抵触するものではなかった。官庁機能は広島の新しい顔として広島に君臨した。高度成長期に、広島を中枢管理都市として盛んにはやし立てた時、この官庁街と都心を構成する業務機能が注目を浴びるのである。

5　基町のありようと再開発へのみち

基町を、築城以来の歴史で見るならば、決して一般的な市街地ではなかったと言えよう。並みの市街地でなかったところに基町の特徴がある。一時は日本の運命をも決定するような役割を担い、現在においても広島県や中国地方の動向に深く関わっている。

戦後基町に重要な3つの機能が並存してくるのは、基町の持つ次のような条件が関連しているからである。1つは、元軍用地という広大な国有地であったこと。また、1つは広島のデルタのなかで位置的、地理的に恵まれていたことである。このことが3つの機能の導因にプラスしている。基町の有する性格が戦後の土地利用を基本的に規定したのである。

さらに、3つの機能の関連について述べるなら、公園計画は「理想論」として規定され、住宅は「応急論」によって立地が図られ、官庁は「現実論」によって着々と実現したと言える。つまり、終戦直後の基町は、そこを応急的な住宅建設の適地として利用せざるを得ない状況にあり、また、公園用地と競合しない部分の国有地は、官庁立地が現実的とされたのである。

そして公園は、あくまで理想の機能であり、現実のなかでは圧縮されたままであった。基町の一部は土地区画整理事業によって民間へ換地されたり、払い下げられて商業業務関係を中心とした施設も立地した。

写真1-2　基町の旧軍用地に広がる簡易住宅。左奥が本川、右が広島城の堀。左手前に見えるのが十軒長屋。（『広島市被爆70年史』写真2-3-2、1947年 Jim Muncle撮影）

こうして、1965（昭和40）年頃の土地利用の概略は図1－4に示すようなものとなっていた。もし、当初計画されたとおりに公園機能を確立しようとしても、それまで存在し続けてきた住宅地としての実績を無視する訳にはいかない。かといって、いつまでも応急的な住宅地としておく訳にもいかない、というのが行政側の判断であった。そこで基町の一画にも本格的な住宅地を形成せざるを得なくなったのである。かくして1956（昭和31）年に「一団地の住宅施設」を計画決定し、中央公園から14・8haを住宅団地の用地に変更したのである。

この中央公園の縮小という方針は、広島の戦後史のなかで特別の事情が関係している。1947（昭和22）年初の公選市長として当選した浜井信三氏は、2期連続勤めた後、1955（昭和30年）年の選挙で渡辺忠雄氏に敗れた。浜井氏は戦災復興事業を難渋しながら進めてきた責任者であった。市内の

図１－３　木造住宅現況図（1949 年頃）
（『基町地区再開発事業記念誌』）

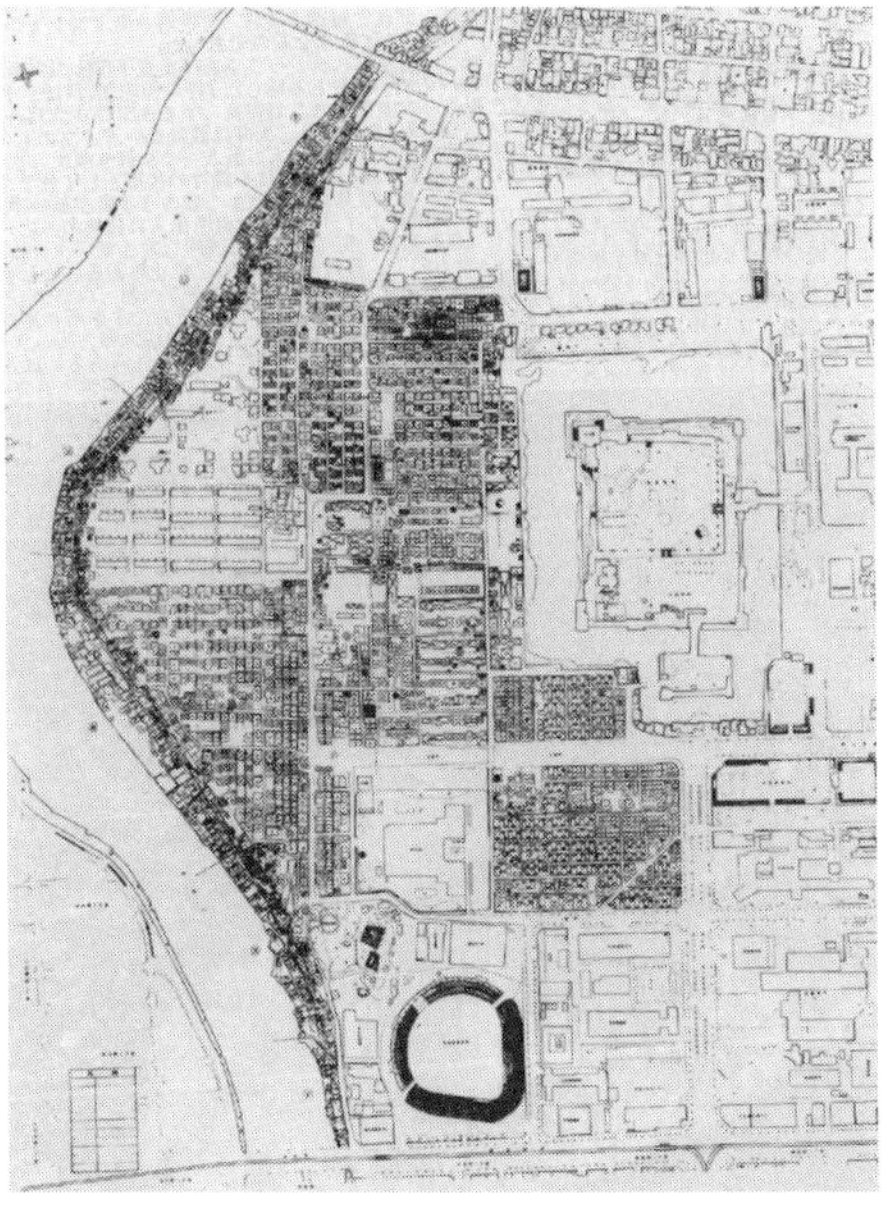

図１－４　再開発前の土地利用状況（1966 年）
（同上）

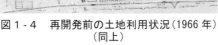

あちこちで区画整理が施行され、大小の道路が形をとって現れてきていた。このような時、渡辺氏は「百米道路にアパートを建てる」という公約を掲げて立候補し、当選したのである。この間の事情についての詳細は省くが、当時百米道路建設が市民にどのような反応をもたらしたかの一つの具体的な証拠であった。この市長の公約は、そのまま実現はされなかったが、基町の中央公園用地を削って住宅団地とすることで決着がついたのである。

かくして中央公園用地は、当初の70・48haから、途中、平和公園への一部編入があり、住宅団地への割譲となって44・06haに縮小された。

とはいえ、「一団地の住宅施設」の決定は、基町は住宅地として晴れて認知されたということであり、基町の歴史の中で決定的な出来事であったと言える。その後、中層公営住宅（市営、県営）が建設されるのに及んで、本格的に住宅地基町が形成されてきた。ただし、そのような土地の規模では全ての建て替え木造住宅の戸数に到底及ばないところから、新たなかたちで住宅建設が構想されることになった。それが昭和40年代における大規模な再開発事業に繋がるのである。

再開発事業の内容については後述するが、結局、基町再開発とはある意味では、住宅と公園機能の大掛かりな調整であったということができるだろう。

コラム2
広島カープと基町／広島市民球場（初代）

広島東洋カープが強くなった。

市民の球団として地元の声援を浴びるカープの根拠地「広島市民球場」の初代は、基町の中央公園の一画に設けられた。ナイター設備を持つ球場は市民の夢であった時代のことである。1957（昭和32）年に建設が決定して、約5か月という猛スピードで完成された。*

球場のできる7年前、1950（昭和25）年にカープ球団は設立された。長い低迷期を経て赤ヘルになったとたん、1975（昭和55）年にリーグ初優勝を果たした。広島は沸き立った。優勝まで25年かかった。初優勝する3年前、球場のすぐ西隣りにあった相生通りのまちはひっそりと姿を消した。

この基町中央公園のなかに球場の場所が決定するまでには紆余曲折があった。当初予定した中央公園エリアには、すでに十軒長屋と呼ばれる市営住宅などが多数あり、反対運動が起きたため、別の候補地も検討された。しかし結局もとの基町中央公園の一画、元西練兵場跡地の国有地に決まった。中央公園予定地は計画決定後、様々な土地利用に割譲され、その都度規模を小さくし、形状を変化させて今日に至っているが、初代広島市民球場もまた、その一画に場所を定めたのである。

2009（平成21）年に現在の新しい市民球場が完成し、初代球場は2012（平成24）年に、ライトスタンドの一部を残し解体された。

広島カープと本拠地広島市民球場は、長く広島復興のシンボルであった。

*「文書と写真でたどる旧広島市民球場」（『広島市公文書館紀要』30号）

１９７５年、初代市民球場での初優勝パレード（中国新聞社提供）

初代市民球場　１９５７年頃撮影（広島市公文書館提供）

第2章　相生通りとはどんな「まち」だったか

1　未知のまちへ飛び込む

外から眺めていたまち

1～2年後には全てが撤去される原爆スラムと呼ばれるこの相生地区に、一歩を踏み込んだ。これまで広島市内の中心地にありながら、常に外からしか眺めていなかったこの「まち」に、まるで未知の空間に足を踏み入れる怖さと、そしていくばくかの不安を抱きながら。

1970（昭和45）年8月4日、いよいよ相生通りの調査を開始した。

戦後、応急仮設的に作られたうえに、すでに20数年を経ていた木造バラック住宅、約1200戸が相生通りに存在していた。といっても、このまちの東端は公営木造住宅群と境目はなく、周辺一帯にべったりと木造バラック住宅が建ち並んでいた。ちょっと目には、ほぼ同質の集団が基町全体を埋め尽くし、そのまま土手に向かってせり登り、土手を越えて本川の川岸まで広がって、せめぎ合っていた。

県調査によると、この地区には、2547人が住み、人口密度516・63人／haもの過密居住の地区であったとある。

この人口密度という指標は、環境条件を示す指標の一つで、住み具合の密度を比較するために使われる。人口密度が高いこと自体で劣悪環境と決め付けてしまうのは必ずしも正しくはない。ちなみに、一般の居住地では100～200人／ha内外、中層（五階建て）集合住宅団地で350人／ha程度である。高層集合住宅団地にいたっては1000人／haも不可能ではない。集合住宅の外部、つまり屋外環境の広がりとセットで高密と過密は異なってくる。いずれにせよ相生通りの500人／haという密度は、びっしり建て詰まった木造バラック住宅地として過密な空間であったことには違いない。

相生通りが他の一般市街地と異なって見えるのは、建物がバラック住宅であるとともに、その建ち方が乱雑に見えるからである。南北の土手みちに沿った建物はほぼ整然と並ぶも、土手下の建物は不規則に並び、雑然と集合していることが分かる。その家々の集合の異様さを、いつも外から眺めていた我々は、調査を意図さえしなければおそらく、このまちに足を踏み入れることはなかったであろう。

最初に訪ねたいえ

私たちの調査は、地区の南端（相生橋付近）から入ることとし、順次北に向けて行動を開始した。あらかじめ地区内の町内会長さんに調査の協力をお願いしていたとはいえ、どこでどんなトラブルに出合わないとも限らない。調査の要領も頭で考えていたとおりに行くかどうかも分からない。

この原爆ドームのすぐ北側、相生橋の東詰めから始まる土手みちが、当時相生通りと呼ばれたことは先に述べた。この辺りは電車道に近いこともあって、食堂・飲み屋や理髪店などが並んでいた。そこを過ぎると、テレビや冷蔵庫、自転車やダンボール箱、布切れなどの屑の山が道の脇に増え始める。この地区には廃品回収を職業とする人たちが世帯主の約一割を占める。このため地区の南側には廃品の集積場所や倉庫が多くあった。相生橋から北へ100メートル、一杯飲み屋の横のだらだら坂をやや左に進むと、いよいよ土手みちの相生通りそのものに入る（図2‐1）。

この三叉路付近には、駄菓子屋や畳屋、それに共同水道が一か所あった。ここから土手みちは幾分狭くなり、両側にびっしりと家々が軒を接して並んでいる。この駄菓子屋の南隣り、ちょうど三叉路の交点に面する家①が、我々の最初の調査対象の家であった（写真2-1）。
当時の調査日記には次のように書き込んでいる。

■淡々と生活状況を話してくれた縫製業（応接椅子のカバーづくりの家族　8月4日）

「どんな反応が返ってくるか、少しばかりの不安も『お父さん』の声の感じで消え去った。……私たち二人が間取りの測量に取り掛かり、柱間隔を測って図面に落としている。私はヒアリング、病身のお母さんに代わって途中から子どもさん相手にポツポツ二人で話しながら記入していく。『被爆』の話、『国籍』、『仕事』の話へ。私は無我夢中である。静かな会話だった。娘さんが最後に出してく

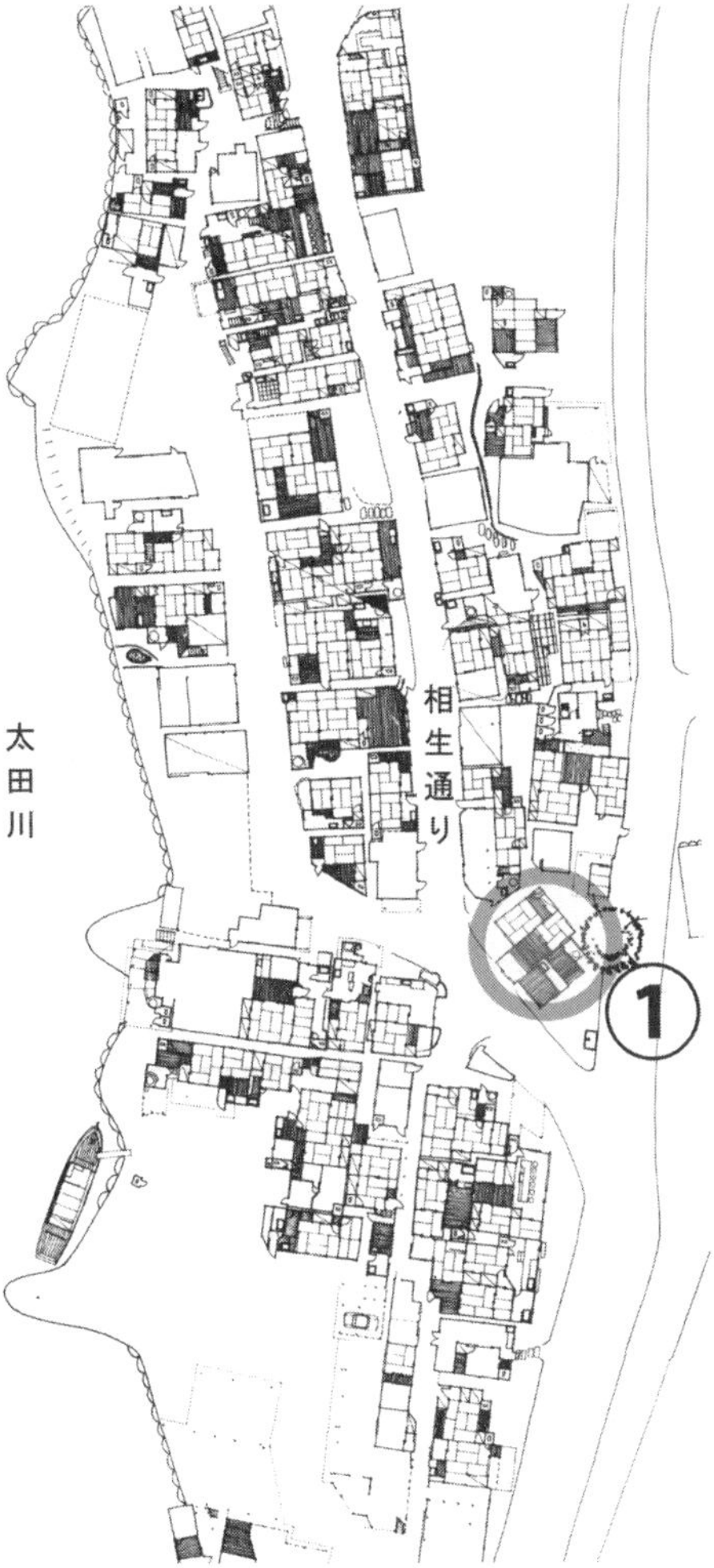

図2-1　家屋配置図の詳細実測例（地区南側、相生橋北側の例）

写真2-1　最初に訪ねたいえ（中央右端）

れた麦茶、冷たくさわやかにしみわたった。『基町アパートには入りたくないですねぇ……』。淡々と語ったお父さんの言葉が耳に残る」

最初に訪ねた家で断られたらどうしようかとの不安と緊張も、主人の柔和な応答で消えた。こうして調査が好スタートを切ったのである（詳細は第4章1「相生通りで出会った17の家族」に記載）。

2　そこにはどんなまちがあったか

命をつないだ相生の土手

被爆後の基町を写真（第1章写真1－1）で見ると、凄まじい光景が映し出されている。それは、この世のものとは思われない、あたかも死の世界のごとき光景である。樹木は焼け焦げ、ただがれきや石や土、そして何かを焼きつくした跡が延々と繋がって広がっている。相生の土手も陸軍の諸施設を守る要塞としては見る影もなく、単なる河岸として殺風景な姿をさらしている。もっとも、この光景は被爆直後のものではなく、9月17、18日の枕崎台風の通過によって、大洪水の洗礼を受け、流れるものは一掃された後の1945年10月初旬のものである。なお、この写真をよく見れば、相生橋のたもとに仮設の建物が建てられ、わずかに新たな人間の営みがうかがえる。

このような相生の土手は、その後どのような運命をたどるのであろうか。すでに述べたように、基町は住宅営団が1945（昭和20）年末から住宅を建て始め、みるみるうちに一大住宅地化した。2年後の5月10日の空中写真（写真2－2）では、すでに住宅地としての基本的な姿ができ上がっていることが分かる。その少し前の1946（昭和21）年夏の写真（写真2－3）を見れば、すでに耕作地として利用されていたことが確認でき、その写真説明には「麦畑や家庭菜園のある川土手は、爆心地近くとは思えない」とある。写真にあるように、盛大に耕作されていたようである。とはいえ、1947、48年頃、すでにバラック住宅が相生の土手に並び始めていたという話も住人から聞いても

写真2－2　1947年5月10日、空中写真。この当時、まだ河川敷に家はほとんどない。（『広島被爆40年史』）

いた。行政も黙認し、食料不足を補い雨露をしのぐために相生の土手は被爆者たちの命をつないだのだ。

この世界の片隅で

我々は、基町相生通りを『都市住宅　7306』に次のように描写した。

「現在の基町相生通りの歴史は、昭和二十年八月六日に始まる。明治維新後から敗戦まで基町地区一帯は、軍都広島の中枢機能を担っていた。広島城内に中国軍管区指令部が設置され、歩兵・砲兵・輜重隊・陸軍病院、そして本川に挟まれた広大な練兵場があった。七〇年間は草木も生えないと言われた『ヒロシマ』の土の中から、草の芽は吹き出し、ススキや笹薮に覆われた基町／相生の土手に、ポツポツとバラック小屋が建ち並び始めた。食糧難から市が率先して畑を作らせた。そのための物置小屋のような形から、また資材置き場としての倉庫、飯場から、このまちの『いえ』は出発している。いえの集積が徐々に進み、まちとなっていくプロセスは、交通の便の良い南端および北端から集積がいち早く進み、対岸、寺町への渡し場のあった中間部がそれに続いた」

この基町相生通りと呼ばれたまちの存在を明確に示したものとして、山代巴編著『この世界の片隅で』[*1]を挙げておこう。これによれば、「広島の地図を開くと、市の中心部に空白のままに残された場所がある。基町一番地である。その河岸地帯は、通称相生通りと呼ばれ、原爆の生み出した特殊部落のようにいわれている。だが、本当はどうなのだろう?」と紹介しつつ問題を投げかけている。

「相生通りでは被爆者であることが、なんら特殊なことではありません。ここに住む人たちすべてが、政治のひずみのしわ寄せを受けており、ここに追い込まれざるを得なかったのです。……要するに相

写真2-3　1946年夏、畑の相生河川敷。土手から相生橋を望む。（中国新聞社提供）

＊1　山代巴編『この世界の片隅で』（岩波新書　1965年）

生通りとは、棄民政策が作り出した花のようなもので、被爆者もその花びらの一つのように住んでいるのでした」

そして、このまちに部屋を借りて住んだ文沢隆一はさらに詳しく、「その（土手の）両側の傾斜地から川岸にかけて、つぎはぎだらけの掘立小屋が九〇〇戸（県都市計画課調べ）。世帯数は一一三五世帯、そのうち朝鮮人が一七五世帯、約六五〇人（西警察署基町派出所調べ）。朝鮮総連広島東支部では、二二〇世帯の朝鮮人が住み、その三分の二は総連に入っているという」と記述している。

市内の復興事業でふくらむ

公的記録によれば、「民間住宅は、基町地区においては地区両側の相生橋から三篠橋に至る約一、五キロメートルに及ぶ、太田川の河川堤塘敷に集中して建てられた。初期においては、交通の便の良い相生橋付近及び三篠橋付近から始まり、昭和二三年頃は二〇〇戸あまり、昭和二四年から二五年頃には六四〇戸程度であった。昭和三〇年代に入ると、市内の戦災復興土地区画整理事業も急速に進展し、それに伴う立ち退き等を主とした他地区からの移住者によるものが次第に増加し、これら住宅は河川堤塘敷に限らず、公園予定地などにも建てられ、昭和三五年頃には九〇〇戸に及ぶこととなった」（『基町地区再開発事業記念誌』）と記録されている。

特に1952（昭和27）年に中島地区の平和公園の整備に伴い、立ち退きで70戸のバラックが集団流入、市営住宅とのトラブルが発生したといわれる。こうして次第にバラックの集積を重ね、1963（昭和38）年頃には原爆スラムという呼称も付けられた。これは、何らかの国の補助政策を期待しての命名と言われているが、もとはと言えば広島が被爆都市であること、当初は特に被爆者の居住が目立ったこと、貧困状態の人たちが住む、といったことから原爆に関わって形成されたまちという意味を込めたものと推測される。*2

この地区では一晩のうちに柱と屋根が組み立てられ、即製の壁が取り付けられて、朝には一戸の住宅として出現していたようだ。こうした住宅が建ついきさつについて確かなことは不明であるが、次のような3つの説明のされ方がなされている。

1つは原爆によって四散していた人たちが市内に帰ってきて、また外地からの引き揚げにより住むところがなく、終戦直後の混乱した状況の中で、河川敷に家を建てて、その居を求めたというものである。これは基町に限らず市内のあちこちの河川敷で見られた光景であった。

もう1つは、基町の平場に建てられていた不法住宅が、市営住宅の建設によって土手に追い上げられたというものである。

いま1つは、1947（昭和22）年に結成された「移動商店住宅組合」を契機として、相生の土手に住み着く形になったというものである。この説明を補強するものとしては、大田洋子の『夕凪の街と人と』[*3]に、「この護岸は、八丁堀から紙屋町にかけて住んでいた、あの露天商の連中が追っ払われて、しょうことなしに逃げ出してきたものなんでしょう」という箇所がある。相生に住むように勧めた人もいたという。

いずれにしても、相生通りには他に住むあてのない人たちが入り込んで膨らみ、住宅街となっていったのである。

経済成長から取り残される——戦後広島の住宅問題と住宅政策

ここで基町問題を理解するには、その背景にある当時の全市的な住宅事情と住宅政策について触れておかなくてはならないであろう。戦時体制下では顕在化しなかったが、終戦と同時に、一大問題として顕在化したのが住宅問題であった。それは社会問題であることに止まらず、政治的で戦後日本の死活問題であるとも言えるほどの状況にあった。とりわけ広島においては、極端に困窮した問題であった。[*4]

＊2
『広島新史』都市文化編　138〜139頁　被爆者援護の一環として、国の援助を得て基町地区の整備を進めようと、行政やマスコミ主導で出現した言葉でもあった。

＊3
大田洋子『夕凪の街と人と』（三一書房　1978年）15頁

① 建物疎開と住宅被害

まず、被爆前の戦時末期には、爆撃・空襲に備えて住める住宅も取り壊してしまう「建物疎開」という動きがあった。この建物疎開は戸数にして6000とも8000とも言われている。[*5]

そして被爆・戦災による決定的な被害であった。1946（昭和21）年8月10日の広島市調査課のデータによれば、被爆直前の住宅数7万6327戸のうち、7万1470戸（94%）が半壊半焼以上の被害を受けたとされる。別の調査では6万8961戸が半壊半焼以上の記録もある。広島県警察部では全焼5万5000戸、半焼2290戸、全壊6820戸、半壊3750戸、合計6万7860戸となっている。これらから被爆後の残存した住宅は1万戸〜2万戸と推定される。

② 住宅不足

このように建物疎開と被爆による甚大な被害を受けたうえに、さらに戦後は海外からの引き揚げ、戦地からの復員、疎開先からの復帰とその後のベビーブームで、広島の住宅不足には著しいものがあった。

当時の住宅資料によると、1947、48年度の基町への大量公営木造住宅建設後は、例えば、市営住宅の建設状況は、49〜52年度にかけて300戸台で推移し、53年度以降はほぼ200戸台、これに50年度以降100戸未満の県営住宅が加わるという状況であった。

「とうてい市民の住環境を保証するレベルには届いていない。個人住宅も建設されてはいたが、多くがいわゆるバラックと呼ばれる粗末な簡易住宅での生活を余儀なくされており、一九五〇年（昭和二五）の市勢要覧では『何分にも未だ応急的な住宅が多く、健康的で明朗な住宅が一般に普及されるまでには尚相当の歳月を要する』とされていた」と『被爆70年史』に記述されている。[*6]

ちなみに、この頃の市営住宅への入居申込状況は、「二〇倍近い競争率があり入居者は住宅難に苦

＊4
①〜④の記述は、広島市編『広島市被爆70年史』戦後編第2章・第3節「基町を中心とする公園・緑地・住宅計画」の6「戦後広島の住宅問題と住宅政策」、並びに同4「相生通りの形成とそこでの住民・住まい」（石丸）の草稿の一部から抜粋し再編している。以下本章では『被爆70年史』と略す。

＊5
『戦災復興誌』第1巻「計画事業編」によれば、広島の建物疎開が5次までに6301件、6次を実施中に被爆ということになっている。また別の資料によれば、疎開した建物は8801戸というデータもある。
なお、全国では空襲によって210万戸焼失、強制疎開によって55万戸除却され、約265万戸の減となっていた。また戦災を受けた120余都市、罹災面積1億9000万

しむ市民から羨ましがられていた」[*6]。1955（昭和30）年2月時点で完成した市営の木造一種住宅においては49倍、ブロック造72倍、鉄筋コンクリート造3・6倍という高倍率であったという。

③ 住宅施策

1953（昭和28）年の住宅統計調査による広島市の住戸総数は、7万3000戸と戦前に近づいていた。うち住宅総数7万2000戸、住宅のうち人の居住している住宅6万9000戸、1戸当たりの平均畳数15・4畳、1人当たり平均畳数3・3畳であった。54年末における住宅不足は約1万3000戸と推定されていた[*7]。

こうしたなかで、住宅政策は市の重点政策として位置付けられていたことは間違いないが、限られた予算のもとで住宅不足へ十分応えられず、結果的には自力で自己の住宅を建設する者しか克服できなかったのである。住宅問題は1955（昭和30）年における市長選でも争点となり[*8]、いかに市民の関心が高かったかを示している。

1960（昭和35）年版の市勢要覧によると、「市内の住宅事情は、最近の投機性をからませた地価の上昇によって急激に悪化しており、これが住宅建設の大きなガンとなっている」とされ、同62年版では「近年の地価の上昇により、住宅事情の好転は早急には望まれない」と窮状を訴えるものとなっている。

この頃から、住宅金融公庫が設立（1955年）され、持ち家政策へ舵が切られた。同時に大都市では日本住宅公団、続いて各県に住宅供給公社が設立され、公営住宅も鉄筋コンクリートによる団地建設へと展開し始めるのである。

④ 持ち家政策

オイルショックで騒がれた1973（昭和48）年の住宅統計調査（住調）で、初めて全国的に一世帯

坪（627平方キロ）、罹災戸数230万戸、罹災人口950万人とされ、広島では6万8000戸とされた。

＊6 『広島市被爆70年史』「戦後編」第2章第8節336頁

＊7 西川加禰著「戦後広島住宅小史」（『広島市公文書館紀要』第15号、1992年）35頁
広島市編『新修広島市史』第3巻 社会経済史編（広島市、1958年）184頁

＊8 戦後の第3期公選市長選挙において、それまでの濱井信三市長に対して、「百メートル道路」の幅を削減してそこに公営住宅を建設するという公約を掲げた渡辺忠雄が当選して市長となった（1章5参照）。

一住宅が達成されたと大々的に報じられた。広島市の住宅種類の変遷を住宅統計調査によってたどると、1953年以来20年間で持ち家政策の展開にもかかわらず持ち家比率は56％から37％に低下し、借家割合が増大していた。つまり、住宅建設力は飛躍的に増大していくが、所得と連携した住宅供給がなされているかというと、住宅政策の構造的課題は依然として深刻な問題のままであり、さらに住宅問題は量的なレベルから質的、所得分配問題へと移行していったと言える。

ただ、その後の住宅政策の変遷で見れば、それでも公営住宅供給数（7％前後）は維持されていた。

3　不法占拠に始まるまち

不法占拠の意味

言うまでもなく、原爆による広島市の壊滅により発生し、被爆した多くの市民に交じって、その後の社会政策の網から抜け落ちた人々とともに、行き場を失くした多くの外国籍居住者が集まり、命をつなぐ最後のシェルターとしての家を求めた先が、所有管理のゆるい公有地という土地であった。その土地を「不法」に「占用」することで、かろうじて人びとは必要最低限の生活空間を確保し、雨露をしのいだ。

さて、土手筋に数戸の家らしきものが現れ、後に1000戸もの「まち」に成長する過程をたどると、それを規定したいくつかの要因を見出すことができる。

それは次の4つの規定要因によって、現象したのではないかと我々は考えた。

①原爆、②国籍、③社会政策、④不法占拠

この4つの要因のうち、①と③は被爆した何十万人もの広島市民が、戦争の惨禍と戦後の混乱・生活苦を等しく経験したものである。②は戦前からの幾多の曲折を経て広島に来住し、日本人と同様な辛苦をなめた上に、さらに外国籍の彼らには③の恩恵がおよばず、逆に国籍による偏見が彼らを不利な立場に追いやる二重の重荷を背負わせることとなった。そして④「不法占拠」は、国籍を問わず、住むべき土地や家をもたない人たちが、命をつなぐ場所を求めて辿り着いた先で、「いえ」を確保する最後の手段であった。

いずれにせよ、このまちは集まってきた人びとによる公有地の「不法占拠」という形態をとっての特殊な「いえづくり」であり「まちづくり」であった。彼ら自身に「まちをつくる」という意識はなかったにせよ、「いえ」が集合するにつれて諸々の条件を付加しながら、何らかのルールやシステムが作用し「まち」ができていく。このルールやシステムは立地した土地そのものの持つ諸形態によって規定されていると言える。

それは何か、もう少し詳しく見てみよう。

① 土地の利用形態

旧陸軍練兵場跡およびそれに連続した河川敷で国有地であったことにより、がれきの少ない空地が広がるこの基町一帯は、被爆後すぐに行き場のなかった人たちが、「入植」しやすかった場所に違いない。「いえ・いえ」は、「雨後の竹の子のように、みるみるできていった」とは住人の話である。先に入った人びとが順次、住みやすい場所を求めて住み付き、知人を呼び寄せてもいた。後から入った人びとは前住者の邪魔にならない場所に、またはその「縄張り」を話し合いや金銭などによって分割してもらいながら占用していった。

② 土地の社会的地理条件

この相生通りは、都心からほぼ徒歩15分圏内に位置している。不安定な職業と収入のもとに生計を維持するには、できるだけ仕事の機会が多い都心に近く、交通の便に恵まれた地を居住地に選択する必要がある。それがここに住む人たちの生活のしやすさを支えた。研究者はこの人たちを「立地限定階層」と名付けた。[*9]

③ 土地の物理的地理条件（自然条件）

幅約100メートルの本川に面し、盛り上がった土手を軸とした山なりの地形と高低差が、通風や採光、排水など最低限の生活環境保持の支えとなっていた。

こうした条件のもとに、自己の生活力と必要度に応じて「我が家」が自由に建てられた。もっとも、いかに自由に土地を占用化できるとしても、「いえ」そのものの絶対的な狭さと古材による建て付けといった経済的な限界はまぬがれない。また、高密化するにつれ占用の自由度は下がる。そして当然のことながら、自己の縄張りは小さくなってゆく。しかし、「不法占拠」＝「敷地割がない」こと、この自由性こそが当地区の空間を他に類をみないほどに固有のものとしたことは間違いない。

敷地割から解放されたいえ

相生通りの「いえ」の最も大きな特徴は、「敷地割」と「所有権」がないことである。人間はもともと自然条件や外敵から身を守るシェルターとして、いえを作った。自ら土地を探し、その土地に豊かに供給される材料により、自らの要求にそっていえを生産してきた。現在では、こうした人間といえの直接的関係は絶たれ変化した。

一般独立住宅では、まず家族の経済的条件（収入、職業など）を前提にして、購入する土地条件（立

＊9 牛見章『大都市地域における住宅立地計画に関する基礎的研究』（1971年）

地・通勤時間・大きさ・敷地割・都市サービスなど）を選択し、ライフスタイルからくる生活要求を満たすべく、かたち化される。とりわけ、その大きさと形を決める敷地割と所有権に強く規定される。ところが、相生通りの場合、不法占拠した土地には所有権はもとより敷地割がない。敷地割のない条件下でいえがかたち化された点に、一般住宅市街地とは決定的な違いがあるのである。

つまり、相生通りの「いえ」は敷地割から解放された「いえ」なのだ。経済的制約から規模は小さいが、自ら土地を選び、自らの要求に沿って作られた当地区のいえの自由さは、いえの大きさ、形のパターンの多様さとして現れ、それはこの地区に一つとして同じいえがないことを見ても分かる。同時にそれは、人間といえの、つまり生活実態と空間形態とのかなり直接的でプリミティブな関係を具体化していると言えよう（詳細は第3章「まちをつくり上げた人たちの素顔と暮らし」で後述）。

多様な共有空間の発見

この大小・多様なパターンをもつ「いえ」が集合すると「まち」はどうなるだろうか興味深い。法的な根拠のない土地の占用化による「いえ群」は、互いの距離を一定程度確保する必要性から、大小さまざまな「すき間」を生み出す。それがそのまま反映して驚くほどの多様性をもつ外部空間を生み出していたのである。

「すき間」はあるところでは「みち」であり、あるところでは「たまり場」であり、あるところでは、いえからあふれ出た私的な「物置場」であり、「洗濯物干し場」でもあった。さらにはいえ・いえの間に風を抜く環境維持機能も果たした。

それは漁村集落や農村集落に見られる、高密度な生活集積がつくり出す濃密な外部生活空間と同質であり、生産の空間でもあり、安全・環境を守る空間でもある。みちはラビリンス（迷路）となって、外部からの侵入者には分かりにくい構造となっている。しかし、ここに住む人たちにとってかけがえのない「外部空間」は、同時にこのまちの生活総体を受け止める「共有空間」となって、一般市街地の「公共空間」とは異なる性格を持っていた。つまり不法占拠が生み出した多様な共有空間は、いえという個体の形態的な占拠を超えて、集合としての実体的な占拠（日常生活環境の共有化）へと質を変えて、まちが成立していた。それは皮肉にも、この外部空間こそが貧しく狭い「いえ空間」の存在を支えてもいたのでもあった。

土地の不法占拠という形態をとって展開された当地区の空間構造の中に、われわれは日常生活を保障する近隣空間の意味と価値を見出すことができる。迷路の「みち」は、今や現代都市一般から消えた人間のための共有空間としての象徴を物語る。その時、不法とはいえ「占拠」という、この一見ラジカルな言葉の含む意味の大きさを改めて強く感じざるを得ない。

つまり、少々大げさに言えば、「占拠」とは拘束や管理されることから自由を求め、生きて棲むための共有化しうる自由な空間を獲得する権利の主張、その積極的な行動を意味していると言えよう。われわれは、このまちに通うことで、失いかけていた現代都市の「すき間」を発見したのだった。

4　集合した家々とまちの構造

この相生通りはいったいどのような空間構造をしているのだろうか。

法的な所有権や敷地割りのない、いわゆる「不法占拠」によって作られたまちは、いったいどういったメカニズムででき上がっていったのか、そしてこの高密度なまちはどんな構造で成り立っているのか。どんなに使いこなされ、維持されているのか。これらは本調査における我々の中心的な関心事の一つであった。

すき間の役割

いえといえの間をどれだけ離して空けるか、空いた隙間をどう使うか、誰が使うか、などは関係近隣の人たちで暗黙の不文律（ルール）があった。というより先住者への礼儀として声をかけ、話し合いにより空間を確保していった。なかには金銭的に話をつけることもあったようである。すき間はこうして通路やサービス伝達としての機能以外に、助け合う近隣生活を保障する空間ともなって、居住者の生活を支え続けた。すき間の役割を整理してみよう。

① 通行する「みち」機能として

第一の役割は、まず通行のための「みち」である。そこで、みちの有り様を通してまちの様子を眺めてみる。

相生通りに出入りするにはザルの底のような、いくつもの進入路が存在する。基町市営住宅のある東側から入れば、家々の間をぬって緩やかな坂を上ると土手みちに出る。このみちが当地区を縦断する唯一の貫通道路「相生通り」である。道幅を変えながらほぼ南北に伸びた明るいこのみちは、まちの背骨であり生命線である。もちろん車で通り抜けることはできない。土手みちだけを南北に通過する人も、まずいない。

その相生通りから建物の間を縫って左右に延びる無数のみちが、まちの成り立ち・構造を最もよく伝える。通常は「みち」があって「いえ」ができる。ここでは「いえ」ができて「みち」ができる。土手みちから分かれた細街路は、いつのまにか、いえに近づくにつれ、迷路のように入り組む。狭いみちはさらに狭い路地となり、私的な領域として利用される雰囲気が強くなる。簡単な竹の生垣に花を植えたもの、盆栽・物干し・子どもの遊び道具・椅子など、住民の語る表情が増え、まるで他人の庭先を歩いているような気にさせられる。

②外化せざるを得ない家事行為の補完的空間として

いえの規模が決定的に小さいことから、本来いえの中で行われる家事行為の一部が、このすき間にはみ出してくる。最も多いのが物干しであり、洗濯機もそれに付随して置かれていた。収納スペースの代用にもなる。わずかでも盆栽や植え込みなどの花と緑を、軒先に飾る。

本来、日常生活に密着した台所や便所設備は、健全な生活を送る上で、好んで外化させるはずはないが、相生通りでは共同の水道施設・共同便所などが多く存在していた。1970年調査時には、すでに共同設備は機能を停止しつつあったが、なおまだ使われていた（詳しくは64頁「暮らしを支えた共同施設」で述べる）。

③近隣生活行為を補完する空間として

家々には思いがけない所に窓があり、歩いていると必ず誰かに見られている気がした。誰かの目が外に注がれているので、親は安心して子どもを家の周りで自由に遊ばせておくことができた。また、近所付き合いの上でも声をかけやすかった。

子どもたちの遊びは特に多彩である。相生通りの複雑な構造は格好の遊び場であり、かくれんぼやカン蹴りなど、みちや空き地を楽しんでいるようにさえ見えた。一か所だけでは終らない子どもたちの遊び場を、みちと空地は提供していた。

大人たちは、昼間は共稼ぎ世帯など忙しく働く人たちが多いため、相生通りでの立ち話は少ないが、夕方になると立ち話や夕涼みをする人たちが目立ち始める。一方、主婦は買い物途中や家事の合間にかなりの交流があり、みちが情報交換の場ともなっていた（口絵の図K-5「時間別行動」を参照）。

④住環境を維持する空間として

密集した家々に通風と採光を確保するのが、このすき間の大きな役割でもある。一段高い土手筋と低い本川のレベル差がこれを助けていた。すぐ横を流れる大きな本川の存在は何ものにも代えがたい。広島特有の夏場の夕凪には川岸に涼を求めて集まり、お喋りする人の姿が目立った。

それを誘導するように、こんなみちもある。本川に面して建ち並ぶ家は、川といえとの間に約1メートル程すき間をとって建てられている場合が多い。理由は川筋をつたって便利に移動できるようにと、一定のアキをとるという不文律（ルール）があったようだ（図2‐2。後年新しく入ってきたいえでは、これを無視して川にはみだして建てるようになったという）。

このように一見無駄なように思えるこの「すき間」こそが、狭小過密ないえでの生活を成り立たせている空間として必要だったということが分かるだろう。みちの途中のちょっとした場所、共同水道、くぼんだ道、枝分かれ道、スロープ、川岸といった空間が、住人のコンタクトの機会を誘引し、媒介していたことが行動調査でも認められた。防犯灯も町内会により設置されていた。さらにこの空間に持ち出された縁台・イスといった生活装置が近隣生活空間を活性化させてもいた。

こうした暮らしの関係については第3章で詳しく述べることとしよう。

分かりにくいみちは安全なみち

一般の住宅市街地にある車優先の道では、危なくて子どもたちの遊びや住民間の立ち話などができるものではない。これに対して相生通りのみちは住民間の日常生活のなかで、なお活き活きと生活空間として共有され利用され続けていた。

土手みちから左右に下ると、奥に行くにしたがって道は細くなる。ぎっしり建て詰まった家々の「すき間」は、少しでも通り抜けできれば「みち」として利用されていた。さらに網の目のように繋がったみちであるため、初めての来訪者には非常に分かりにくい。しかし通い慣れてくると、この道は何

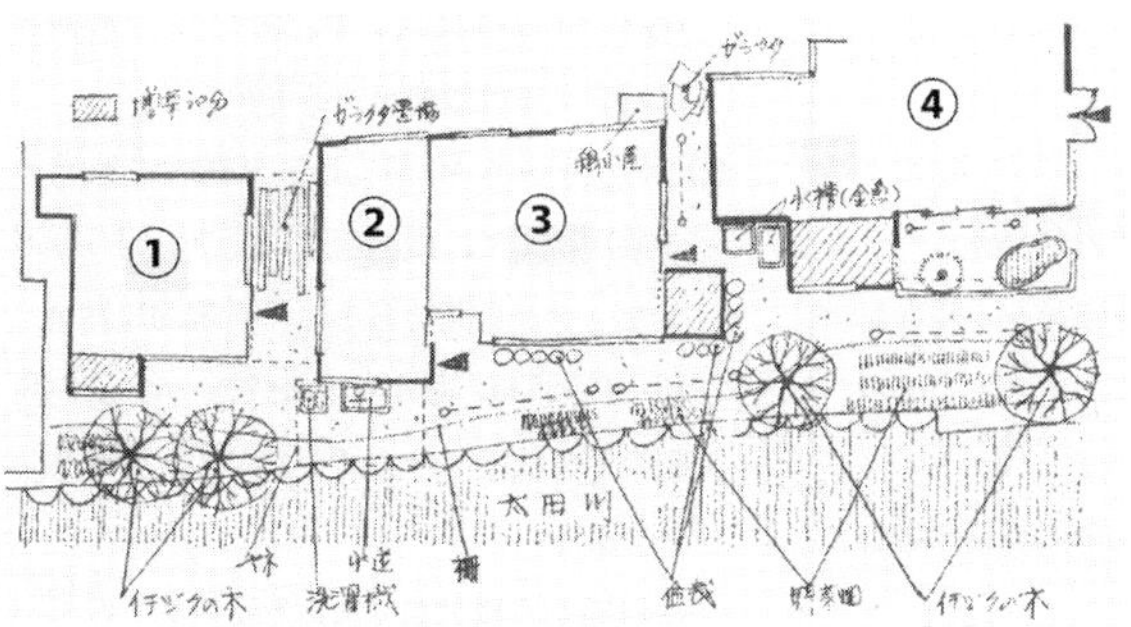

図2‐2　川端のすき間利用の例。スラムと言う陰惨なイメージを破り、地区全体にある種の解放感を与えているのは、この本川によるところが大きい。①②④は姉妹が居住。

処へ行くにも極めて便利がよいのだ。

相生の「みち」は、このようにまちに馴染みのない人が入って来にくい「みち」であり「すき間」であった。しかもそれは近隣居住者同士が、生活と一体となった空間として強く意識する「領域化された空間」として存在していた。自分たちの生活を円滑化させる空間でもあった。

しかし、一方でこのみちに問題がないわけではない。こうした複雑で狭いみちは、火災などの災害時に避難や消火活動を困難にしていた。また、外来者を拒否するような雰囲気と、目的地を訪ねにくくしていたこと、盗難にあって追いかけてもすぐに見失ってしまうのだ。一方で郵便物はちゃんと届いており、外部との連絡を欠いていた訳ではない。

暮らしを支えた共同施設

「いえの外」を構成する要素として見逃せないのは共同の「井戸・水道」、それと「便所」である。いずれも不法占拠によるこのまちに公的設備が完備しているはずもなく、居住者はこの維持に腐心していた。詳しくは第3章の3の「共同設備の苦労」で触れるが、共同水道と共同便所の分布は図2-3のようになっていた。

地区内には共同水道（井戸も含めて）が44か所ある。地区内にほぼ均等に分布している。詳細に見ると利用のしやすさから、人の集まりやすい場所にちゃんと位置していた。水道は専用化が進んでいたとはいえ、共用と答えた世帯は47世帯で、データ判明分の約15%を占める。6~7世帯のうち1世帯が専用の水道を持たなかった。調査で相生通りの一室を借りた際、近くの共同水道が洗濯や食事の準備・食器洗いでにぎわっていたのを目にしている。

共同便所も45か所ある。便所が共用であるのは、多くは地区内にあるアパートに集中している。アパート以外ではおおむね専用便所であった。いずれも、日常生活上の機能を内と外に分断し、若い人たちには嫌がられていた。

その他、いえの外にある共同の資産として「排水溝」があり、数軒で申し合わせて管を通し、川に排水していた。それでも高低差の少ない地区では雨水や生活水の排水は不十分で、低地は常に湿潤状態に悩まされた。こうした共同設備の維持、衛生管理に苦労したことは、各町内会の役員に衛生委員が1人ではなく数名選ばれていたことからもうかがえる。

「集会所」は北と南の町内会にそれぞれ1か所あった。北地区では特に集会所横に消防ポンプを置き、頻繁に起こる火事へ備えていた。また、朝鮮系の住民は地区内に5か所の集会所を確保し、交流と活動の拠点としていた。

こうした共同施設が、起伏のある土手の地形を利用したり、相生通りに沿った空き地や広場に配置され、地区の暮らしを支えていた。

5 頻発した相生通りの火災

相生通りの形成史を振り返るとき、主要な出来事として大火のことに触れないわけにはいかない。１９６１（昭和36）年以来、大火災だけでも11回を数えた。その主要なものを列記する。

・１９６１年2月7日　相生８組24戸、４４８㎡が全焼。21世帯83人が被災。

・１９６２年6月1日　相生7組30

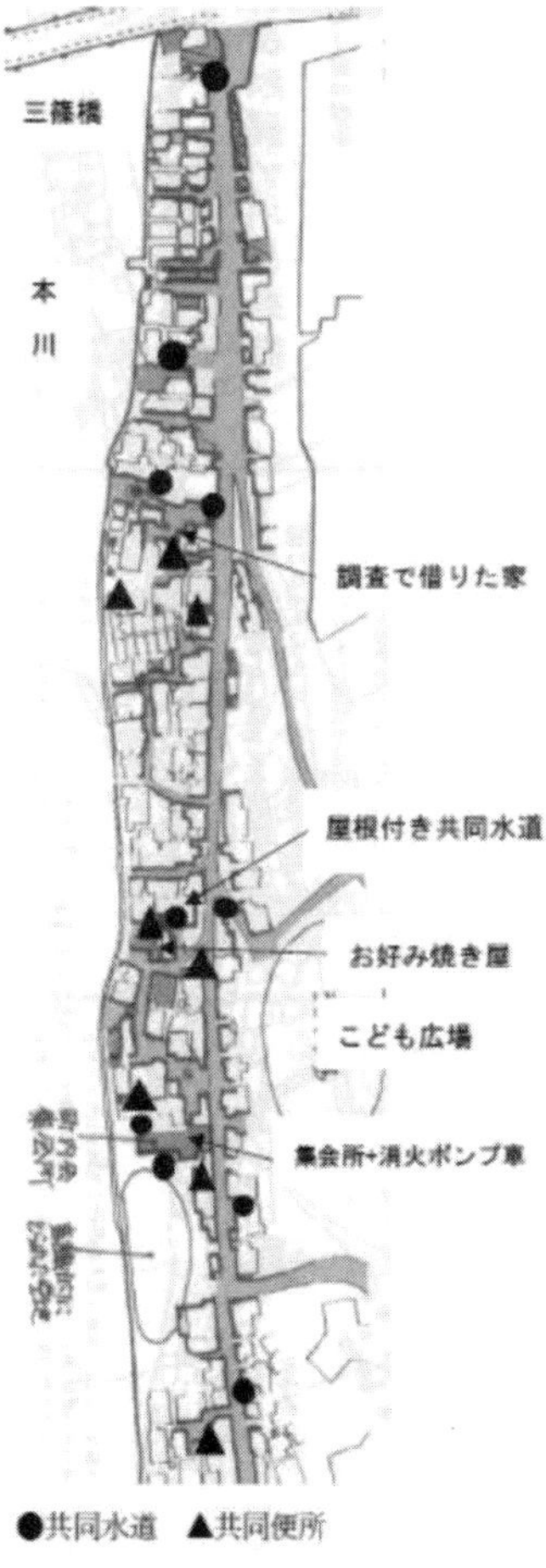

図2-3　共同設備分布（三篠橋付近）

戸、616㎡が全焼。29世帯122人が被災。
・1963年1月31日　相生7組19戸、1104㎡が全焼。54世帯184人が被災。
・1966年1月25日　基町一番地66戸、4603㎡が全半焼。75世帯264人が被災。
・1967年7月27日　相生7組94戸、4085㎡が全半焼。172世帯532人が被災（写真2-4）。

これを見て驚くことは、焼け出された1世帯当りの平均居住面積が約27㎡という点であろう。この狭さについては後で述べよう。さらに続く。

・1968年4月30日　相生4組38戸、997㎡が全半焼。34世帯129人が被災。
・1970年5月23日　相生8組27戸、1500㎡が全焼。51世帯183人が被災。
・1970年8月12日　相生8組14戸、537㎡が全焼。23世帯65人が被災。
・1970年12月4日　相生8組13戸、500㎡が全焼。18世帯41人が被災。
・1971年11月8日　相生6組24戸、48世帯95人が被災。
・1973年5月12日　相生9組17戸、450㎡が全半焼。24世帯91人が被災。

世帯数と戸数が正確に区分されていないため、正確なところは不明であるが、ここに掲げただけで延べ366戸、549世帯、約1800人が被災し、消失床面積は約1万5000㎡にものぼっている。相生通りの建物が燃えやすい材質であったこともさることながら、かくも大火を度々発生させることに、住民たちの不安と焦燥が日常生活に大きくのしかかっていたであろうことは想像に難くない。

1970（昭和45）年における我々の調査中にも、「また原爆スラム焼く」という見出しで報じられる大火が発生した。8月12日のことである。しかも9月から調査用に借りる予定のアパートがある相生8組であった（図2-4）。

それまでいくつかの町内会では消化ポンプや消火器を備え、定期的に夜回りを実施するなど、防火意識は決して低くはなかったはずである。すでに、すぐ近くで高層アパートの建設も始まっており、「入居が目前に迫っていたことから、住民にいくらかの油断があったのだろうか」、「昼間は働きに出て、留守番はほとんど老人と子どもだけということからも、火の回りが速く大火を招き易かったのであろう」と新聞は報道した。

我々の調査開始前の1970（昭和45）年5月に発生した火災について、翌日の中国新聞は、「安住の場が欲しい—原爆スラム火災の被害者—」という見出しで、「どうしてここばかり……、被害者の思いはただ一つ、贅沢は言わない、ごく普通の家が欲しい。あの土手が好きで住みついたわけではないのに……（中略）こう言って絶句した」と報

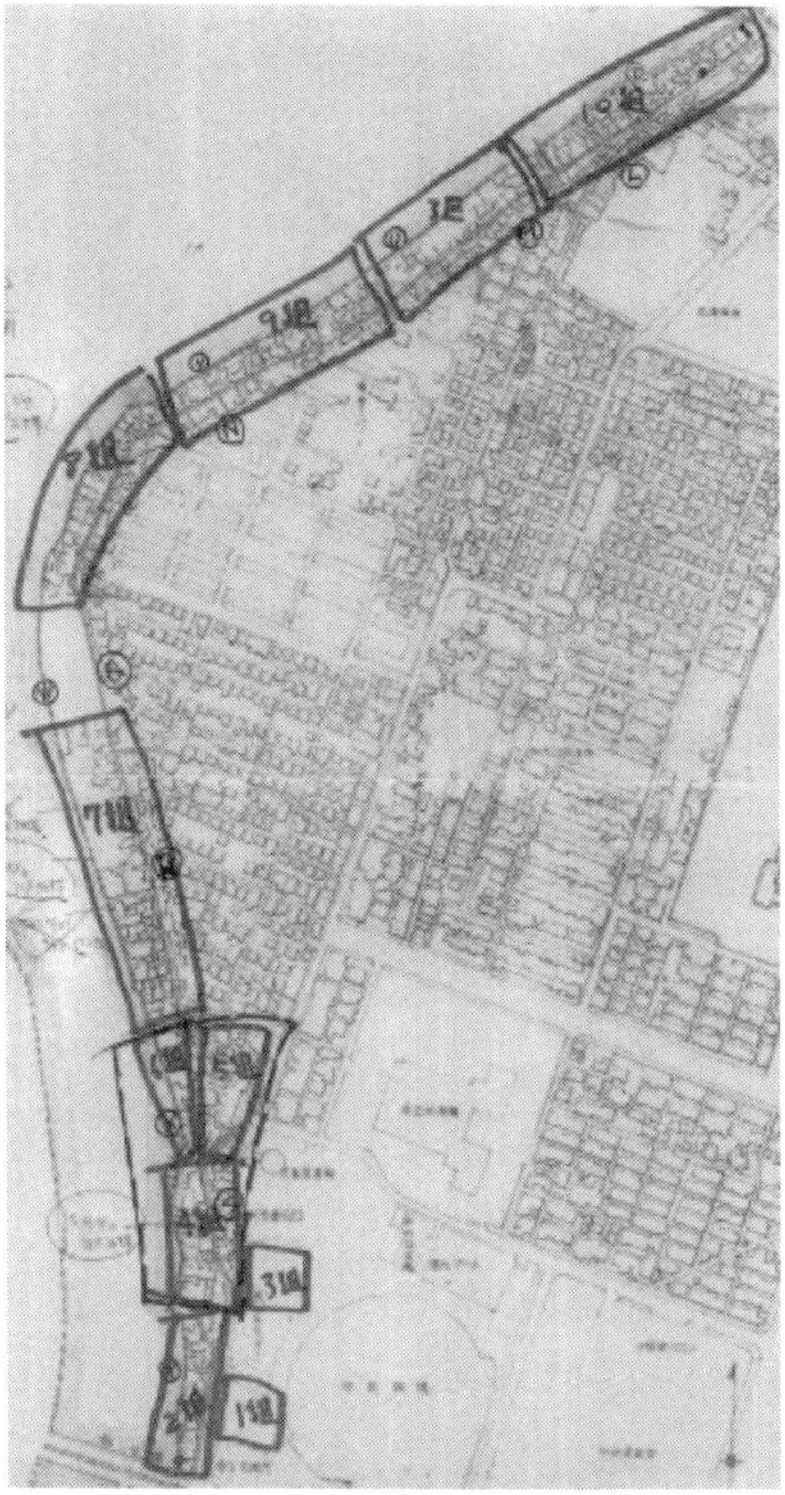

図2-4　相生通り町内会（組）分布図

写真2-4　昭和42年原爆スラム火災（1967年7月27日）中国新聞社提供

じている。

火災にあった被災者の多くは、寝具・食事などの支給を受け、県・市の仮設住宅に収容された。1967（昭和42）年大火の被災者の多くも、当時まだ仮設住宅に居住していた。被災者による地区内への再建は県・市ともに認めていなかったため、一度焼け出されると、もはや地区内への復帰は難しい。密集住宅地のなかにバラバラとまだらに存在する空地は、こうした火事跡にできたものが多い。

火災に関連して特異な事例が一つ確認された。それは、一度大火を受けた後に残された住民が消化活動や避難に都合の良いようにと協議して、消失前は不規則だった家の並びをきちんと並び変え、土手から真っすぐに入れる道に整備した例である（図2-5）。住民たちによるこうした動きもあったことは特筆に値しよう。

6　住民に聞く「まちはこうしてできた」

――インタビューによる住人の声から

相生通りが形成されていく過程を、実際にこのまちへ住んでいた人たちの発言から辿ってみたい。そう思った我々は、1970（昭和45）年の夏の調査中に二度、地区の北と南それぞれで、ここに古くから居住し、まちのことに詳しい数人の方々に集まっていただき話を聞いた。このまちがどのようにしてでき上がっていったのか、その過程の証言を記録した。この記録をもとに、まちが作られていく様子をいくつも図化した。そのうちの一つが図2-6である。

広島特有の蒸し暑い夜とはいえ夕凪も終って、本川からの夜風をかすかに感じながら、我々は一升瓶と重たいテープレコーダーを担いで、三篠橋近くのAさんのお宅を訪ねた。その時の記録から相生

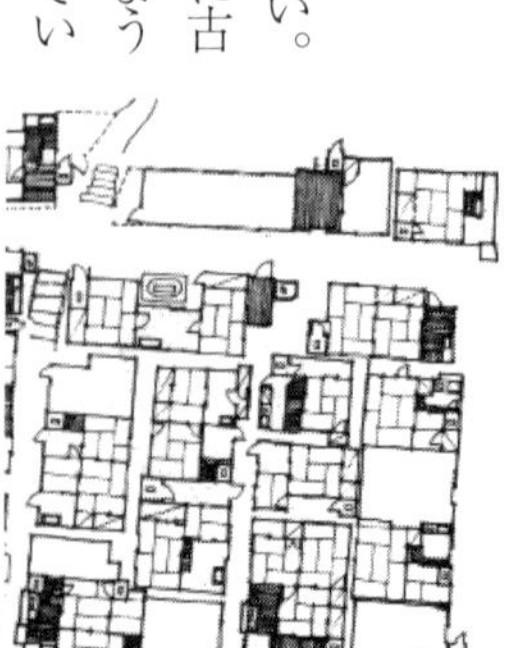

図2-5　火災後、計画的に再建された住宅が整然と並ぶ（1962年6月大火跡）

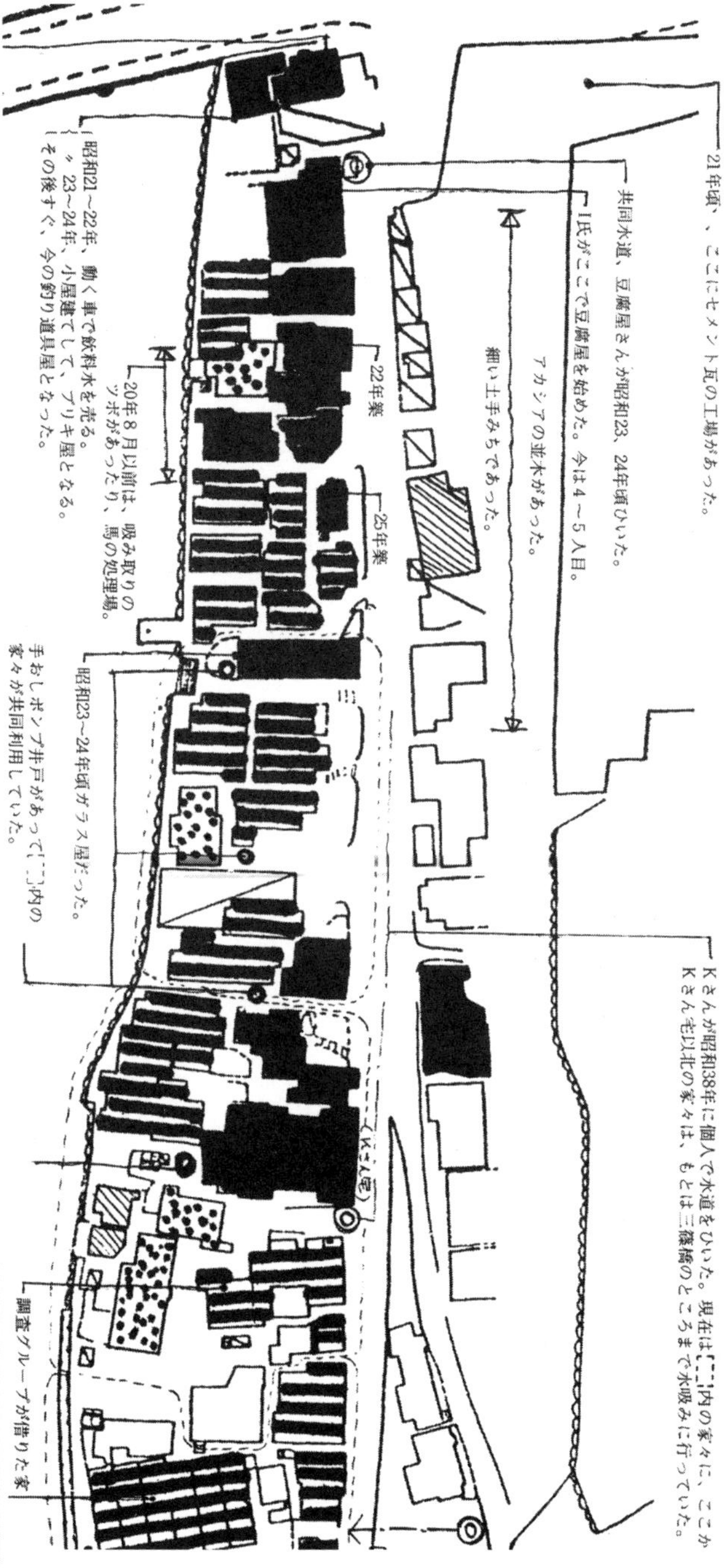
21年頃、ここにセメント瓦の工場があった。
共同水道、豆腐屋さんが昭和23、24年頃ひいた。
I氏がここで豆腐屋を始めた。今は4～5人目。
アカシアの並木があった。
細い土手みちであった。
22年築
25年築
20年8月以前は、吸み取りのツボがあったり、馬の処理場。
昭和21～22年、動く車で飲料水を売る。
〃 23～24年、小屋建てして、ブリキ屋となる。
その後すぐ、今の釣り道具屋となった。
昭和23～24年頃ガラス屋だった。
手おしポンプ井戸があって[ ]内の家々が共同利用していた。
Kさんが昭和38年に個人で水道をひいた。現在は[ ]内の家々に、ここか
Kさん宅以北の家々は、もとは三篠橋のところまで水汲みに行っていた。
（Kさん宅）
調査グループが借りた家

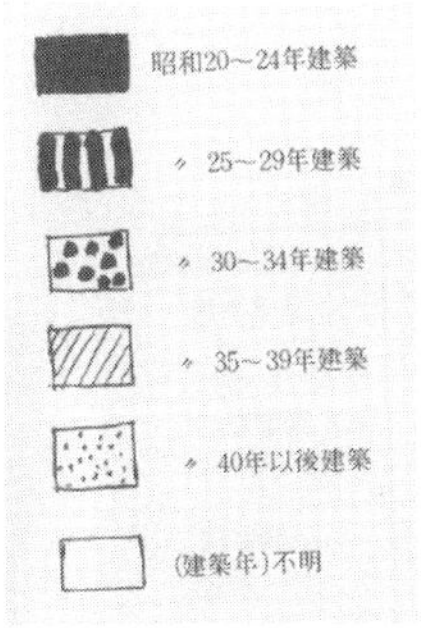
昭和20～24年建築
〃 25～29年建築
〃 30～34年建築
〃 35～39年建築
〃 40年以後建築
(建築年)不明

図2－6 相生通りの形成（例：三篠橋付近）
『広島新史』都市文化編（広島市公文書館提供）

通りの成り立ちに関して抜書きしてみよう（発言者は明示していない）。

①　相生通り当初の模様

Q：昭和21、22年頃の写真では畑になっており、これはそこら辺りに住んでいた人たちの畑だったのでしょうか。
・畑になっとったいうたら、ここらも（畑に）なっとたでしょう、初っぱなは。まばらに家が建っとって、間が畑じゃったわけです。
Q：こちら（Aさん宅）は何年頃に建てられたのですか。
・それはスポーツ博覧会の前で、たしか昭和24年じゃった。
Q：その頃、この辺りはまだ空地だったんですか。
・ええ、隣のIさん宅は、うちより半年早かったな。まだ空き地が多かった、畑だったですね。でも、24～25年までには、三篠橋からうちの家まではほとんど家が建っとったです。全部1～3か月ぐらいしか違わんですよ。
・それから川側の方に家が建っていったよ。あれが何年頃じゃったかの。
・（奥さん）やっぱり、うちの子が生まれる26～27年ですよ。
・三篠橋付近からずっと建ってきて、そして（南は）相生橋の方からずっと建ってきたんです。それからこっちへタッタッタッタと2～3年の内に建ったんです。
Q：昭和24～25年までには、ここがほぼ建ったんでしょうか。
・そうそう、それから、三篠橋に釣り道具屋さんがあるでしょ。23年に出店が出とった、そこへ今度は小屋囲いしてからね、ちょっと何か店してね、それから（ちゃんとした）釣り道具屋に変わったんです。
・出店が建ったのは早かった、23、24年ごろ。一番最初に建ったのがブリキ屋だったんですよ。角のところで、でもちょっとの間だけ。ブリキ屋やって建てたけど上手く行かんで、店が変わって今が三代目になるんよ。
・それからその隣へMさんが小屋がけして、店開いて飲料水を売りよっちゃった。
・それからね、一番最初、家がなかった時にはね、今、三篠の小学校の先生しよってですが、その人がね、「動く家」

ですよね、屋台店のようなものでパンとか何とかやりよちゃったですよ、21か22年頃にね。
Q：Gさんのところはいつ頃建ったのですか。
・そこに店屋さんがあるでしょう。あれが「ガラス屋」だったんよ。やっぱり23、24年頃で。その後、Sさんという人が「うどん屋」にしたけど失敗して売ってから、Gさんが入ったわけ。
・あそこのおばさんが商売しよっちゃったんで、やっぱり車みたいなので小屋がけでね。通いで大芝の方からなので泊まるとこはなかったですよ。小屋掛した店だけで家はまだなかった。お酒とか駄菓子、芋饅頭なんか売っとちゃった。家にしたのは26年頃でしょうか。
Q：では、この近所には店が多かったのですか。
・店はTUさんだけ。でも上手くいかんで売って出ることに、坂が多いでしょう。
・隣のTさん宅は指物屋だったんです。冷蔵庫やら箪笥やら。
・Mさんとこも、やっぱり昭和22、23年ごろ。
・自家営業がかなりいたけど車が入らんでしょう、道が狭くて。それで転売した人が多かったですよ。

このような話からまとめてみれば、三篠橋付近では昭和22～23年頃より店が入れ替わり建ち始め、「いえ」は「動く家」や「店囲い」から発展したということが分かる。

② 家の建っていく状況

Q：Kさんがここへ入られた時（昭和24年頃）、この辺りはまだ空き地だったんですか。
・道（土手みち、相生通り）に面した家が先に、まばらに建っていった。
・うちらがおって、で今度これらが建ったんですよね。ここ（この辺に家が建つ時）をやかましく言われたんじゃ。この辺が空いとるでしょう、復興局から（建てさせないように）管理してくれと言われて、管理してあげますと言うのは言うとったんじゃが、ワシに「建てな」という権利はないですからね。皆んな困っとるんじゃけ、行くとこがないんじゃけえね。
・建てたらいけんとうちの方から言うでしょう。そしたら日曜は役所が休みでしょう、土曜の夜から朝にかけて、いつの間にか家が建っとる。ありゃ、あそこにも建っとるぅということで、どうしようもなかった。
Q：家を建てたり増築なんかする場合に、暗黙のルールみたいなものはあったのでしょうか。
・いや、そういうことはないです。ただ自分勝手に建てたんです。
Q：そうすると、三篠橋から南の基町6区辺りまでは、大体27、28年頃までに建てられた。
・全部そうです。これらでもほとんどその頃。
Q：そうすると、30年以降というのはあまりないですか。
・はい。あってもたまにはこの裏の方へ建っとるかもしれんけど。ほとんど家はそれ以前のままですよ。人が入れ替わったぐらいで。
Q：ここに小さい家が並んでるんですが、これは（早くできた家の）間に建てられたのでしょうか。
・そうでしょうの、やっぱりそういうところがあるかもしれん、ここらは。
Q：今ある道は、ほぼ大体の形はあったんですか、作られたわけですか。例えばこんな所に道がありますよね。この道は先に作られてたんですかね、初めから。
・これもありましたよ。道になってました。家を建てる度に道が付いてしもうたんですよ。
Q：例えば、土手があって、こう道があって、この辺の裏に家ができたらこの人が上下するのに使って、そしてこれをこう開けて、次ぎの人が建ててと……。
・そうそう、そういう建て方。自分たちは涼しい所がええけ、そう思ってほとんど家を中へ建てこんだ。そしたら今度はこれが出入りする。そら足跡がつく、それで道が自然と作られるわけ。
・やっぱり知り合いが近くに寄るわけです。
Q：全然知らん人がポツンと建てたというようなことはないですか。
・そりゃ初っ端の人はポツンと建てますよ。そりゃ今ここらに家がなかったいうてもよ、ここへ来て知った人がおれば、やっぱり他の所より「あんたここにおるんか、ほんじゃワシも隣へ」というか。「ええか、ここへ建てても」「ええ悪い言うても、あんたも困っとるじゃろう」ということになるで。隣へ建てるで自然にこう、そして「あんたらがここに居るんなら、ワシは涼しい所がええけ」と奥に建てれば自然に一本道ができるよ。

こう行った方が良かろうか、こっちを回って行った方が良かろうかというようなことを考えてたら、自然に道が付くわけよね。

Q：それは話し合いでやられたということですか。

・そりゃやっぱり初めは話し合いせにゃ。家のことにつけてもやっぱり皆で協力してね。

と、家の建っていく様子が手に取るように語られている。居住者の発言こそが最も雄弁と言えよう。

③ 土地のこと

こうして相生通りのまちが形作られていくのであるが、その過程で居住者たちは、土地のことをどのように意識したであろうか。すでに家の建っていく状況のところでも語られているが、改めて問いかけてみる。

Q：土地そのもの（自分の敷地）っていうのは、エリアとしてここはその家の形だけが権利があるのか、例えば垣根があるとすると、そういう所も権利といったものがあるのか（ここでいう権利とは、占有利用という意味）。

・その一画を使っていればね、一応入れないよね。

Q：空いている所は、誰の所有（権利）でもないのですよね。空いてれば、そっちに延ばそうと思えば延ばせるんですかね。

・そう、延ばせるよ。それは国家が所有してるんです。

Q：そんな時に近所から苦情が出ることはないのですか。
・うん、その時は止めてもらうんですね。それは知らんかった言うて。
・ここは空けといてくれと言ったんですがね、どうしたか知らんのよ、手前の人が気を付けてくれんからね。（家が）できてしまえばしょうがないです。

このように所有権については厳然として国有地であることを認めているが、その占有利用については近隣関係者の意思が尊重されることを明確に述べている。とはいえ、土地問題が複雑であり、例えば、

・こっち（十手の東）側は昔から家は全然無かった。それで終戦後にあそこのアパートのMさんという人が、セメント瓦をしょうられたです。そこは財務局の管理でしたからね、この一画で。それが昭和21年じゃったかね、その人が管理してたわけですが、結局払い下げ受けて今アパートが建ったわけです。
・そう、あそこは自分の土地なんですよ。それを売って……。
Q：ではこの辺り、今アリーナがありますね、あの辺りもずっと市営住宅があったんですか。
・いや、ないです。あそこはこれからアリーナにかけて弾薬庫じゃった。
・25年ぐらいまであった。その後全部壊してOさんがああいう風にした訳。敷地は早くから全部あの人が借りとったんよ。

というように、この国有地が画一的に扱われたわけではないようだ。さらに相生通りが形成される以前の土地条件についての情報を書き加えておこう。

Q：家が建てられる前には何があったのですか。
・昔、私らが子どもの頃にね、Nさんのところに衛生車のツボがあるんですよ、今でも。原爆の前そのままでね、

結局そこで馬を焼いたり死骸を焼いたりしてから、灰かなんかが詰まってた訳なんですよ。それが埋められて平地になっとったもんで家をそこへ建てたわけです。で、ここら辺（土手の向かい）はアカシア並木だったの。

Q：どの辺まで続いていたのですか。

・こっちの通りで言うとTさんの前までですよ。それから土手でね、小さい道があって病院（元第二陸軍病院跡）の裏口に続いていたんです。そこで行き止まりで昔は囲いがしてありました。

このような思い出で語られる相生の土手であった（図2-6参照）。

さて、相生通りのまちができ上がっていく様子が生々しい証言でイメージできたが、もう一つ忘れてならないのは、このまちでの生活を支える生活施設（水や下水、防火設備など）と、このまちで育まれたコミュニティについても触れておかなければならないだろう。

④ 生活用水、共同井戸と水道のこと

Q：家を建てたりする場合には、（井戸や水道は）あったんですか。

・いや、無いです。回りは野原じゃった。この辺は電鉄へ行きよっちゃったUさんがおって、その裏にあったポンプを皆なが使いよったです。

・今の共同ポンプは一つのグループ（の共有）になっとってね。当時一本掘るのに4500～5000円、利用する者で要っただけのものを出し合ってやっとったよ。

Q：だいたいどの辺りの人が使っていたんですか

・この近所は全部です。昭和22～24年頃までは、Iさんが豆腐屋するために引いた水道しか無くて、ワシらはそこ（三篠橋付近）の水道水をここから担いで（運んで）ね。担ぐのがやれんかった。それでその後、昭和38年頃にKさんが水道を引いたんです（図2-6参照。◎が水道の位置）。

・昭和39年かの、ようよう役所がやってくれたんよ。課長さんらが目をつむってくれたんよ。

Q：南の方では、川の水を飲料水に使っていたこともあると聞いたんですが、この辺りではそんなことはなかったんですかね。
・そりゃ一番初っ端はねえ。ここらは幸いに、あの井戸ポンプが早くからあって、ええ水が出よったんよ。潮が引いた時なんか、ものすごい水量が出よったんです。
・でもまあ家が増えるにしたがって、具合が悪いからいうて、ポンプ井戸を掘ったですよ。
・ところが、たいそうの塩が来るもんで、どうでもこりゃいけんわいということで、結局水道を使うようになったんよ。

⑤ 町内会・子ども会のこと

Q：町内会の組織はいつ頃できて、どうでしたか。
・6年くらい前（昭和38、39年頃）からかの。町内会にはほとんどは入っとるが、中にはアパートの住人のように入っとらんのもおるよ。1組は、だいたい8~9軒で、なかには13~15軒ぐらいの組もありますよ。全部で町内会は8組（地区）あります。100戸なんぼありました。
・それから、防火委員が7人くらい。衛生部長が1人で、衛生委員はたくさんおって、各組1人で8人います。ほかに防犯委員は1人。
Q：町内会の行事や仕事を教えてください。
・この会費（70円／月・戸）は、お祭りの行事のしめ縄張ったり、敬老の日や赤い羽根共同募金にお金を出すけど、お金が少なくてできるだけ寄付を出さんようにした。
・第六基町子ども会は小中学生まで。できて8年ぐらいです。行事は、夏の海水浴や旅行・クリスマスやったり、卒業生・新入生の歓送迎会も、野球大会もやる。
・仕事は、主に夏の蚊にくわれる対策や、うじ虫が湧くでしょう、だからお便所に消毒薬を撒くとかね。防犯灯もある。街灯ができたのは町内会が頑張ったんよ。

真夏の夜、かつての相生の話を語る人たちの声は、いつまでも尽きることなく続くのであった。

7 三度目の消滅 ――再開発への動き

火災とともに相生通りにおけるもう一つの重大事は、まさに相生通りを今後どうするかという再開発問題の発生と、その去就であった。不法住宅として建設され、当初から立ち退き問題は度々話題にのぼっていたが、広島市内の戦災復興事業（土地区画整理事業）が最終段階に向かうにつれて、市内の河岸に立地する数か所の不法建物撤去が、いよいよ日程にのぼってきたのである。それは1963（昭和38）年頃より県・市が中心になって、河岸整備の方法を検討し始めたことから明確に顕在化し、相生通り住民も穏やかではいられなくなった。そして、この立ち退き問題をめぐる攻防は、さながら広島の一つの戦後史を象徴する出来事のようであった。

これらについては、第5章で記述するが、結果として一連の基町再開発事業として実施されることになり、かくて不法占拠住宅は「跡形もなく」撤去されていくのである。

1968（昭和43）年、基町・長寿園事業の基本計画が策定され、同年、県市による住宅地区改良法による調査の後、1969年3月18日、「広島基町地区」として改良地区に指定された。[*10] それ以前から住んでいた人たちが改良住宅への入居の有資格者とされたのである。同年より基町と長寿園[*11]で第1期工事が着工され、1971（昭和46）年9月から県営長寿園改良住宅の入居が始まっている。当時相生地区には1100世帯、2600人が住んでいたとされるが、その後、毎年「不法住宅」は徐々に撤去され、住人は改良住宅へ転居するか、あるいは相生通りを離れていった（表2-1）。

1978（昭和53）年10月11日をもって、10年間にわたる基町再開発事業は終わる。相生通りは、戦後約30年間存在し続けたまちであった。この間、広島の都心をはじめ市街地は大きく変貌した。も

＊10 基町住宅地区改良事業の県・市の分担は、それぞれ4・93ha と28・43ha、合計33・36ha

＊11 長寿園地区は、基町に連担し三篠橋から本川に沿って北に細長く埋立てられた約4・6haの地区。改良事業の地区外住宅建設地として約1600個が建設された。

はや戦後の跡形は探すほどに少なくなり、見違えるような「近代都市」に生まれ変わっていった。基町相生通りは、常々、周囲の都市的風景と対比されてきたが、最後のわずか10年で一気に近代的高層住宅群と公園・河岸緑地を生んで、その使命を終えたのであった。

ある住民にとっては、原爆による最初の「いえ」の消滅から始まり、市内復興事業による立ち退きという二度目を経て、これが三度目の住処の消滅となった。

住民にとってこれが最後の転居となることを祈るばかりであった。

8　このまちが語るもの

不法占拠という特異な土地の利用形態によってできたまちは、一見無秩序な生活空間を自然発生的に作り出していたが、しかしなぜか強烈な意味を我々に投げかけてくるように思えた。この意味を、かなり主観的な思いを込めて語るとすれば、次のようなことになるだろうか。

一つの意味として、不法占拠によってできた「まち」の意味を問うことになるだろう。

相生通りは、行政が計画したまちではなく、偏見や圧迫を受けながら、住民自らが作り変えてきたまちである。彼らが生きて住むための知恵と自発的な行為が生み出し、維持管理した独自の占拠空間である。もちろん現実の都市で、ただちに居住空間を占拠できるはずもないが、少なくとも自力でまちをつくり維持してきたという実態と経験は、現実の都市においても、ある条件の下では住民が自らまちをつくりあげる力を獲得し得ることを証明していたということである。

そして、そこで確保した多様な外部空間である「すき間」は、みちをはじめとするヒューマンな「共有空間」となった。経済的には大きく制約されながらも、小さないえを外廻りが補完する機能を持ちつつ、一方で近隣同士が支え合う空間は、自主的な維持管理とゆとりを生みだす生活空間の自由性・自在性を獲得していたとも言えないだろうか。

表２－１　年次別撤去戸数一覧表（記念誌より）

区　分	許可別	44	45	46	47	48	49	50	51	52	計
広島市	当　初	163	203	300	289	317	277	193	58	―	1800
	変更後	188	142	367	111	177	304	280	119	122	
広島県	当　初	13	―	128	173	123	97	266	―	―	800
	変更後	13	61	149	108	159	94	122	57	37	
合　計	当　初	176	203	428	462	440	374	459	58	―	2600
	変更後	201	203	506	219	336	398	402	176	159	

表2－2　相生通り関連出来事史（『基町地区再開発事業記念誌』より）

	広島・基町	相生通り・原爆スラム	市人口
江戸	広島城・基の地		
明治	鎮西鎮台		年　千人
戦前	軍都中枢地	堤塘敷・国有地	1920　160
			42　429
昭20　1945・8.・6	広島へ原爆投下・廃墟		
同　8・9	長崎へ原爆投下・廃墟		
	46　広島復興都市計画決定	46　緊急住宅対策（市営480戸、住宅営団267戸建設）	45　137
	都市計画公園(中央公園（70．48ha)決定		46　172
	住宅営団10軒長屋建設開始、続いて市営住宅	47～48　バラックが建ち始める（約20戸）	
	49　広島平和記念都市建設法	49　当時64戸のバラック	48　246
25　1950	50　広島カープ誕生	50　平和記念公園建設始まる。バラック100戸超える	
	52　広島平和記念都市建設計画決定	52　中島町立ち退きで集団流入70戸	
30　1955	高度経済成長の時代へ	高度経済成長で来住世帯増え始める	55　375
	56　中央公園予定地を変更、基町中層アパート（1	55　『夕凪の街と人と』発行、大田洋子	
	基町立退き反対期成同盟	60　この頃900世帯、ほぼ相生通りが出来上がる	
	57　広島市民球場完工		
	58　広島復興大博覧会		58　419
	58～65　福島・天満・放水路不法占拠の撤去	63　「原爆スラム」の呼称	60　446
	63　基町住宅促進同盟結成（約120世帯）		
40　1965	65　『ヒロシマ・ノート』発行、大江健三郎	65　『この世界の片隅で』発行、山代巴編	65　525
	66　原爆ドーム保存決定		
	河岸不法建築撤去開始（的場）	67　大阪市大実態調査	
	69　広島大学・大学紛争	相生通大火（172世帯被災）	
	69　基町改良事業認可	68　基町地区再開発協議会発足(県市）、実態調査	
	基町高層アパート着工	70　不良住宅除却開始、　高層アパート入居開始	70　558
	73　オイルショック	70　広島大学実態調査	
	73　住宅統計調査（1世帯1戸達成）	73　「不法占拠」発行(『都市住宅』）	
50　1975	75　広島カープ初優勝		75　846
		77　県除却工事完了	
	78　市営基町高層アパート工事完了	78　市除却工事完了	
	78　基町地区再開発事業完成記念式		
		79　広島大学追跡調査	80　893
		80・81　日本建築学会報告	
		83　『広島新史』都市文化編掲載	
60　1985	85　被爆40年史『都市の復興』発行		85　1.024
	90頃　バブル崩壊		
平07　1995	95　阪神淡路大震災		95　1.105
	96　被爆50周年『ヒロシマの被爆建造物は語る』発行		
		03　『夕凪の街　桜の国』初出、こうの史代	
2005			05　1.157
	08　リーマンショック		
	11　東北大震災・福島第1原子力発電所事故	12都市計画学会・ヒロシマ・ナガサキ特集号(02)	
平27　2015	15　被曝70年	15　原爆スラムと基町研究に関するシンポジウム	15　1.191
	16　オバマ大統領が広島へ	16　広島高層アパートと大高正人シンポジウム	
		16・17　広島市公文書館『紀要』発表	
		17　NHKEテレ・ドキュメント「原爆スラムと呼ばれた街で」放送	
	18　被曝70年記念誌発行	18　NHKドラマメイキング「川栄李奈がたどるヒロシマ」放送	
	広島カープがリーグ3連覇	NHKドラマ「夕凪の街、桜の国」放送	

コラム3
NHKドラマメイキング「川栄李奈がたどるヒロシマ」

「夕凪の街　桜の国　二〇一八」の撮影に入る前に、平野皆実を演じる川栄李奈さんから相生通りのことを聞きたいと要望が入り、2018年3月下旬、相生のまちがあった現地で、太田川からの風を受けながら話をした。直前に原爆資料館を訪れ、被爆者からの体験談を聞き、原爆ドームをみての来訪であった。

その様子はドラマメイキング「川栄李奈がたどるヒロシマ」として、ドラマの紹介を兼ねて2018年8月に何回か放送された。まちの人々の暮らしや、子どもたちの元気に遊ぶ写真などを手に説明すると、「戦争を経験しているからこそ、やさしく明るくみんなで一緒に生きるまちだったのですね」との言葉が返ってきた。川栄李奈さん演じる皆実は、こんなまちで生き、そして亡くなったのである。

4月の上旬、NHK大阪放送局のスタジオで、撮影用の相生通りの復元セットを眼にすることができた。バラック住宅に挟まれ、押上ポンプもある通りを歩き、物干し場を見上げた。スタジオの上からはトタンで覆われたまちの家々を見下ろせた。セットとはいえ、かつてとそっくりなまちに驚き、不思議と懐かしさが蘇えってきた。1970年調査の際に眼にした、お好み焼き屋の暖簾にも触れてみた。皆実と母親の暮らすバラックの家は、室内まで忠実に再現されていた。セットの裏のベニヤ板には、我々が調査したまちの図面コピーが、ひっそりと貼られていた。

ドラマではセットの一部を川岸に移し、CGと組み合わせて相生橋と川面の風景を作り出し、川を見ながらのシーンが見事にできあがっていた。こうした背景づくりの地道な努力が、こうの史代さんのヒロシマを巡るテーマをしっかり支えていたのである。

押し上げポンプ（井戸）

相生通りの「いえ・いえ」

第3章　まちをつくり上げた人たちの素顔と暮らし

1　まちをつくり上げた人たちの素顔

どんな事情でこのまちへ

私たちは今から約50年前、1970（昭和45）年に相生の実態調査を行った際、いえの間取り採取に合わせて直接面談でアンケートにも応えてもらった。被爆から25年を経過した当時、太田川河岸に最後まで残っていたバラック街・相生通りに、どのような事情でやって来たかを聞いた。

私たちが調査した相生通りに面した東側のいえ一列と、相生通りから西の河岸に建てられたいえ全部を対象とした。その中に718世帯が住んでおり、半数を少し超える400弱の世帯から話を聞くことができた。

①　来住の動機は

相生にやって来た動機を聞いた。最も多かったのは「仕事につくのに便利だから」約28％であった。後述の家族構成で触れるように、相生のまちは家族そろっての来住が多く、このまちでまずは家族の生計をたてようとしたのであろう。

続いて「親戚・友人・知人がいたから」約23％である。その人たちの約半数は、広島市内からやってきていた。来住の時期としては、市内にあった河川敷バラック住宅の撤去が始まった1966（昭和41）年以降が多かった。相生の人たちのお互いの結びつきの高さは、こうした来住動機も寄与している。

3番目は「立ち退きで」約13％である。広島市では、戦災復興の区画整理事業や太田川の河川敷に建てられていた、いわゆる「不法住宅」の撤去によって立ち退きを迫られることが多く、そのたびごとに相生に住む人たちが増えてきたと聞いている。この動機で来住した人のほとんどが、広島市内からである。時期としては昭和20年代後半から30年代前半にかけて、わずかに集中するものの、特にどの時期が多いということもない。広島の戦災復興が徐々に進む中で、また1966年以降に市内の河川敷にある住宅が撤去されていくなかで、立ち退きを迫られて新たな暮らしの場を求めこのまちにやって来た。

これらの動機のほかに、「安い生活ができる」「気楽な生活ができる」と答えた人が約10％、都心部の河川敷のこのまちが持つ一面がうかがわれる。

② 前に住んでいたのはどこ

相生にやって来る前に、どこに住んでいたかも聞いた。半数を超える人たちが「広島市内から」であった。県外やさらに遠くから来た人たちは5分の1にも満たない。相生のまちが広島市内・県内の人たちによって作られたことが分かる。とはいえ、前住地がたまたま広島であっただけで、以前にさかのぼれば遠く朝鮮半島や沖縄とか、戦争のため苦難の道を歩んできた人たちと調査の中で出会うことも希ではなかった。

③ いつごろここへ（来住時期）

当時相生に住んでいた人たちに、いつ頃このまちにやって来たかを尋ねた。多かったのは昭和30年代である。この時期の来住者の動機をみると、「仕事につくのに便利だから」の割合が、他の時期と比べて最も高くなる。相生のまちが、戦後間もない昭和20年代の緊急避難的なまちから、経済が高度成長に向かう時期の社会的移動者のまちへと変わっていったことが分かる（図3-1）。

このような人たちが住んでいた

こうして相生のまちにやって来た人たちは、どんな人たちでどのように暮らしていたのだろうか。被爆、敗戦そしてその後の経済的・社会的施策の矛盾と貧困などを通して、家族、財産、生活、仕事、健康など、あらゆるものを失った人たちが実に様々な歴史を背負って相生のまちに流入し生活を始めた。

都心からわずか1・3㎞、徒歩にして約20分という立地の良さ、しかも辺り一帯が占有しやすい国有地であることから、不法占拠という後ろめたさを抑えてなお、生きるために人々はここを選んだ。彼らにとって目下の急務は、生計のめどを立て消費を抑えることであった。そのためには何よりも仕事の便、交通の便、安い生活用品や食料品に恵まれているこの地区を選択することが、当然の帰結だったであろう。

① 年令構成（広島市部との比較から）

アンケート調査で当時相生に住んでいた人たちに、その年令構成や家族構成を尋ねた。当時の広島市部と比べて相生の年令構成は、若年層（10～25歳）と中年層（40～55歳）が多く、幼児層（10歳未満）と成人層（25～40歳）が少なかった。このことから、以下のことが推察できる。

a．若い夫婦世帯の流入が止まっていること。b．戦後転入した定着世帯の二世が成長し、若年層の増加となって表れていること。c．20代半ばから40歳くらいのちょうど働き盛りの成人層が減っていること。この層は相生に無理にとどまっていなくても働けることから、転出してゆく機会のある層である。特に一般の都市では、20代の年齢人口が多い傾向を見せるが、相生では減少している。こ

図3-1　来往時期（昭和）

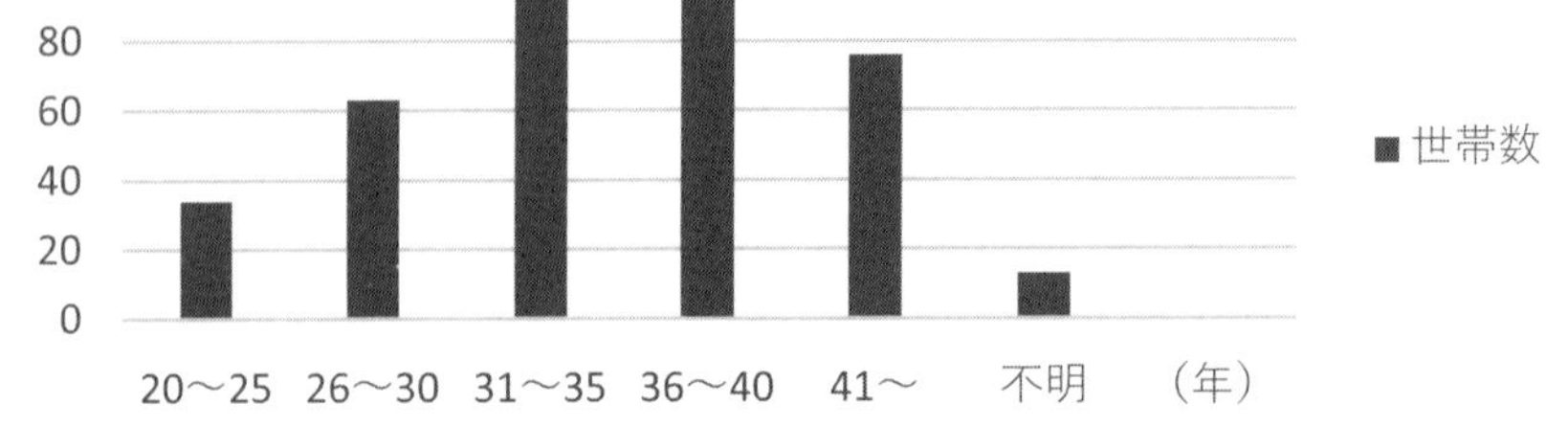

の層の流動性はかなりあると言えよう。d・多いのは、40～50代半ばの中年層で、この層は全体的に静止・停止型と言えよう。

② 家族構成

家族構成でまず気づくことは、ほとんどが複数の家族人数で住んでいることである。日雇い労働の単身男性の多いドヤと呼ばれるまちとは、様子が異なっていた。単身者（このまちの単身者世帯は約15％）をみても、若い層よりも廃品回収業を生業とする高齢者層（50～70歳）が多かった。

また市中と同様に、相生でも〈夫婦＋子ども〉という核家族のタイプが最も多く、内縁関係の世帯も含めると約半数を占めている。夫婦でも内縁関係が7～8％ある。生活保護・税金上の関係など、様々な事情で婚姻届けを出さないで同居しているものであろう。●印をしたものを合計すると全体の約3分の1近くの世帯が、複雑な事情を持った世帯であることが分かる（表3-1）。

表3-1　家族構成

家族構成	世帯数	割合(%)
単身者	57	14.4
夫婦	44	11.1
●夫婦(内)	11	2.8
夫婦＋子	176	44.6
●　夫婦(内)＋子	18	4.6
夫婦＋老	2	0.5
●　夫婦(内)＋老	0	0
夫婦＋子＋老	8	2
●　夫婦(内)＋子＋老	1	0.2
●　片親＋子	51	12.9
●　片親＋老	0	0
●　片親＋子＋老	3	0.8
●　老＋孫	4	1
●　分類不能	20	5.1
不明	323	
計	718	100

※(内)とあるのは内縁関係を示す

③ 世帯主の職業

まず目につくのが、400近い回答数の約5分の1を占める「失対日雇い人夫」[*1]である。その日の手当てを頼りに、日々を何とかやりくりしている。さらに「無職」の世帯王が7人に1人（約15％）もいて、これら2つを合計すれば、全体の3分の1が極めて不安定な状態に置かれていることが分かる。さらに、これに土建関係の職人を加えれば、約半数はその日暮らし的な職業についているか無職と言える。

相生での特徴は、廃品回収業従事者の存在（5～6％）である。相生橋に近いあたりに集中しており、廃品であふれた屋外は活気もあり独特の雰囲気を有していた。

＊1　失業対策事業のこと。広島市においても失業者の救済のため、道路整備事業などの公共事業を実施。

④　世帯の総収入

世帯総収入をみると、なかには高収入を得ている世帯もあるが、これも総じて社会的に評価の低い、肉体労働で不安定な、安い給料の職業に従事する複数の働き手の合算だと考えれば、必ずしも高いとは言い切れないだろう。無職の人たちは、少ない年金から飲食費に加えて家賃や薬代までまかない、苦しい日々を送っていることが聞き取りからも推察できた。

⑤　被爆世帯

１９４５（昭和20）年8月6日の被爆を契機として生まれたこのまちに、原爆の爪痕が色濃く残っていることが予想される中で、被爆者あるいは被爆世帯の実態はそれまであまり調べられてこなかった。被爆から25年を経過した１９７０（昭和45）年調査で、我々は家族に被爆者がいるかどうかを聞いた。４００近い回答の中で、3分の1が被爆世帯であることが分かった。3世帯に1世帯という被爆世帯率の高さは、やはり原爆の後遺症が生活の物理的状況と合わせて、このまちに色濃く堆積していると見て差し支えあるまい。

来住時期と被爆世帯率の関係を見ると、昭和30年代半ばからの新しい入居者が増えるにつれ、被爆世帯率の占める割合が徐々に下がってきている。当初の被爆世帯率は、もっと高かったであろうことが推察できる。

⑥　外国籍世帯

相生に住む人たちの大きな特徴の一つが、外国籍者が多いことである。市内での国籍別外国人登録者のほとんどが朝鮮、韓国国籍であることから、相生でもすべての外国籍者がそうであった。聞き取り調査で国籍をたずねると、5世帯に1世帯の割合で外国籍であった。これだけの高率で朝鮮、韓国籍世帯が居住しているなかで、日本人世帯との交流はそれほど親密さが見られず、表面的な付き合いの域を出ていそうになかった。住居も近くに寄り集まっている傾向が見られ、戦前からの朝鮮民族への偏見は、調査当時も日常の中に根強く残っているようだった。

⑦ 病人をかかえた世帯

このまちには単身の高齢者や被爆世帯が多く、世帯のうちの病人の有無について聞くと4分の1の世帯が、何らかの病人を抱えていた。暗くて小さなバラックの一間を訪れると、ふとんに一人横たわる老人に出会った。通りで立ち話をすると、奥さんの入院のため買い物・食事の支度を今日から一人でする、というおじさんにも出会った。バラック住宅と人の気配あふれる相生通りの背後に、こうした苦渋を抱え込んでいる人たちもいたのである。

住みやすさを求めて

相生のまちに住んでいた人たちについて、その様子を紹介してきたが、調査で目にした暮らしの印象についても触れておこう。

相生のまちが、いわゆるスラムと呼ばれるまちの特徴と一致する点がいくつかある反面、全くそれに反する集計・観察結果を得たこともある。大半の住民が極度に低いレベルの生活を営んでいるかというと、必ずしもそうではない。実際に訪れた住宅の内部にはカラーテレビが意外なほど浸透しており、その他電化製品などの耐久消費財の普及は住宅の外観が与える印象とは全く違った状況にあり、整った生活が展開されている。聞いた話では、いえ自体がどうしようもないので、いえのなかを競うように整える、すなわち見栄を張り合う傾向があると言い、これは世間一般と変わらない。こうした層は、まだある程度の収入を得ている一部の者であるかもしれないが、一方で、何ら見栄を張らずに生活できるからこの地区は住みやすい、という人たちも多くいたことも事実である。

昼間は、ほとんどの子どもは学校へ、また働けるものは仕事に出かけ、留守が多い。そのせいか、幾度となく繰り返される火事の発見が遅れ、大火となることも多かった。実態調査から見て、「スラムのまち、社会的不適応者の人々の集団」などとは、到底言えるものではない。生活が単調で退屈だと思う余裕などない程、みんなよく働いていた。このまち特有の生活様式や言葉があるといったことも無く（外国語の場合は別）、非行や犯罪も近年ほとんど無いということであればなおのこと、いくつかの社会的問題を有しながらも一般の市中と同じ生活がこの相生でも展開されていたのである。

2 相生通りの家々と暮らし

どんな家々があったか

①「いえ」の建ち方

大田洋子はその著『夕凪の街と人と』の中で次のように言う。

「堤防の西下に、河を控えた広い護岸がひらけていた。土手との二重堤防である護岸の草原にも、ところかまわず点々と家が建っていた。篤子の一ヶ月の滞在中、見る間に家の数はふえて行った。その日にはなにもなかった草のなかに、翌日の朝にはちゃんと一軒のバラックが建っていた。一夜でできる家々は握りつぶせるほどに小さかった。河のある西に向いたり、土手の方に向ったり、南や北に出入口をつけたりして、てんでの方向に向き、どの家も新しい大きな表札をかかげているのだった」*2

相生通りに「いえ」を構えた人たちは、原爆によって家を失った人たち、戦災復興で立ち退きを迫られた人たち、そして経済の成長期に田舎を離れて都市にやって来た人たちであった。大田の言うとおり、相生通りの「いえ」は、陽の高いうちに大っぴらに建てられることはなかったと聞いた。あら

＊2
大田洋子著『夕凪の街と人と —一九五三年の実態—』（三一書房、１９８２年）14頁

かじめ他所で木を組んでおき、皆が寝静まった夜中に土手へ運び込み、一気に建ててしまうのだという。戦争によって「いえ」を失ったにもかかわらず入居できる応急住宅や引揚者住宅も無い人たち、あるいは戦災復興事業の過程で立ち退きを迫られ家を失った人たちは、この相生の土手の上に、そのようにして「いえ」を建てた。

ここは河川敷の国有地である。当然それぞれの家を建てるための、決まった敷地割があるわけではない。自ら空いた土地を選び、自らの必要に従って作られた「いえ」である。相生橋のたもとから、対岸の寺町への渡し船のあった付近から、そして三篠橋のたもとの3か所あたりから、相生の「いえ」は建てられ始めた。まず便利な土手みち（相生通り）に沿って建てられ、次に川岸に近いあたり、最後には残った狭い空き地に工夫して「いえ」が建てられた。こうして昭和30年代終わり頃には相生の河川敷は、バラックの「いえ」で埋め尽くされたのである（口絵　図K‐4参照）。

口絵では示していないが、相生通りの家並みが昭和40年頃には我々の調査時とほぼ同じ状態となっていた。二室・三室住宅は比較的古いものが多く、小さな一室住宅は近年になるほど増加していた。これは先住者が徐々に部屋などを継ぎ足す一方、新たな流入者の小さな「いえ」の増加によって、徐々に空地が埋め尽くされ、最終段階で一気に建て詰まり状態になったことを想像させる。こうして建てられた最終段階では、過密を促進し住環境を悪くするだけであることも明らかだった。それでも、相生通りにやって来て居を構えずにはいられなかった事情があったのである。

②「いえ」のかたち

相生通りの「いえ」のかたちは、敷地割がなく自在に建てられたこともあって同じものがない。それは敷地割から解放された多様なパターンの「いえ」である。図3‐2は出入り口と部屋相互の繋がり方をもとに、相生通りの「いえ」をあえて類型化したものである。これだけ多くのパターンに分類してもなお、相当数の「いえ」がはみ出してしまう。それほど「いえ」の形は複雑多岐である。こうした「いえ」が軒を接してひしめき合う様は、どこまでが一軒の「いえ」か、分かりにくい。一般の住宅街がかもし出す雰囲気とは全く異なるものであった。

『夕凪の街と人と』によれば、当初の「いえ」は握り潰せるほどに小さく、便所のある家は珍しかったとある。それから20年近くを経て私たちが調査した時には、共同設備を使用しているものは意外と少なく、各戸には水道が引かれ便所が付いていた。燃料はプロパンガスに変わり、少ないとはいえ風呂付きの家もあった。相生通りの「いえ」はこの間に随分変わったようだ。

木造建築の場合、適当な間隔で柱を立て梁を渡し、そのうえに屋根を架けて作られる。雨水を簡単にしかも完璧に処理しようとすれば、屋根は一定勾配の一枚屋根となり、その下にできる建物の形は必然的に単純な矩形になる。ところが、相生通りでは単純な矩形の「いえ」を探し出すのに苦労する。凹凸のある「いえ」、様々な屋根の形や屋根葺材、「いえ」の中にある背合わせの木の柱、畳敷きの部屋の真ん中に立つ柱などは、普通に建てられた木造家屋であるならば有り得ないものによって成り立っている。出入り口、押入れ、物置、風呂場、便所などは必ずどこか突き出しており、さらに二室・三室住宅の部屋そのものさえも突き出しているかに見えてくる。

図3・3は、川に面した「いえ」の増築過程を聴取して記入

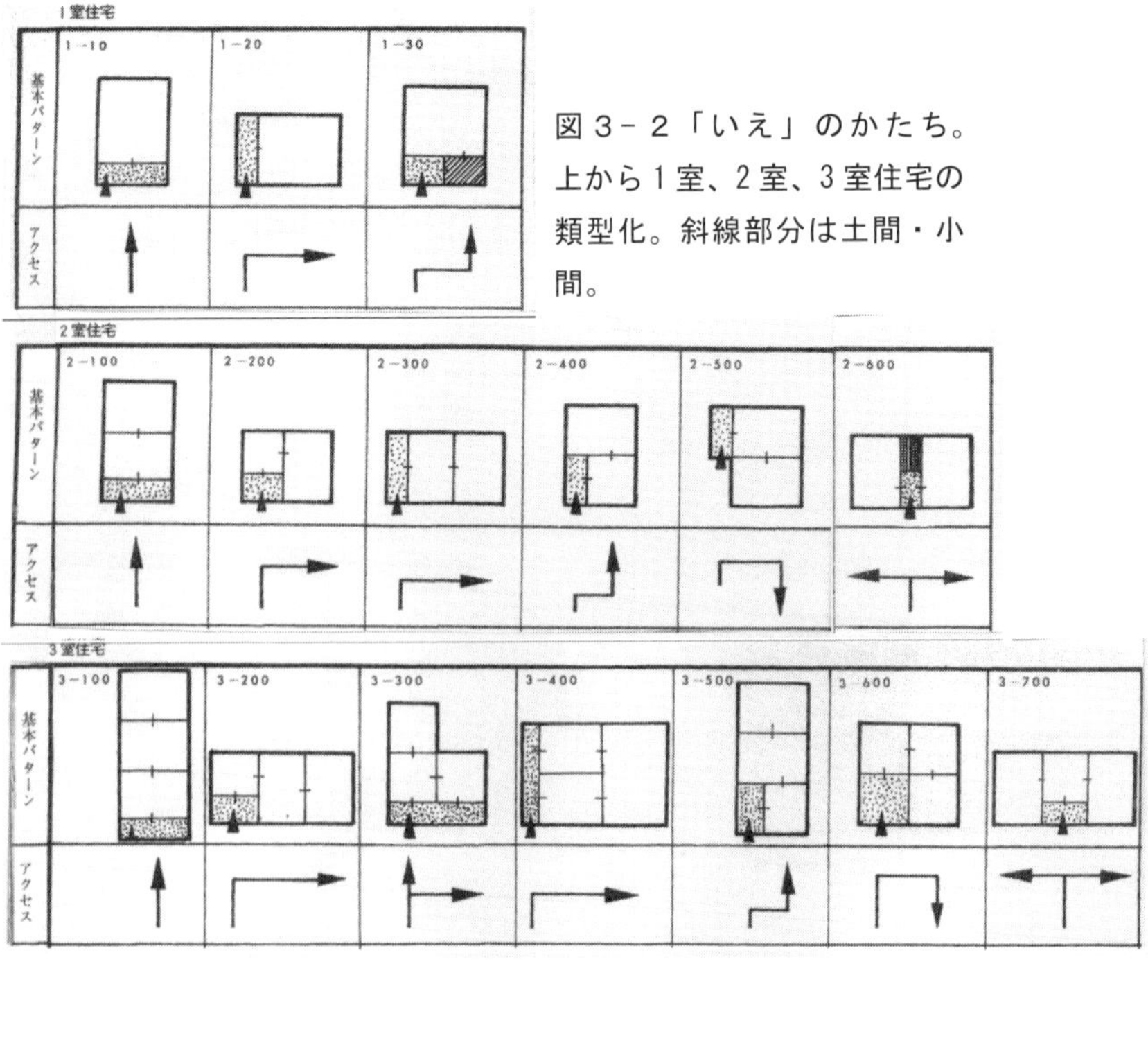

図3−2「いえ」のかたち。上から1室、2室、3室住宅の類型化。斜線部分は土間・小間。

した図面である。単に寝起きするに足るだけのバラックから、家族のそれぞれが一通りの住生活を営むための「いえ」にまで変えていくには、部屋を含めて必要なものを継ぎ足していくしかない。そこには、部屋などを継ぎ足すことを制限するものが一切無い。つまり敷地境界線がないので、必要に応じて部屋や押入れなどを継ぎ足していくことができる。部屋などを継ぎ足すには在来の柱の他にもう一本の柱を並べて建て、部屋を広げるには柱だけを残して押入れなどの壁を取り払う。部屋を継ぎ足すにも、屋根勾配そのままでは天井が低くなり過ぎる。勢い、屋根勾配を変えることとなる。

　私たちが調査したこの「いえ」は、部屋から便所まで必要なものを、その都度継ぎ足してうまれたものである。調査時、相生通りの「いえ」のすき間をすり抜けながら、ある種の感動を覚えたことがある。それは、「いえ」のまわりがそのまま屋内空間であるような、内と外を入れ替えても違和感のない、居住者の生活と深く結びついた屋外空間がそこにあったからである。相生通りの「いえ」の成り立ちを見れば、それも当然なことと言えよう。

　思えば、当初握りつぶせる程に小さかった相生の「いえ」には、昭和30年代半ば以降の10年間、大量生産・大量消費の時代でたくさんの商品が一気に「いえ」の中に流れ込んできた。小さなバラックなど、そのための物置か子ども部屋くらいの広さのものでしかなかった。

　敷地境界線の無い河川敷に建つ、握りつぶせるほどに小さなバラックが、「いえ」にまで成長するには一体どんな過程があり、どのような姿・形があったろうか。必

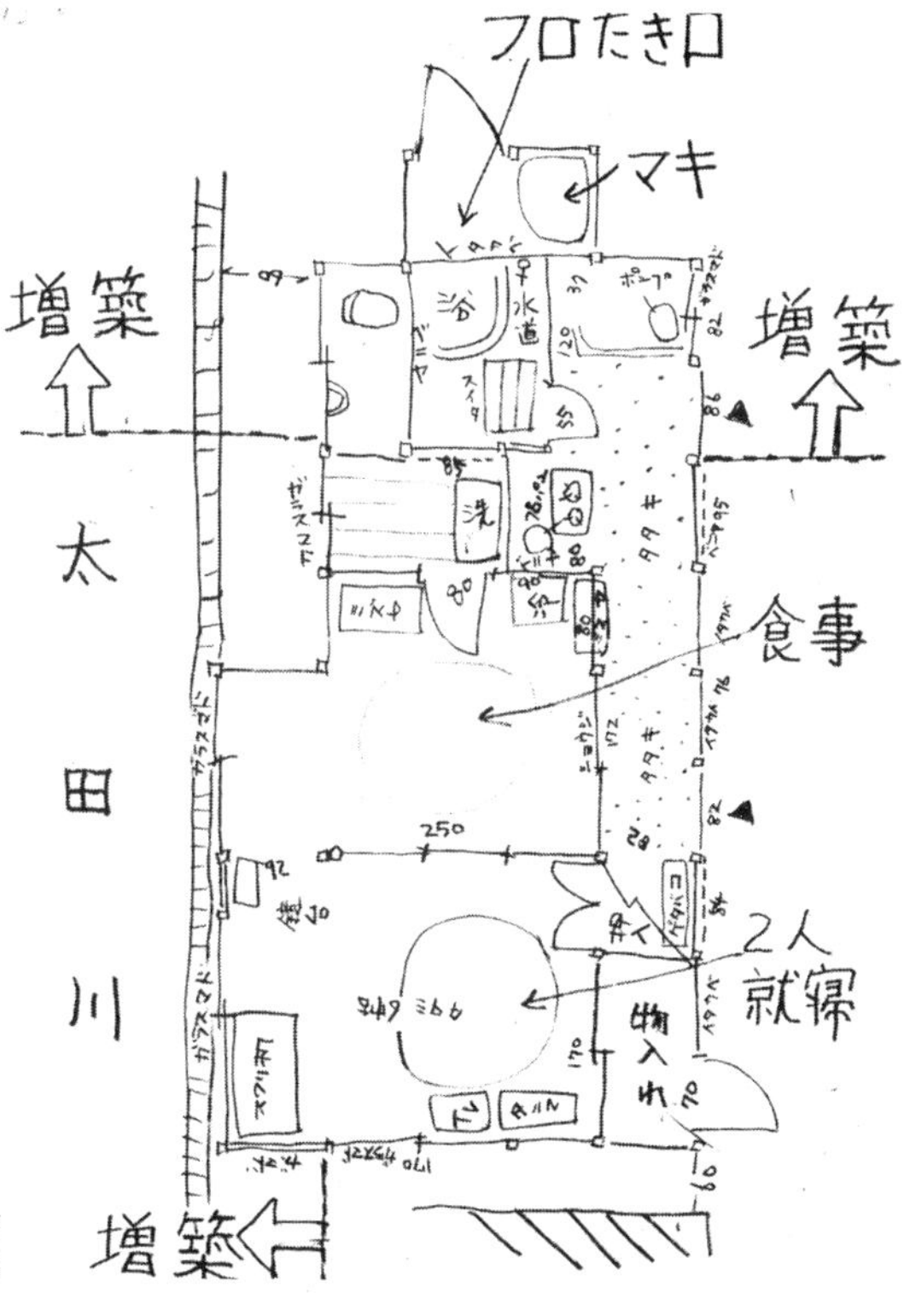

図3-3　増築の様子。北側に風呂・便所の増築、川側に部屋の拡幅（第4章事例⑯参照）

要な空間を次々に継ぎ足していく以外に、生活空間を整える方法はない。しかし多くの人たちはその技術も持たず、切り詰めた費用で作られるがゆえに様々な形を持った「いえ」であった。

③「いえ」の材料

夜中に人知れず建てられた「いえ」、出て行けと言われれば出て行く覚悟で建てられた「いえ」には、本格的な仕上げに時間のかかるものはほとんど使われていない。

作り方がそうであるから「いえ」のいたみも早く、応急修理の必要性も相当高い。家々の前や狭いすき間に、修理のための古材が積み上げられているのが目に付いた。それが地区の雰囲気を一層雑然としたものにしている。古材が寄りかかっている壁は、板かトタン板を貼り付けたものである。屋根は、セメント瓦・トタン葺きのものが多く、なかには瓦の下に敷くフェルトを貼り付けただけのものもあった（写真3-1）。

川向こうはお寺の寄り集まった寺町である。総タイル貼りのビル、銅板葺きの大屋根に混じって陽の光をいっぱいに浴びた瓦葺きの屋根、吹付塗装材で化粧したモルタル塗りの家々が、風にそよぐ木立の間から見え隠れする。それはごくありふれた街並みなのに、相生通りの「いえ」「いえ」を見てきた目には眩しく映るのだった。

写真3-1　相生の屋根（セメント瓦・トタン葺き）、板壁、屋根の上の物干し場

④「いえ」の広さ

平均の建築面積は、一室住宅で20㎡未満、二室で30㎡未満、三室でやっと40㎡を少し超える程度である。相生通りの「いえ」はとにかく狭いのである。

20㎡の住宅とはどの程度の家なのか。1946（昭和21）年当時、住宅営団職員であった京都大学名誉教授の西山卯三氏によってなされた調査がある。面積が約20㎡の六三型住宅と言われた戦災者応急住宅の住まい方に関する調査である。その中に次のような記述がある。

「『炊事』　極小住宅でソトに押し出される第一のものは、炊事である。外で行うもの二一％、外に炊事場を新設したもの一七％となっている。……（中略）燃料はマキが八六・五％で圧倒的。極小住宅での混乱した原始的住み方が手に取るように推察される。『居住面積の狭さ』　土間を寝室に使用したもの一例。食事室に使用せるもの三〇例がある。……（中略）間口一間の押入れだけでは明らかに収納空間不足である。居住面積が家具や家財を置くため、どの程度狭くなっているかという質問に対しては、……（中略）平均して一・六四畳、つまり居住面積の一八％が物を置くために使われている。『家具・家財』　六五％はタンス、五九％は食器戸棚を、二二％は食卓を持っていない」*3

私たちの調査は、これより約20年後に行ったものである。その間に「いえ」の広さは相変わらず狭いまま、住生活は大きく変わっている。炊事用燃料はマキからガスに変わり、必要以上に広い土間は要らなくなったものの、大量消費の波に乗って家の中は耐久消費財で埋め尽くされることになった。一方で子ども部屋を重要とする家庭教育論が起こった。電波や活字を通じ、全国津々浦々まで住生活変革の波は押し寄せたのである。相生通りの「いえ」も例外ではない。

そこには、調査に訪れた私たちの目を見張らせるものがあった。裏返して言えば、耐久消費財によってますます居住空間を狭められた極小住宅がそこにあった。狭いスペースの中に冷蔵庫・食卓・タンス・三面鏡・机・テレビ・ステレオなどが入り込んでいたのである。

⑤「いえ」の部屋数

718世帯のうち部屋数が分かったものは429、一室（160）、二室（148）、三室（79）、四室以上（42）である。一室だけの家で暮らす世帯が、3分の1もあった。一室だからといって、二室との家族数はほとんど変わらない。

＊3　『西山卯三著作集2　住居論』「戦災者応急住宅の住み方」（勁草書房、1968年）

一方で、一室住宅と二室住宅、あるいは二室住宅と三室住宅の間には、部屋数一つの差があるにもかかわらず、「いえ」の広さでは変わらないものが相当あった。

私たちは住まい方を分析するために、三畳以上の一区切りの空間を部屋とみなして、「いえ」の広さ（たたみ数・帖）と部屋数の関係を求めてみた。三畳程度の広さの部屋は、通常、納戸やせいぜい子ども部屋でしかなく、食事や就寝などを担う部屋として使われることはほとんどない。しかし相生の狭い「いえ」では、三畳程度の広さがあれば、ふとんを敷くことも座卓を置いて食事をすることにも使用される。狭い「いえ」には、それなりに意味のある一部屋と考えられた。

住生活において、衛生上の観点から食事と就寝の分離は欠かせない。また、「夫婦＋子ども」あるいは子ども男女間の就寝の分離が、円滑な家庭生活を維持するための最低条件である。しかし、食寝分離と就寝分離のどちらにしても、部屋数がなければできる相談ではない。つまり、一室住宅が二室住宅に、二室住宅が三室住宅になって初めて実現できることである。一室住宅と同じ広さの二室住宅、同様に二室住宅と同じ広さの三室住宅がかなりあることから読み取れることは、確保された二室住宅や三室住宅には、プライバシー・衛生それに教育といった家族の住要求――小さくても一部屋――を何とか満たそうとして生み出されたものが多くあったのではなかろうか。

⑥「いえ」を支えるすき間

「いえ」と「いえ」のすき間は、相生通りの雰囲気を作り上げている要素の一つであることは第2章で述べた。図3‐4は相生橋から空鞘橋にかけてのすき間を示し、いえの外を黒く表現している。まさに隙間なく「いえ」が張り付いていた様子が覗える。この空間が、「いえ」によって徐々に飲み込まれていった河川敷に残された空間であり、前住者の踏み分け路・建築資材の搬入路・壁板を打ち付けるためのわずかなすき間である。

だがたとえわずかなすき間であっても、それに面して建ち並ぶ「いえ」にとっては無くてはならな

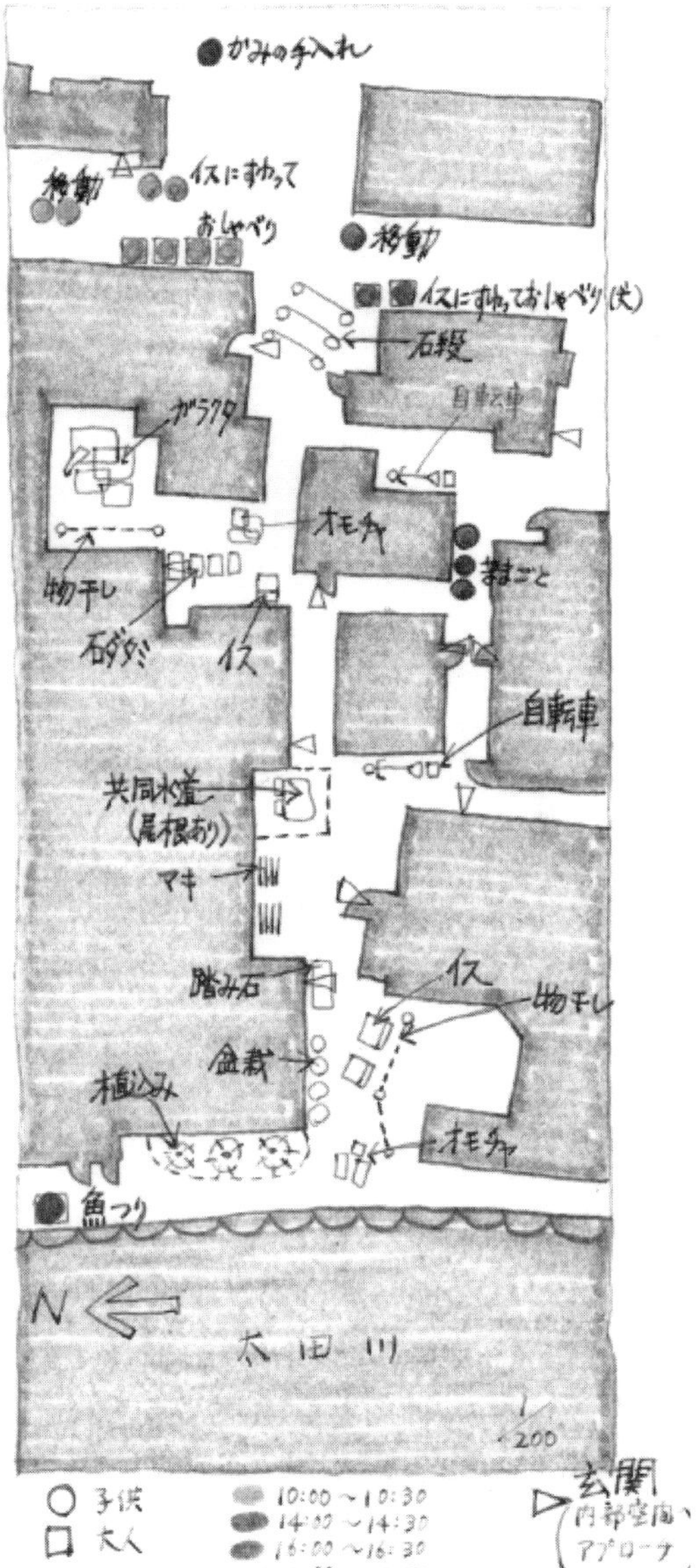

図3－5　すき間の利用

石段の上が相生通り

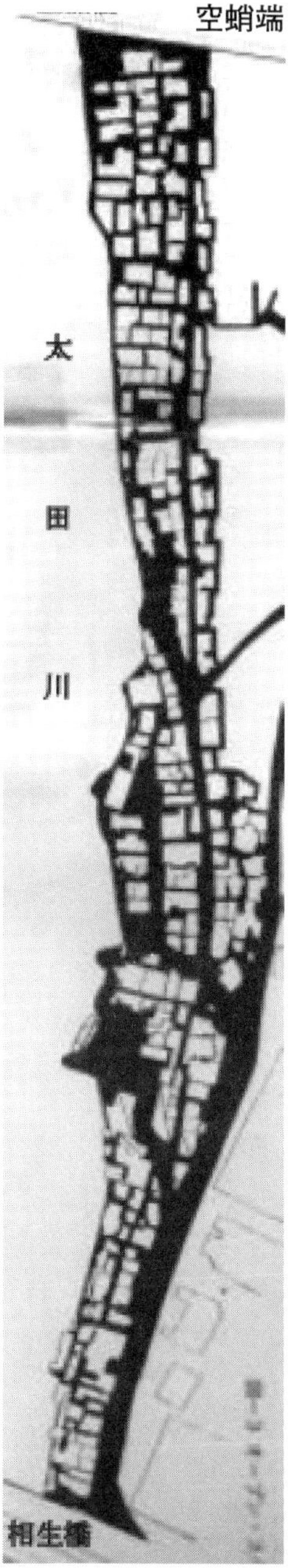

図３－４　すき間（黒塗り）

相生橋から空蛸橋までの河岸

い重要な空間なのである。

大多数の「いえ」は、庭はもちろん、陽のあたる二階を持っていない。したがって、ほとんど陽がさすことはないとはいえ、すき間は貴重な物干し場となっている。「いえ」の中には取れるだけの土間が設けられているが、それを収納スペースとして見た時、絶対的に狭小である。わずかに突き出した窓下にプロパンガスボンベを置く、子どもの自転車を置く、洗濯機や灯油カンを置く……すき間は様々なものの貴重な置き場ともなっている（図3‐5）。

「いえ」と「いえ」のすき間は、明快な境界線を設定しないままに、庭としての機能や物置としての機能が押し込められている。それは「いえ」の狭さを補う第二の「いえ」とも言うべき空間なのである。そのすき間は、「いえ」によって形作られ、「いえ」はそのすき間によって「いえ」であり続けてきた。そこには誰もが通り抜けられる路とはかけ離れた情景が広がっており、土手の適当な高低差と陽当たり・風通しに恵まれた河川敷という地形が、暮らしの全てを包み込み、まちの人々を支えていたのである。

「いえ」の使われ方と暮らし

部屋数の分かった約400世帯のうち、一室住宅約37%、二室住宅約35%、三室住宅約19%、四～七室住宅約10%であった。

狭いバラック住宅を小さな部屋に区切って、何とか暮らしの全般を円滑に営もうと様々な工夫・努力がなされていた。暮らしの基本となる食寝分離・性別就寝に注目しながら、戦後25年を経た相生通りでどのように「いえ」が使われ、どんな暮らしが展開されていたのか、部屋数別に眺めてみよう

① 何ともできない一室住宅

最小の一室住宅でもほとんどの「いえ」には専用の炊事場と便所が設けられていた（図3‐6）。

相生通りの「いえ」に共通する特徴は、土間（あるいは元土間のあった部分）が広いということだが、規模の小さい一室住宅にあっては一～二畳程度の小さな土間がやたら広く感じられた。土間は、出入り口であり、炊事場であり、物置であった。この土間も水道・炊事設備の近代化により、半～一畳程度の板の間に作り変えられている「いえ」が多かった。最小限の居住空間からはみ出したものが、土間や板の間で展開されていた。そのはみ出しの典型が便所であった。板壁で囲まれた「いえ」では、直接部屋と便所が繋がっている。はみ出しを必要最小限にとどめる必要性が、そうさせているのであろう。一方、押入れは半～一畳と小さく、なかにはカーテンで仕切っただけのものもあった。一間きりの「いえ」では、変えようにも何ともしようがないのである。

相生通りには、図3-7に示すような中廊下型アパートが3棟あった。部屋は四畳半か六畳の一室に押入れが付いた独身寮タイプのものが多い。なかには建物の形にあわせてそれより広いものや狭いものが混在していた。中廊下には陽が入らず、土手下にあるものは暗いだけでなく、いつもジメジメと湿っていた。

一室でも決して単身者だけが住んでいるわけではない。なんと畳一間で家族4人あるいは5人が生活している世帯もあった。整理ダンス・水屋・テレビ・机・冷蔵庫に囲まれて、食事・睡眠・その他いっさいの生活が営まれる。当時、乳飲み子が母親の下敷きになって窒息死するという痛ましいニュースが度々報道されていたが、まさに他人ごとではないという過密ぶりであった。

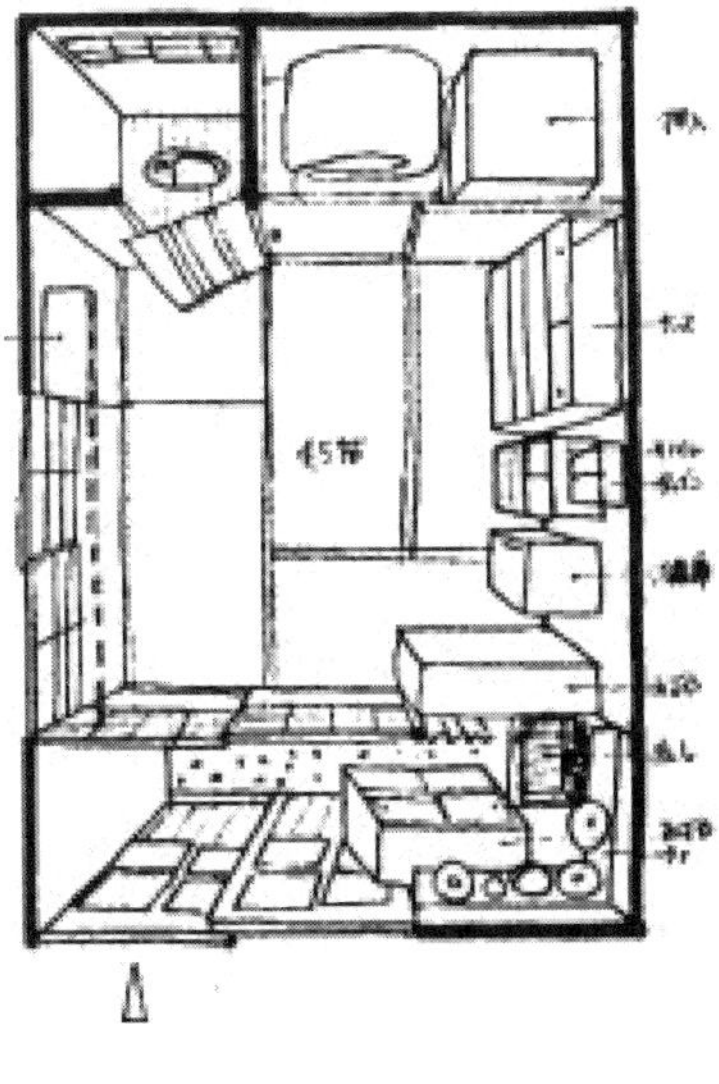

図3-6　一室住宅の代表例：玄関を入ると土間・流し台、4畳半の奥に便所・押し入れ。

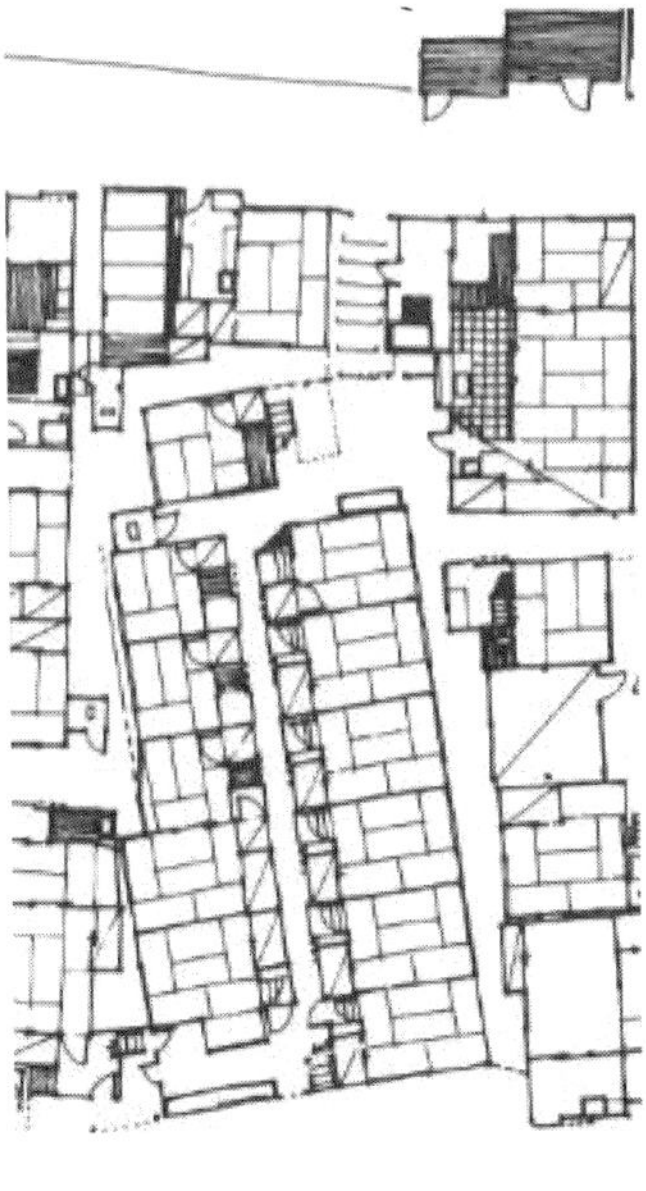

図3-7　中廊下型のアパート

私たちが調査の前半期に借りていた相生橋近くのアパートは二階建てであった。その一階には専用の炊事場がもうけられている部屋もあったが、他は炊事場と便所は共用であった。

② 食寝・就寝分離ができる二室住宅

二室ある住宅では、畳敷きの部屋が二室に増えることによって、生活方式に大きな変化があらわれてくる。食寝分離と就寝分離である。

二室住宅は、二部屋ともに四畳半以下の広さのもの（四四型）、六畳以上と三畳の部屋とでなるもの（六三型）、六畳と四畳半以上の部屋からなるもの（六四型）の3タイプにほぼ分けられる。それぞれが、二室住宅のほぼ30％、25％、45％の割合を占めていた。

また、調査では、二室住宅になると食寝分離型の生活をしている割合が約60％と高くなった。家族数との関係もあるので一概には言えないが、六三型の「いえ」では食寝分離の生活をしている例が多く見受けられた（図3－8）。

その結果、主室（六畳の部屋）の就寝が過密となりやすく、4～5人が寝ているという例もあった。四四型の場合でも、家族数が3人以下の世帯では、ほとんど食寝分離型の生活をしている。私たちの調査に対して、食事と就寝を別々の部屋でする理由として、衛生上の配慮にくわえ家族内の就労時間や生活時間（例えば夜間勤務など）の違いを挙げているものがあった。

残りの40％近くは、食事と就寝を同じ部屋で行っている。相生通りの生活の有り方をうかがわせる。部屋の繋がりや炊事設備の位置の関係から、食事をする部屋は出入り口・土間に近い方に多い（図3－8）。

ここで二室住宅の使われ方について、注目すべき事例を紹介しておこう。あるタイプの二室住宅では他の一般的な例と違って、台所より離れた奥の部屋で食事をする割合が際立って多い例があった。その場合、奥の部屋の床が板間になっている。

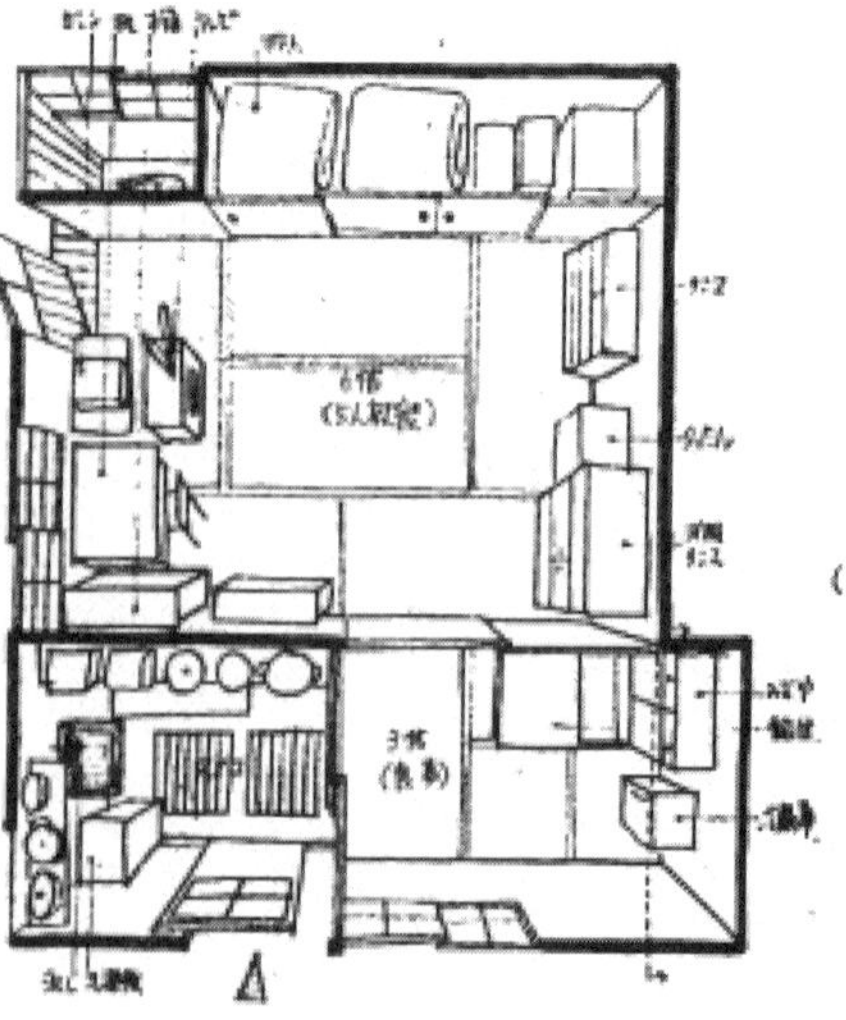

図3－8　二室住宅の代表例：食寝分離、玄関・土間・流し台の三畳（一畳分を増築）は食事室、六畳は5人就寝、奥に押入・便所（外に出てから利用）

別のタイプでは2つの部屋がともに畳敷きであるのに、これも奥の部屋で食事する例があった。

床の仕上げは同じ畳なのにどうしてだろうか。食寝分離をせず、しかもより広い部屋を食事・就寝室として使うことによって得られるものは何なのか。それは就寝分離とりわけ性別就寝の優先である。二室住宅でありながらも子どもを優先し、それを何とか住生活に実現しようとする性別就寝への願いが動機では、と推察する。

③ 三室住宅とはいっても

三室住宅になると、大多数の世帯が家族数3～4人ということもあって、それらがほぼ食寝分離・就寝分離という生活方式が実現され、最低限の住要求は満たされてくる。しかし、部屋数が多くなればなるほど、部屋を結ぶ通路・縁側が必要になってくるのだが、相生通りの「いえ」にはその余裕はない。結果として、食寝・就寝分離の形はとれるものの、寝室のどれかを通過空間として使用せざるを得ないのである。これは出入り口や炊事場・便所と部屋の位置関係が、人の動きかたから導き出されたものではないからだ（図3‐9）。

このような制約を持つ相生通りの「いえ」は、部屋数が3つに増えても、家族内のプライバシーを確保できるレベルには達していない。家族1人当たりの畳数・規模という指標だけを見れば、当時の広島市の借家の平均像とほぼ同じレベルにあるものの、相生通りの「いえ」は三室住宅になってもまだ、課題付きの家だったのである。

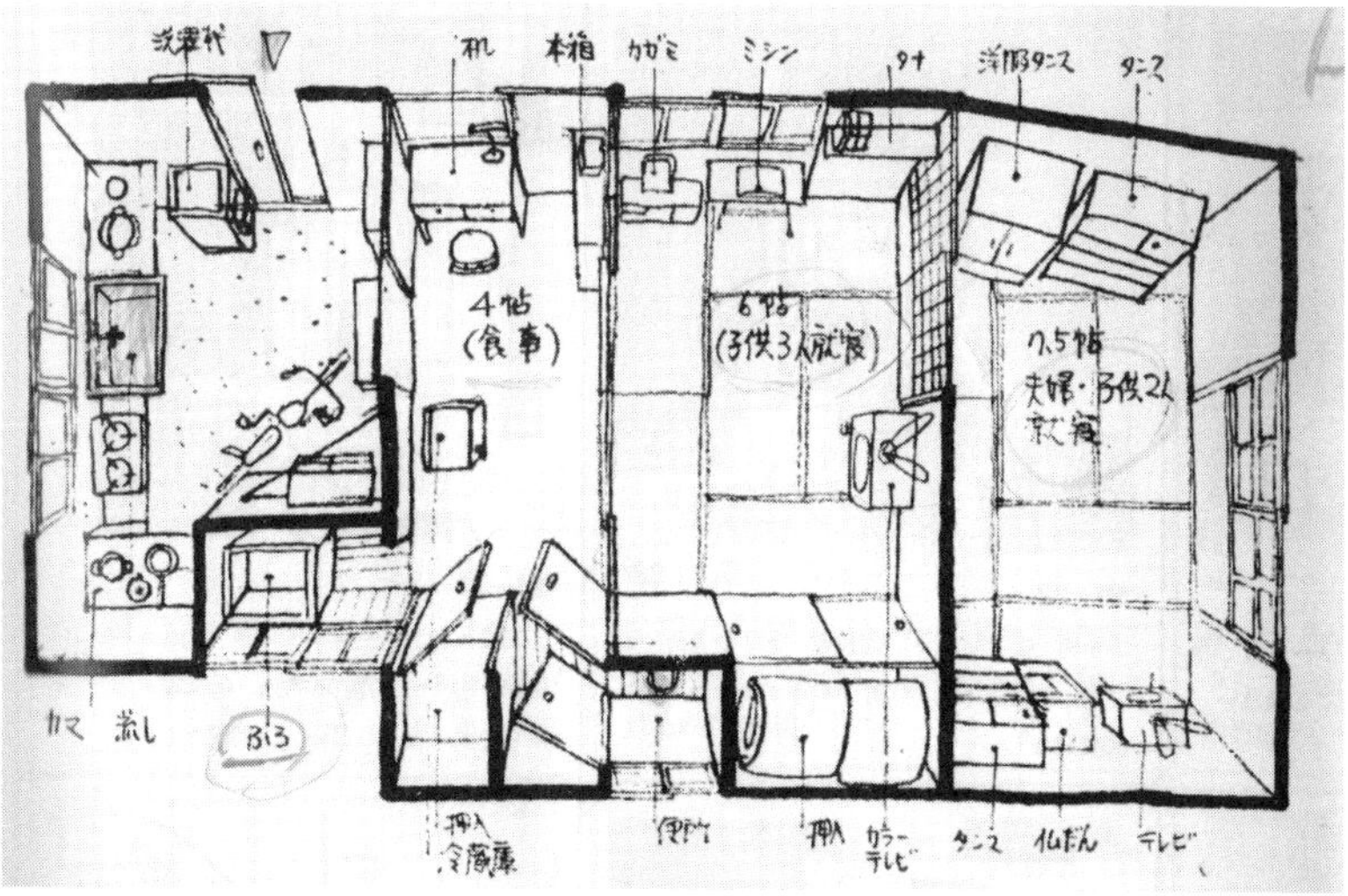

図3‐9　三畳住宅の代表例：食寝分離・就寝分離、真ん中の部屋は通過空間を兼ねる

たくましく生き抜いた家々

私たちが相生通りの実態調査にとりかかったのは1970（昭和45）年の夏であった。実測調査の難しさもあって、雨降りの日は調査を控えた。その結果私たちは、真冬の相生通り、台風に見舞われる相生通り、長雨でグショ濡れになった相生通りを正直よく知らない。

板壁のすき間から太田川の照り返す陽の光が目を射して、しばらくは何も見えなかった薄暗い「いえ」。畳敷きの天井から垂れ下がったカーテンの間に、土手の石垣が顔をのぞかせていた「いえ」。「いえ」は生活を入れる器、過酷な自然から生活を守ってくれるシェルターであるはずだが、相生通りの心細い家々は厳冬の川面を渡って吹き付ける北風や梅雨の長雨から、はたしてどれだけ守ってくれたであろうか。

私たちが歩き回ったあの相生通りは、今はもう無い。相生通りは戦後の30年余りの歳月を経て、河岸の緑地へと姿を変えた。今では時に、のんびりと釣りを楽しむ親子、日向ぼっこをしながら世間話をする老人たち、そして危なっかしい足取りでボールを追っかける幼子を見守る若夫婦、そうした市民の憩いの場になっている。

その昔、あたり一帯は桜通りと言われ、花見時には酒を酌み交わし歌や踊りにうち興じる人の輪がいくつもできたという。今、相生通りの跡地がその頃の姿に戻り、市民の幸せな思い出で飾られるにつれて、ここが相生通り、ときに「原爆スラム」と呼ばれたまちであったことは忘れ去られていくに違いない。しかし、こうして相生通りの成り立ちを知る時、私たちは多くの人たちが相生通りで味わった苦渋を、そしてそれにもかかわらず、たくましく生き抜いた姿を、決して別世界のまぼろしと見ることはできない。

3　生き抜く知恵と暮らしの様子

相生通りには他所ではなかなか見ることのできない、相生特有の空間と暮らしがあった。今となっては40数年前に消えたまちの暮らしであるから、容易に思い起こすことは難しい。断片的な描写ではあるが、１９７０年調査の際に体験・体感したことをここに紹介しよう。

相生通りを歩く

夏休みも終わろうとする8月28・31日の2日間、午前10時、午後の2時・4時・8時からの30分間毎に、相生地区のいえの周り、相生通りや空地で繰り広げられる子どもの遊びや大人の動きを、定点観測調査するため私たちは野帳を片手に歩き回って記録した。

相生通りは街を背骨のように貫く幹線道路ではあるが、車の通れない通りである。「道路」というよりは「みち」と呼ぶ方がふさわしい。車が通れない代わりに、まちの人々の暮らしの場として様々に使われていた。ここでは北端の三篠橋のたもとから南へと順に、川岸に沿って「くの字」に貫く相生通りの様子を、振り返ってみるとしよう（図3-10）。

①三篠橋のたもと、ここには川側のバラック住宅の軒下に共同水道がある。相生のまちにはこうした共同水道が40数か所あるが、最初に眼にするのがここである。近くに見事な大木（くすの木だったか）があり、その日影を利用しておばあさんが露店の魚屋を出していた。共同水道では売り物の小魚（さばいた小イワシ）を洗う。午後の炊事前の4時頃には日影も十分に路上にかかり、買い物かごを手にした近所の主婦たちがおばあさんを囲んでたむろしていた。共同水道で洗濯をする人や路上で回収した廃品を整理する人たちで、日影になる午後はかなりの人でにぎわう。相生通りへの北側からの入口である（図3-11）。

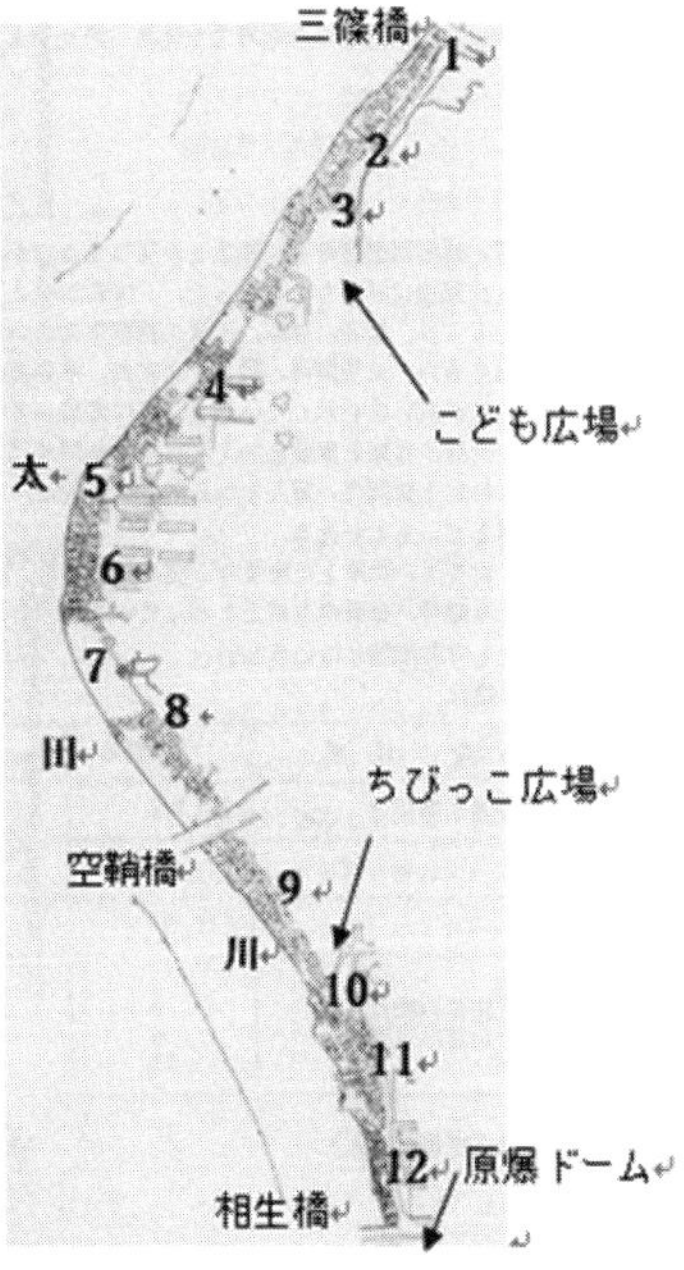

図3-10　相生通りを歩く（文中の番号①〜⑫に対応）

②少し南に向かって歩くと、相生通りが最初に枝分かれする地点に来る。その突き出した細長い空き地には物干し場がある。よく風も通り、乾きも早いのだろう、いつもたくさんの洗濯物が風に吹かれていた。みちの向かい側には2つめの共同水道がある。川岸に下る路地に沿って共同便所もある。この近くにバラックのアパートがあり水道のない家が多いのだろう、洗濯をしたり食器を洗ったり、時には回収した廃品を洗う人たちでにぎわっていた。私たちもこの近くに調査用に約一か月部屋を借りたことがあり、食器洗いで順番を待つことがあった。三篠橋のたもとからこの辺りまではなんとか車が入れる道幅があり、その先は写真3-2でも分かるように急に狭くなっている。

③狭くなった相生通りをさらに歩くと、次の枝分かれ地点に来る。ここにも共同水道があり、洗濯や子どもの水遊び、夕方には縁台を持ち出しての夕涼みの情景が見られた。夕方ともなると三篠橋からこの辺りまで、両側の家の明かりに照らされて道が「ぼっ」と浮かび上がるのが印象的だった。ここを相生通りから東に下れば子ども広場に出る。この広場は整地がしてあった。夏休みの時期でもあり、午後になると小・中学生が大勢集まってバレーボール・ソフトボール・相撲など、グループを組んでの遊びで子どもたちの歓声が絶えない。少し歩いた川岸に意識的に確保された空地がある。防火のためと聞いた。その横に町内会の集会所と車置場があり、手押しポンプ車が1台置かれている。それほど火事には備えていたことがよく分かる。

④相生通りから枝分かれして、東側に2本の路と川岸に向かっての合わせて3方向に下っている地点に来る。雨が降っても乾きが早くちょっとした広さもあって、多くの人たちが集まってきている。縁台を持ち出してのおしゃべり、子どもたちのままごとやシャボン玉遊び、幼児を抱えた母親が子守りをしながら立ち話をしていた。この地点の北と南の空き地は火事跡である。北は1967（昭和42）年に、南は私たちが相生橋あたりを調査していた1970（昭和45）年8月12日の火事であり、9月に入ってこのあたりを歩いた時には火事の痕跡もまだ生々しかった（図3-12）。

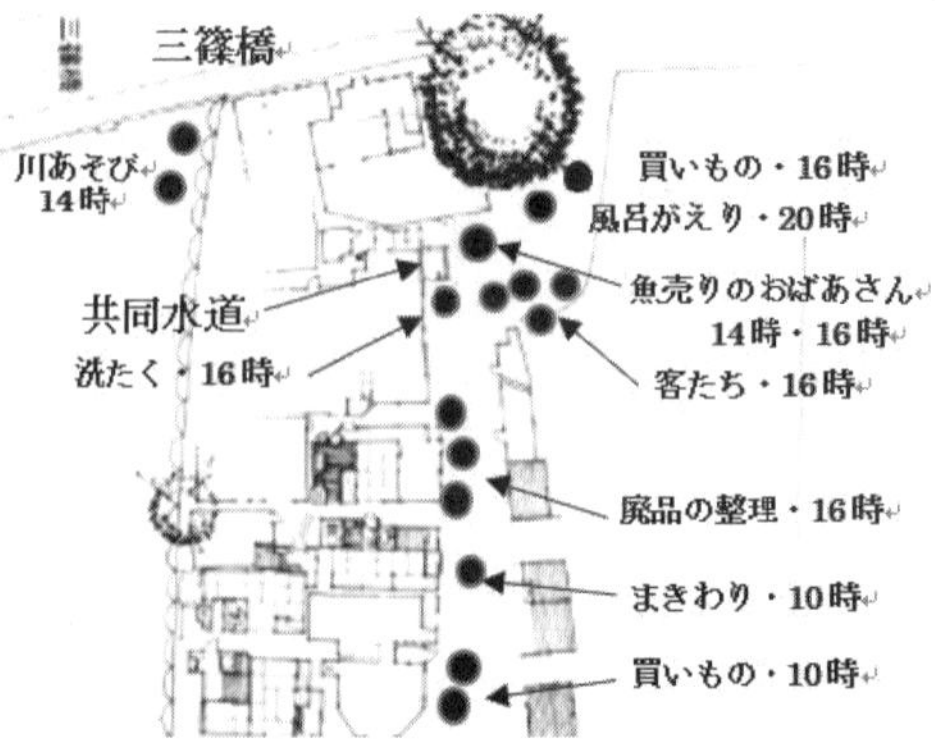

図3-11 ①三篠橋のたもと

⑤私たちが調査に入る前、5月23日の火事で焼失した跡があり、調査時点ですでに整地がしてあった。相生通りから川岸まで、かなり開けた空き地である。遊びも多様で年齢層もかなりの幅がある。畳を持ち出しての柔道の練習、八の字遊びや土いじり、夕方や夜になると魚釣りの子どもたちの黒い影が塊をつくり夜釣りの灯に浮かぶ。家に囲まれた夜釣りの空間は安心感も加わってか遅くまで続く。私たちがそうであったように、相生通りを行きかう人たちもこの光と影に夏の涼を感じたに違いない（コラム4「火事跡での遊び」参照）。

⑥駄菓子屋の前から市営中層アパートへの枝道がある地点にやって来た。この付近は相生通りが大きく「くの字」に曲がる地点で、お店が一軒ある。アイスキャンデーを買いに来た子どもたちや、ちょっとした買い物にやって来る主婦たちと、そこかしこに見られる立ち話など、にぎやかな場所である（図3-13）。

⑦1967（昭和42）年7月27日の大火（写真2-4）の跡地「ハラッパ」と呼ばれる相生では最も大きい空き地にやって来る。木も植えられ、あちこち雑草が生い茂り火事跡の感じはもはやない。

回収された廃品が一面に干してある日もあった。涼み台が一つ、風通しも良く木の葉が風に鳴り夕涼みにはぴったりだ。昼間は紙ヒコーキを飛ばしたり、バレーボール、そして虫取りアミとカゴを持った子どもたちの姿が見受けられた。

後日譚になるが、2004（平成16）年3月30日の中国新聞によれば、1967年の大火の跡地に植えられたポプラらしき並木があり、そのうちの一本が護岸設計者により意図的に残された。その後「川通りの命名プロジェ

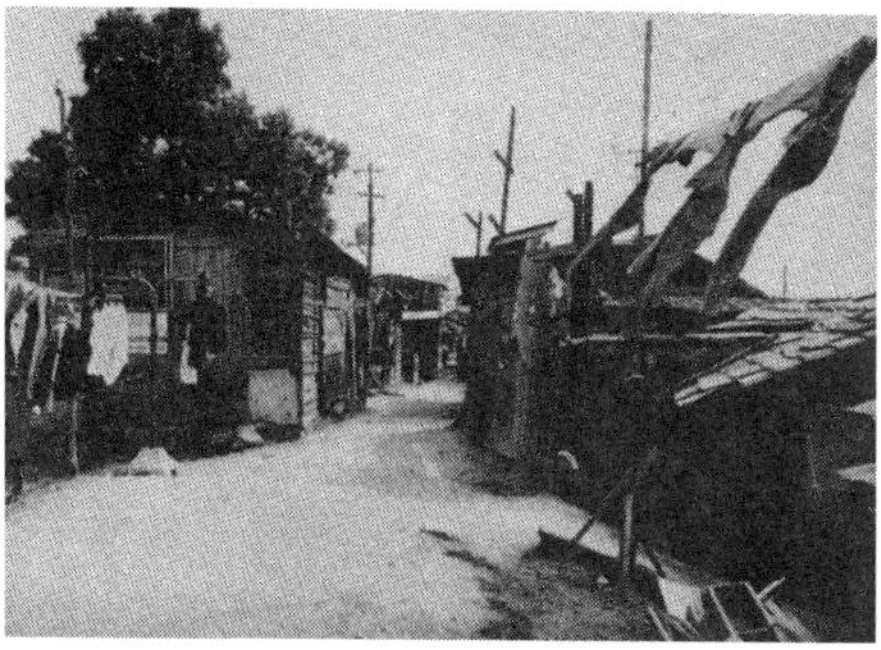

写真3-2 ②物干し場、共同の水道・便所（石井和紘撮影）

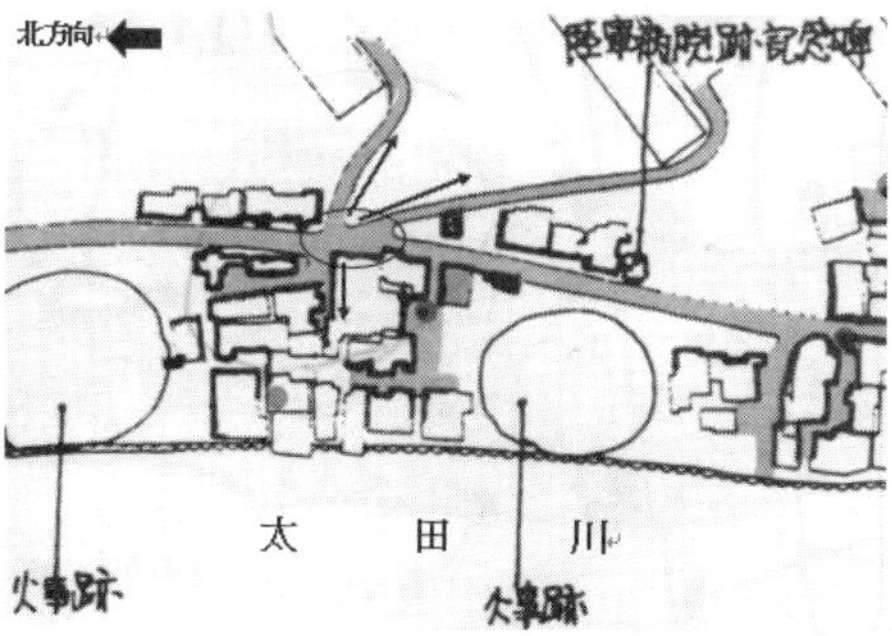

図3-12 ④三方向に枝分かれ地点

クト」により、この通りがPOPLa（ポプラ）通りと名付けられたらしい。2004年秋の台風18号で倒れるまで、相生のまちが消えた河岸で、長きにわたってシンボルであり続けた。

⑧相生通りで最大の火事跡を右手に見ながら歩くと、みちの上にアーケードがかかっている地点にやって来る。食料雑貨を売る店があり、買い物にやって来た人たちや子どもたちがこの日影で、買ったアイスキャンデーを食べたり話したりしている。人影が絶えない。100メートルくらい歩くと空鞘橋だが、ここらあたりの川岸はその理由は分からないが、元から家が建っていなかった大きな空き地である。何に使われているでもなく、川からの風が吹き抜けていた（図3-14）。

⑨空鞘橋（三篠橋から歩いて相生通りのほぼ3分の2付近にある）を過ぎて90メートルくらい歩くと右手に石碑がある。戦前からの馬碑（この馬碑は現在空鞘橋の南に移され、今もその姿を残している）（写真3-3）である。*4 被爆時の状況は分からないが、碑は一軒の家に囲まれて建っていた。この家の間取りを取った際、一人で家にいた中学生と馬碑のそばで、いろいろ話をした。この付近は、1962（昭和37）年に火事で焼けその後復興したので、家の並びが整然としている。ちょうど、馬碑の北側あたりから出火したらしい。ここにある2つの共同水道は、洗濯・食器洗いによく利用される。2メートルの道幅で、多くの人たちが立ち話やいすを持ち出してのおしゃべりでにぎやかな空間である。

⑩馬碑を過ぎて100メートルくらい歩くと、東にちびっこ広場、川岸に砂あげ場がある三叉路にやって来る。この三叉路までは南から車が入り夕方にかけて駐車の車が増える。いっぱい飲み屋があり、一日の仕事を終えた人たちが店の内外に集まってくる。砂あげ機は川砂が上がらなくなったのか、もう動いていなかった。そこに住んでいた人もすでに引越しをしたらしい。このあたりから南の川岸は廃品回収業の人たちが多く、たくさんの廃品であふれていた。ちびっこ広場は、以前建っていた家が火災にあった後、町内会の要望で設けられた。ブランコを中心に

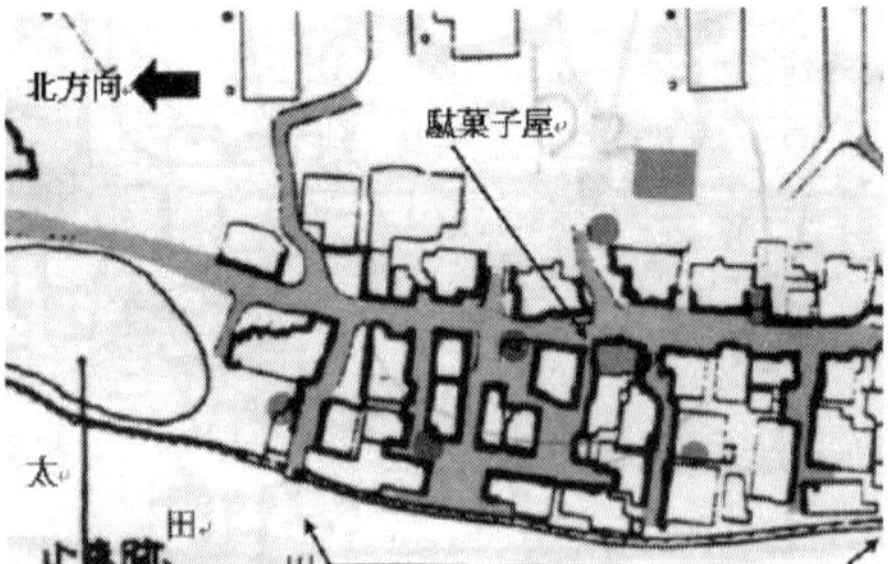

図3-13　⑥駄菓子屋のある地点

*4 馬碑　昭和3年、太田川本川の河岸に建立される。被爆後も相生通りにそのまま立ち続け、家々に囲まれて人びとの暮らしを見続けてきた（第4章図4-4、図4-5参照）。再開発で今は空鞘橋の南河岸に移設されている。

縁台・ベンチがあり幼児や小学生向きの小さな遊び場である（図3-15）。

⑪ 少し歩くと相生通りから、商工会議所西側の道路に出る地点に来る。左側の縫製業のいえと駄菓子屋さんの2軒は、1970年8月4日、相生の現地に初めて調査に入ったところである。不安いっぱいの我々の調査にきちんと対応してもらえたからこそ、その後の3か月の調査が続けられたと思っている。本文第4章の事例①で、その時の様子を詳しく紹介している。

⑫ 相生橋から北に25メートル、この付近ではただ1か所の共同水道のある地点である。洗濯・水洗いにさかんに利用されている。みちに沿って長い物干し場がある。子どもたちも水遊びやシャボン玉遊びに集まってきており、この辺りでは唯一の遊び場となっている。ここから少し歩いた相生橋付近には理容院と数軒の食堂があり、この街への南側からの入り口となっている。

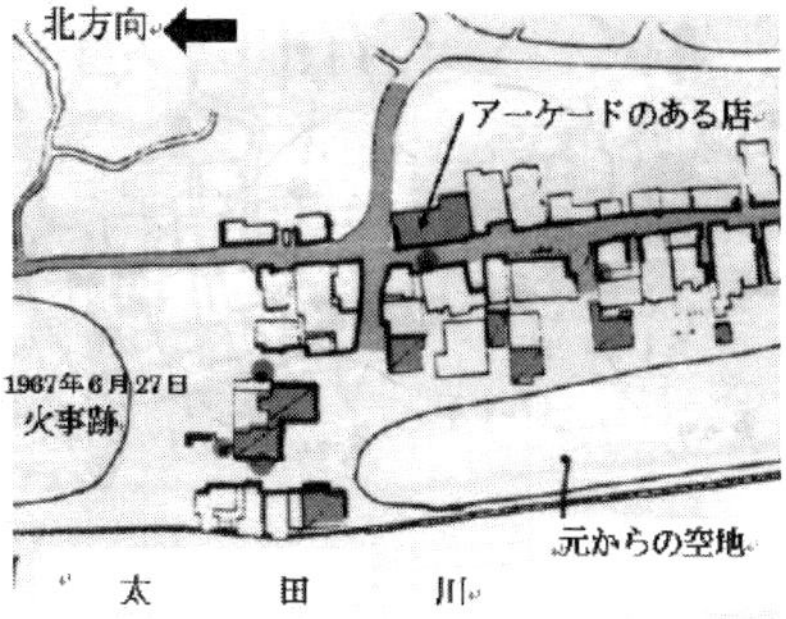

図3-14　⑧アーケードのある地点

10年続いた再開発で相生の街が姿を消して40年、私たちの最初の調査から50年が過ぎた今、こうして太田川河岸の緑地を貫く一本のみちとなっている相生通りを思い起こしながら振り返ってみた。たかが歴史の中に消えた一本のみちではある。しかしそのみちはヒロシマの戦後を背負いながらのおよそ30年、車の通れない狭い道幅だからこそ人々の様々な暮らしであふれた稀有なみちであった。戦後の30年間、広島を象徴するみち空間の一つであったと言えよう。

単身世帯者の暮らし

調査で出会った400に近い世帯のうち、単身世帯者は57人（男25人、女32人）であった。その多くは高齢者で平均年齢は56歳、女性が多い点と併せて相生の特徴の一つでもある。職業は無職17、失対・日雇い14、廃品回収業10と続き、大半が不安定な低賃金状態で収入も非常に少ない。借家・間借り生活者が6割弱、専用の水道もなく（65％）、半数が共用便所という暮らしである。およそ5人に1人が被爆者、4人に1人が生活保護という状態でもある。元気になんとか職を見つけて日々を暮らしている人がいる一方で、病気に倒れている人もあり、暮らしぶりの不安定さを思えば、この相生の底辺を構成する人々と言って差し支えあるまい。家族で暮らす人たちの多い相生のまちではあるが、6～7世帯に1世帯はこうした単身者が暮らしていたのである。第4章の事例②、③、⑤、⑧、⑪、⑰で、その様子を詳しく紹介している。

主婦の買い物ルートと店

日用品をどこで買うか、どの道を通って買い物に行くかの聞き取り調査（718世帯のうち390世帯回答）から、相生の人たちと周辺の店舗との結びつき方がわかる。

買い物をする店はおおむね4か所であった。

① 市営店舗付きアパート

主婦たちは「生協スーパー」と呼んでおり、市営住宅アパートの1階部分が商店街を形成している。ここには食料品店舗のほかに郵便局・公衆浴場・薬局・理美容院・クリーニング店・書店・靴店・酒店など多種多様な店がそろっていて何かにつけ便利なのであろう。相生地区全体の6割がここまで買い物に来ており（遠い人で600メートル）、相生通り全体に顧客を持っている。安くて身近でなじみやすくエプロン姿で気軽に行けるという。

② 森本食料品店

この店は古くからここにあって近所になじみの客が多い。相生橋～空鞘橋の間のお客である。

③ 三篠橋のたもと、住宅公団高層アパート内の商店街

ここも①と同様、多種多様な店舗がそろっているが、郵便局・公衆浴場・クリーニング店・書店は

写真3-3 ⑨現在の馬碑（空鞘橋南の河岸）。元の位置は、第4章図4-4参照

ない。店の位置が北に偏っていることと合わせて、それだけ①への客足が多いのであろう。

④ 本通り商店街

市内随一の商店街に、少し足を延ばして行けるのが、相生の便利さである。なかでも相生に近くて、日用品のそろっている店（マルエイ）への客足が多い。

また、この時使われる「みち」は東西に枝分かれした細いみちが多く、利用されるルートは人によっておおむね固定している。バス路線など交通量の多いみちは敬遠されている（図3-16）。

地区内の零細・小規模な店舗は数も少なく（およそ20店舗）零細・小規模で、その多くが相生通りに面している。一人暮らしのおばあさんが、生活保護を受けながら子ども相手に駄菓子屋をしていたり、小さなのれんのお好み焼き屋もあった（写真3-4）。またホルモン焼き・一杯飲み屋・相生橋近くの数軒の食堂などは、仕事を終えた人たちが夕方気軽に集まれる格好の場所でもある。理・美容店（4店）も地区内に適度な距離を置いて存在し、近所の人たちを相手に営業していた。第4章の事例②はその

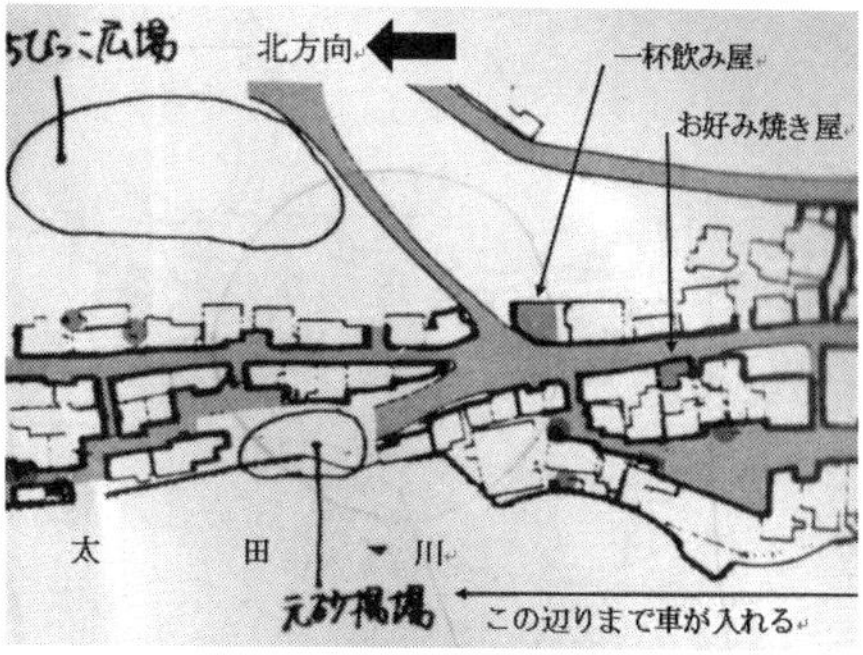

図3-15 ⑩馬碑の南 三叉路

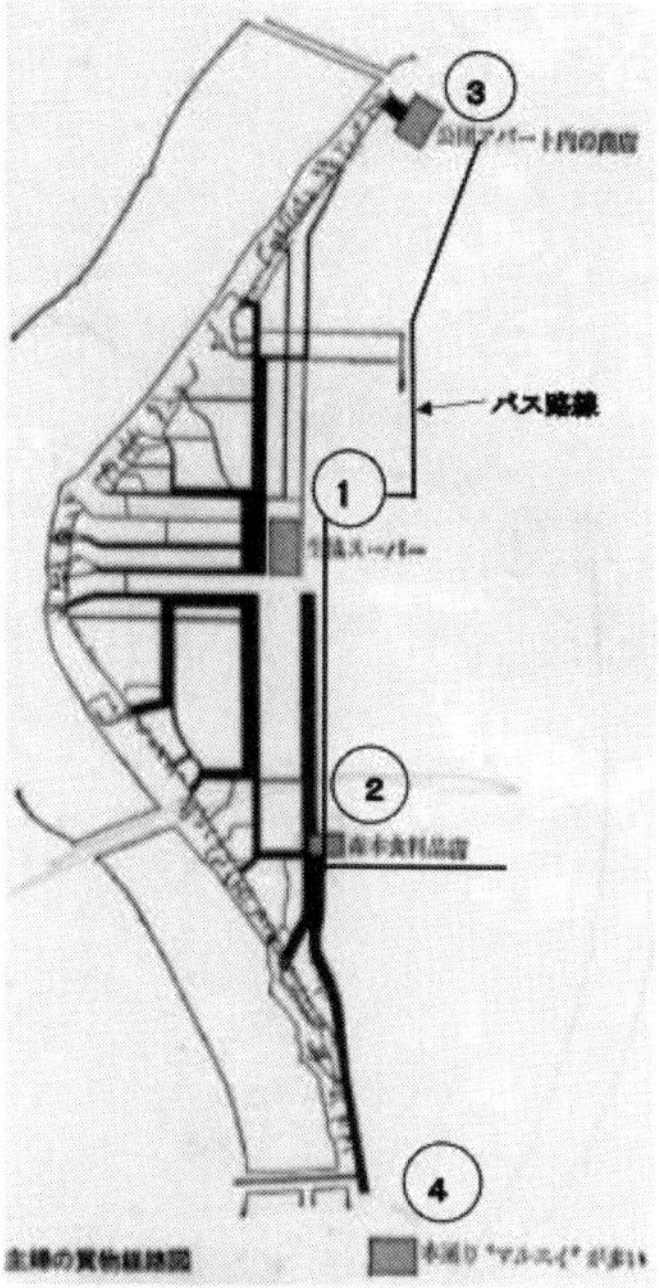

図3-16 主婦の買い物ルート

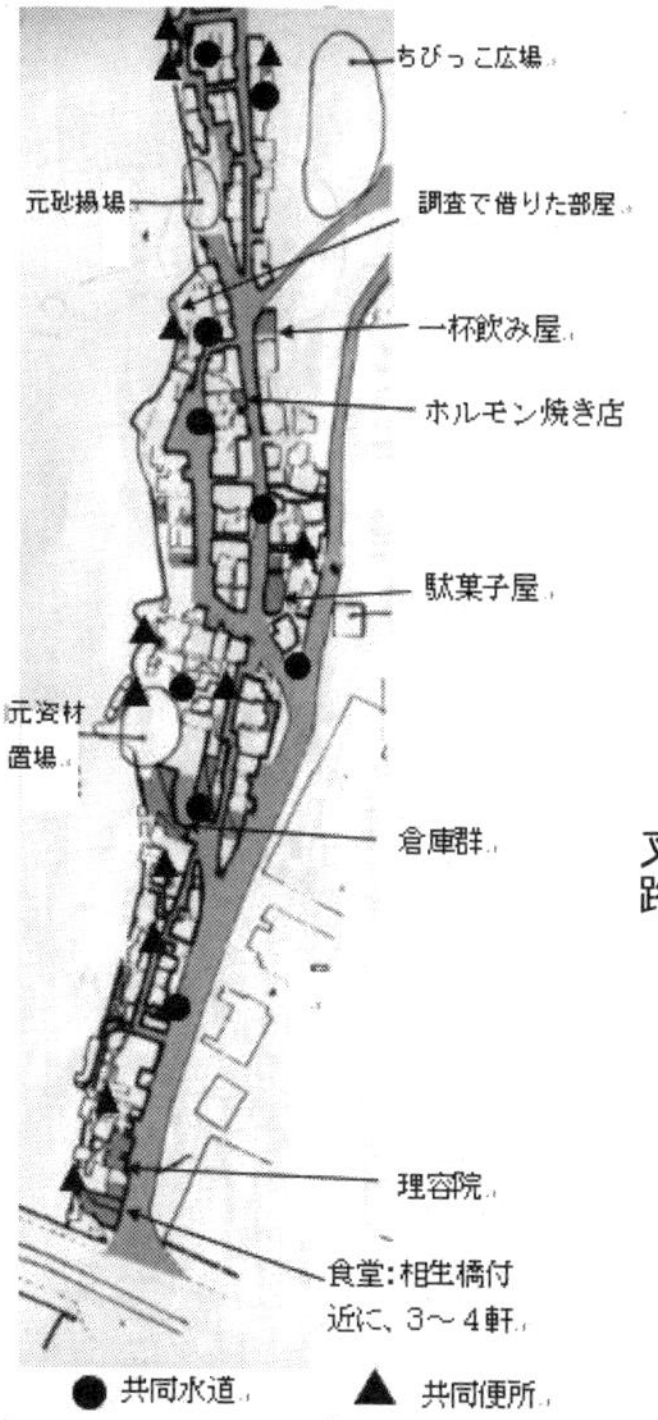

図3-17 相生橋付近の店舗、共同の水道・便所

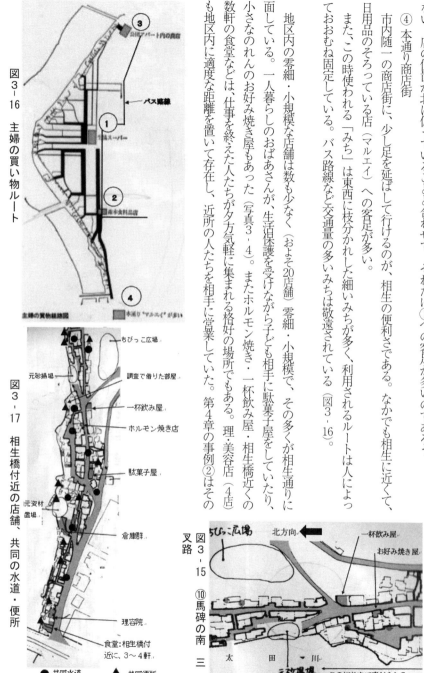

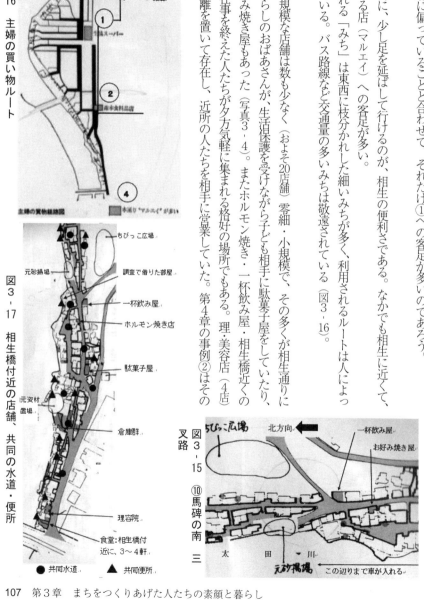

一端である（図3－17）。

共同設備の苦労

不法占拠によるため公共の上下水道は完備されず、1964（昭和39）年頃までは共同水道が点在し、井戸も利用されていた。その井戸の状態たるや、例えば「この世界の片隅で」で文沢隆一は次のように記述している。

「私は朝の洗顔に、そのポンプを使わせてもらった。しかし最初その水を一口ふくんで、思わず吐気をもよおした。生暖かい塩水が口の中にぬめりつき、かすかな臭いさえのこった。このあたりで干満の潮位は一・五メートル。直接、濾過した海水を飲んでいるようなものである。しかし、これはなにもここのポンプに限ったことではなかった。土手から下の、河岸地帯に住む人たちみんなが、この塩水で暮らしているのだ。それがいやならここを出て行くよりほかない」[*5]

というように、井戸水には塩水が含まれて飲料水には適さず、もっぱら共同水道からバケツなどで運んでいた話は住民からの聞き取り（第2章6参照）にもあった。その後、町内会などが独自で費用を負担し、共同水道から簡易水道を引いている家が約80％ほどになっていた（朝夕のピーク時には水が出にくくなるが）。共同水道や井戸には屋根が付けられたものが多い。使わなくなった井戸もまだ各所にあり、飲料用以外に使用されて存続していた。

このように、不法占拠であるがゆえに、相生通りの住民は水について苦労したのであった。特にこの地区が形成され始めた当初は、基町市営住宅の共同水道まで出かけ、住民間のトラブルが絶えなかったという。

共同便所は地区内に47か所もあり、日常生活の不便さに加えて衛生上の問題も多かった。この周囲

＊5
山代巴編『この世界の片隅で』（岩波書店、1965年）9頁

にはいつも消毒薬が散布され、刺激臭が鼻をつき、必ずしも使いやすい状況になかった。便所は個人の日常生活に最も深く結びついているものであり、共同便所では生活行為が内と外に分断されること、共用することで住民の間に微妙な対立感情を生み出すこと、また若い年齢層（特に女性）が使用を嫌うなど、様々な問題があり急速に消滅しつつあった（図3－17）。

浴室のある家は相生地区では非常に少ない。回答のあった257戸のうち35戸に過ぎない。ほとんどの人が地区外の公衆浴場に汗を流しに出かけている。老人たちや病気中の人たちにとって、あるいは天候の悪い日などは長い道のりであったと想像される。

こうして1970年夏から秋にかけて垣間見たまち、相生の暮らしの一端をつづってみて改めて思うことは、太田川河岸に唯一残っていたバラック住宅街で、人々は一方で戦後のヒロシマや当時の社会が抱えていた課題・問題を一身に背負いながら、他方では貧しいながらも知恵や工夫を凝らしながら生き生きとした日々を体現していたことである。河岸の起伏のある土手の地形と、まちを南北に貫く相生通りと処々のすき間や空き地が、それらを支えていたと言えよう。

追記　第3章2節については、1970年調査をともに行った岩田悦次さんの1980年当時の草稿を参考に書き直したもので、文責は筆者にある。岩田さんへの感謝とともに、ここでお断りをしておきたい。

写真3－4　お好み焼き屋

コラム4 相生通りの子どもたち

まちなかでの子どもの暮らしを捉えるには、子どもたちがまちのどこで、どのように遊んでいるかを見るのがよい。1970（昭和45）年の調査では、いえの周り、相生通りや空地で繰り広げられる子どもの遊びを、夏休みも終わろうとする8月末日の午前10時、午後の2時・4時・8時からの約30分間、野帳を片手に歩き回って記録した（巻頭口絵図K-5）。

相生地区の背骨に相当する相生通りと、それと連なって広がるちびっこ広場や火事跡の空き地（ハラッパ）などが主な子どもの遊び場である。他にも太田川沿いでの遊び、市・県営アパートと相生地区との境界付近の小さな空地が利用されるなど、子どもにとって「まち」は多彩な遊び場の宝庫であった。

「相生通り」

相生通りには車の侵入がない。家々の玄関がじかに通りに面している。通りに縁台・ソファー・イスなどを持ち出してたむろし、マンガ本を読んだり、こづき合ったり、おしゃべりをしたり、暑い夏の一日であっても人影は絶えない。ままごと・水遊び・シャボン玉遊びなど、相生通りでは親も安心して小さな子どもたちを遊ばせておけるという（写真）。

「子ども広場」

写真　相生通りでの遊び

三篠橋から少し南、相生通りから東に下った辺りにある。この広場は整地がしてあり、小さな運動場と言ってよい。いちじくがなぜかたくさんある。午後になると小・中学生が大勢集まってバレーボール・野球・ソフトボール・相撲などグループを組んでのスポーツが多く見られる。

「ちびっこ広場」

相生橋から北に歩いたあたりにある小さな広場である。以前ここには家が建っていたが、火災で焼失したあと町内会の要望で設けられた広場である。ブランコを中心に縁台・ベンチがあり、幼児や小学生向きの小さな遊び場である。

「火事跡の空き地」

1970年5月23日の火事跡（下の図〔写真0-3参照〕）の様子は、第3章3の「相生通りを歩く」の⑤を、1967年7月の火事跡の様子は、同じく⑦を見てほしい。

私たちの調査が夏休み期間だったこともあり、まちなかのあちこちに子どもの姿があふれていた。調査で出入りする私たちでさえ、彼らには物珍しい興味の対象であった。子どもの遊ぶ元気な姿は、まちの元気さそのものであった。

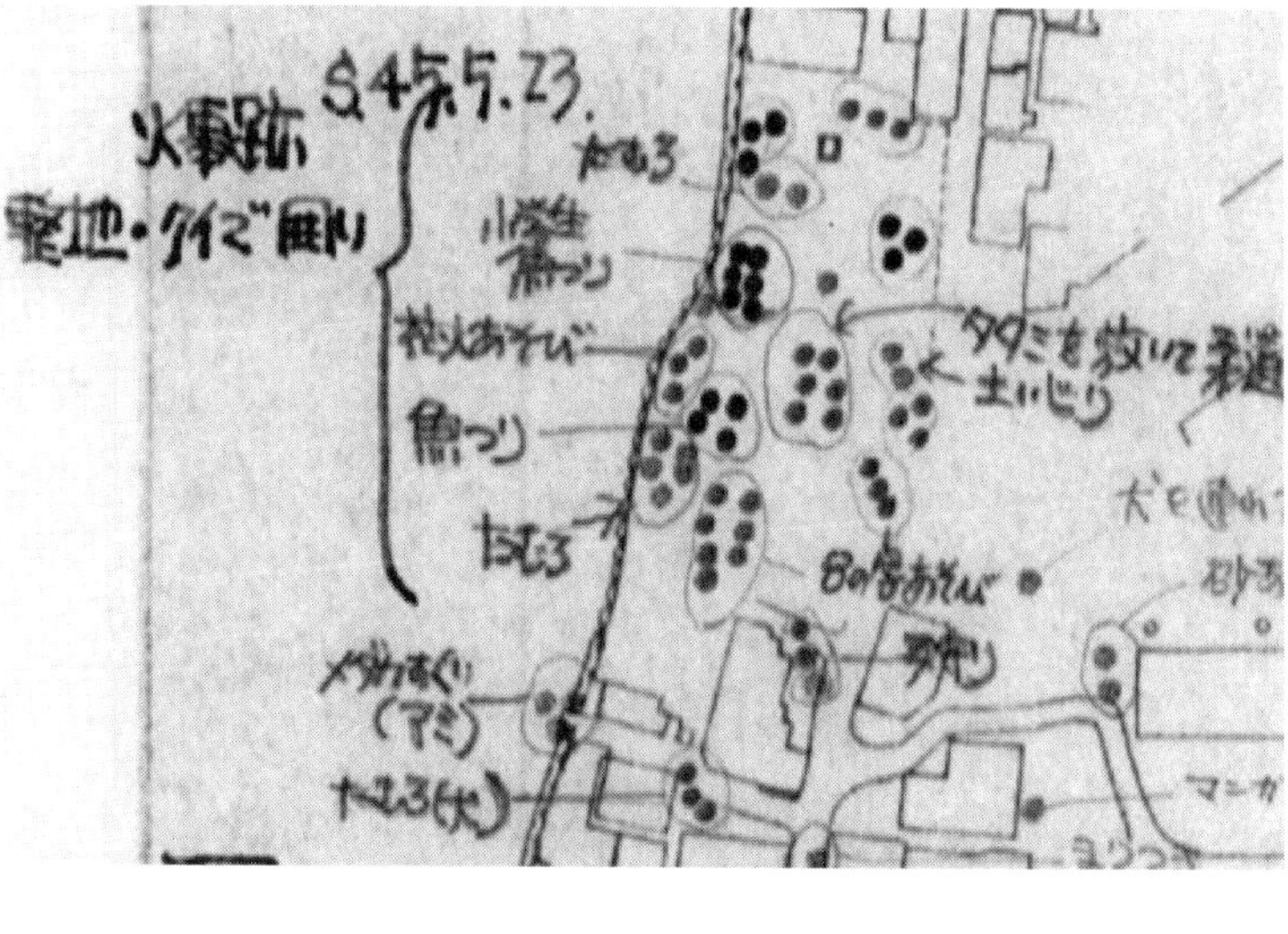

図　川沿いの火事跡での遊び

第4章　調査で出会った人たち

1　調査記録「もとまちノート」に記した17家族の人たち

今は整備され河岸緑地となったかつての土手みちに立ち、50年も前に3か月をかけて調査したまちを想像するのは難しい。しかし私たちの記憶には今でも生々しく留まっている。調査を通して直に触れたあの家族や家々、路地、人々と交わした会話、子どもたちの遊ぶ姿、くつろぐ大人たち……。それらは被爆を契機として、その後の社会経済の変動の中で職を求め住みかを求めてやって来た人たちが、都心の川べりの国有地に繰り広げた、たゆまない暮らしの断片である。ここでは、訪問時に聴き取った生の声を、記録したノートから追ってみたいと思う。

以下の記述は、1970（昭和45）年夏8月4日～10月下旬、住戸の間取り・アンケート調査で訪れたその日、記憶が薄れないうちにとメンバーの一人が「もとまちノート」と称して書き残したものである。相生通りのまちを作り上げた人々、そこに住んでいた人々の実状・心情の一端を想像してもらうため、ここに記すものである。データによる様々な分析は別に譲って、いくつかの具体的な声を「そこで出会った人たち」の言葉で紹介してみたい（「追記」は今回補足のため追記したもの）。

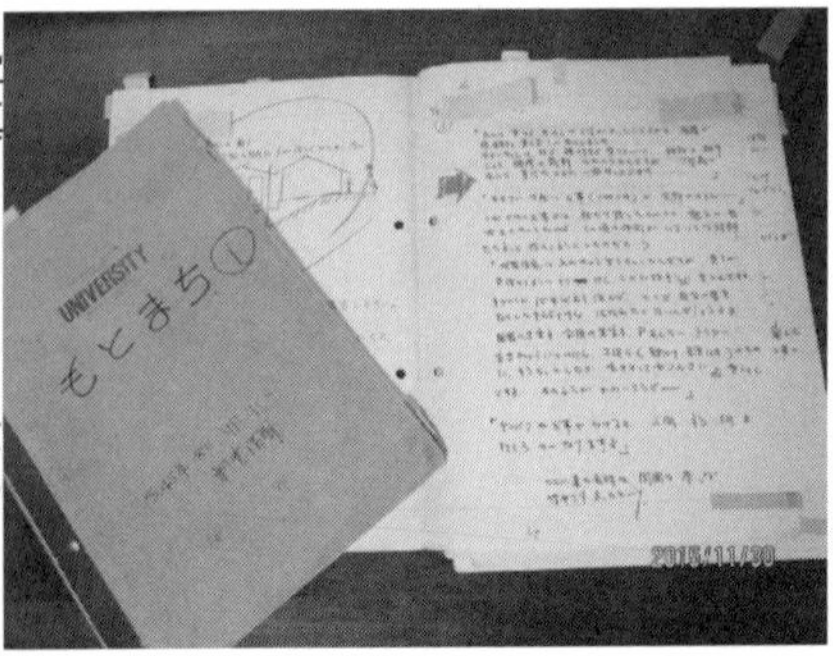

写真4-1　もとまちノート

準備に手間取り現地の調査に入れたのは暑い陽射しの8月4日であった。私たち3人で行った最初の調査場所は、相生橋から少し北に上がった、かつて相生通りと呼ばれていた土手筋の通りに面した縫製業を営む家からであった。

事例①　淡々と生活状況を話してくれた縫製業（応接椅子のカバーづくり）の家族（8月4日）

どんな反応が返ってくるか、少しばかりの不安も「お父さん」の声の感じで消え去った。奥の部屋で娘さん（23歳）がテレビを見ていた。「おい、そこの障子を閉めとけ。……あっ、いやぁ開けてあげぇ」。間取りの測量は進行中で、二人が柱間隔を測って図面に落としている。京都から長男（26歳）が帰ってきていた。

私はヒアリング、お母さんは病身だそうで途中から子ども二人に頼んだ。ポツポツ二人で話しながら記入している。

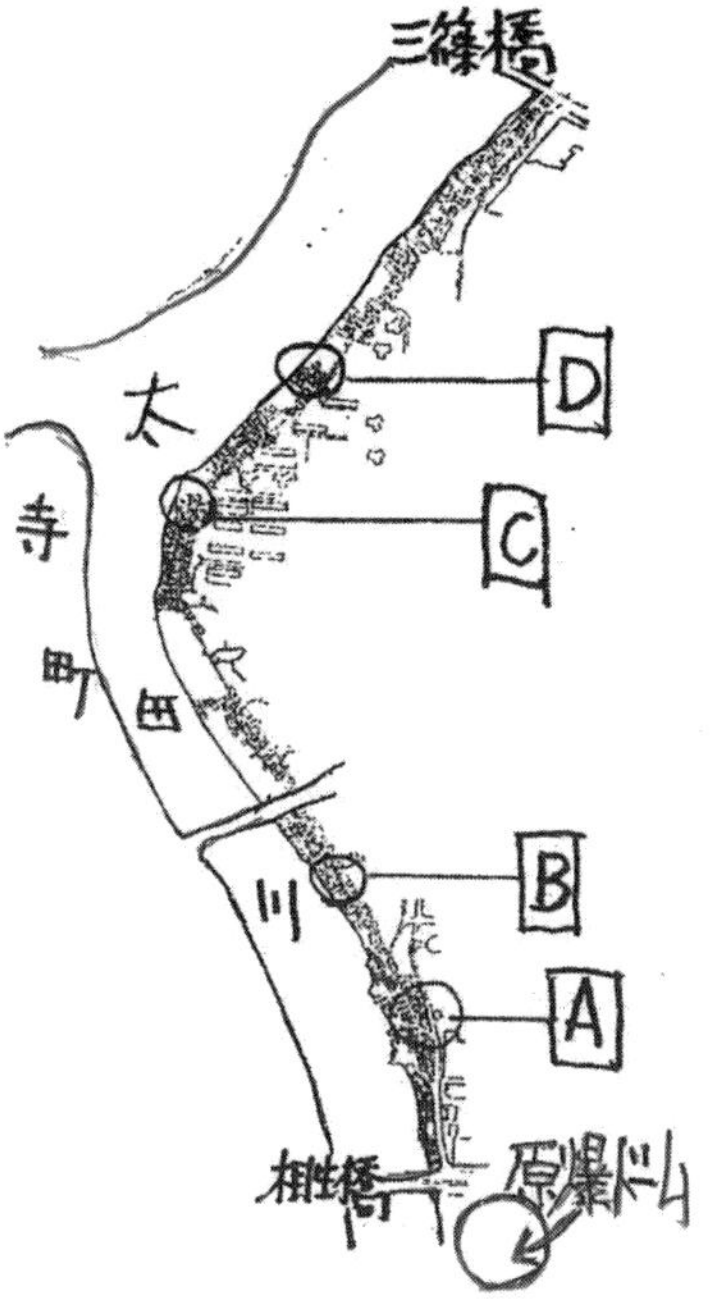

図4－1　調査28事例の位置

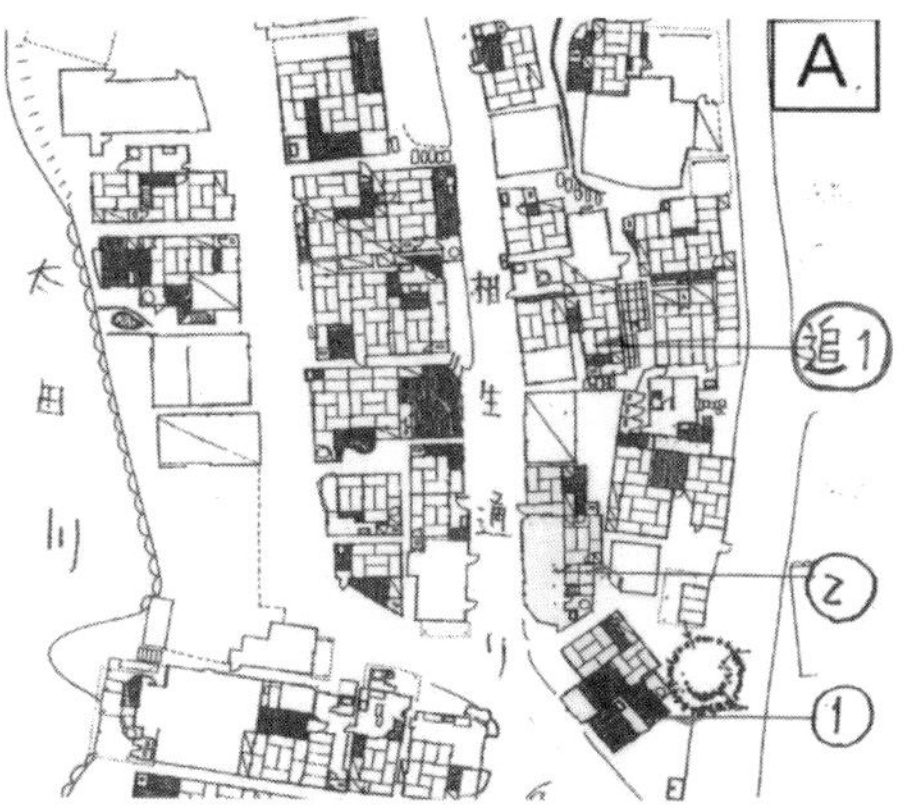

図4－2　位置図A（事例①、②、追①）

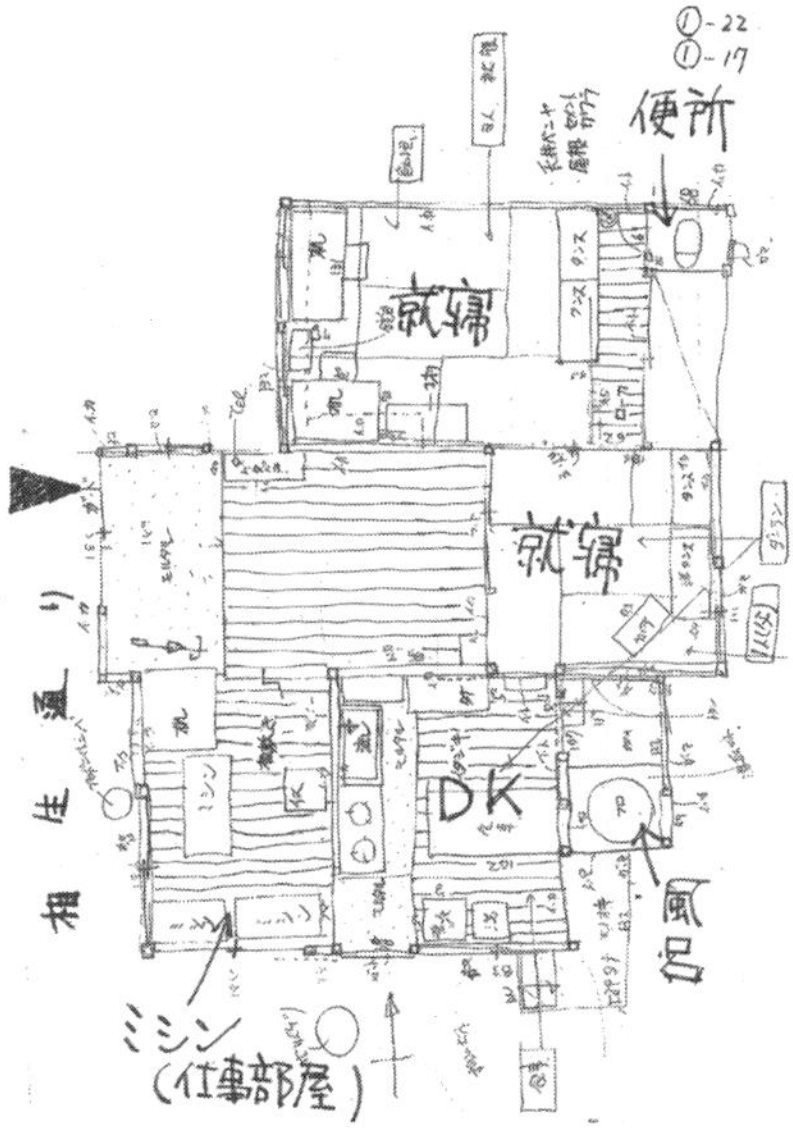

図4－3　事例①　縫製業のいえ

「原爆は受けられているんですか」。父「ええ、4人が受けています」。静かな会話だった。私は無我夢中である。国籍は外国である。

「2人でミシンを踏んでおられるんですか」。父「はぁ、応接椅子のカバーを作っとります」

真白いカバーが板間に重ねられていた。ミシンが90度方向に開いて……。57歳と47歳の夫と妻の労働の場所である。途中でカバーの布の切れ端を四角に切って「これで汗を拭きなさい」と渡してくれた。夢中だったのでよく分からなかったが、この人の心の柔らかさを感じた。

台所の窓際に油絵の描きかけが横にして置いてあった。その前に行って首を90度にしてじっと見た。井戸端に3～4人の女の人が頭からすっぽり布をかぶって立っている。水汲みの風景……。足元までの紫・朱の布がきれいで何か広がりのある祈りの構成である。

娘さんが最後に出してくれた麦茶、冷たくさわやかにどこかにしみわたった。「基町アパートには入りたくないですねぇ、できれば改築してこのまま永住したいです」。淡々と語った「お父さん」の言葉が耳に残る。

追記　被爆世帯で外国籍。仕事は自営業で、住宅地区改良法が主に住宅が対象であること、当時店舗移転計画が定かでなかったこともあり、このまま再開発高層アパートに移れそうもなかった。

事例②　相生通りに面して子ども相手に駄菓子屋をしていたおばあさん（8月4日）

「いつ増築したか、私は覚えとりませんよ。ずいぶん前のことじゃけえ、こうして聞かれるんなら覚えとるんじゃったんですがねぇ。わたしゃ、覚えとりませんよ」。「基町アパートねぇ、行け言われるところへ行きますよ。そりゃぁここにおるのが、仕事のうえでいいんですが、入れてくれさえすれば入りますよ」。なぜか二つの言葉の中に、その人の気が付かないかもしれない微妙さを感じた。

その人も被爆者で特別手帳を持っている。今は駄菓子屋さんで、かき氷もあった。「このテーブルは何ですか」。

「あぁ、それはお好み焼きですよ。以前やってたんです」

間取りは複雑である。自らが工夫して作り上げた生活者の持つ単純な複雑さ……。かき氷を三人で食べて帰ろうかと思ったが、時間の余裕なしで残念、ザンネン……おばあさん、すみません。

追記　調査の合間にみんなで何度かかき氷を食べに行った。事例①でも述べたように、こうした零細店舗は高層アパート移転後は、店は続けられそうもない。被爆者、単身者。

事例③　床に臥せってそれでもつらい話を聞かせてくれたおじいさん（8月11日）

うす暗い家を訪ねた。奥（と言っても玄関から見える一間しかないのだが、なぜか奥の感じがする）の部屋に40～50歳くらいの男の人が寝ていた。病気らしい。その人に近所に住んでいるはずの一組の親子のことをたずねた。「その人たちは、もうここにいませんよ。親が子を置いて逃げましてねぇ。私、その子を10日ばかりここにおいたんですが、何しろ責任が持てません。○○園に今はいるはずです。2年も前のことですよ」

その間、苦しい喉の引きつりが続く。暗い部屋だ。寂しい部屋だ。「フラフラ酔ったようですよ。酒じゃありませんよ。注射打ってもらっても良くなりません」

スラム……原爆……分からなくなってきた。地区の人たちは、ほとんどが心が柔らかくて良い人たちだ。ただ、奥の奥の方で何かが屈折している。何かが壊れてしまっている。そして、こうして調査している自分も、本音のところでは分からない。ただ言えることは、調査するという行動だけだ。3か月かかっても、じっくりやりあげるつもりだ。今日の混乱は心にしまって、さあ元気にやらなくては……（私は相生の裏と表を同時に見て分からなくなった状態である）。

追記　ここはFアパートの一室、無職で生活保護を受けている。相生通り地区には高齢の単身者が多い。57人（約15％）は単身者であった。

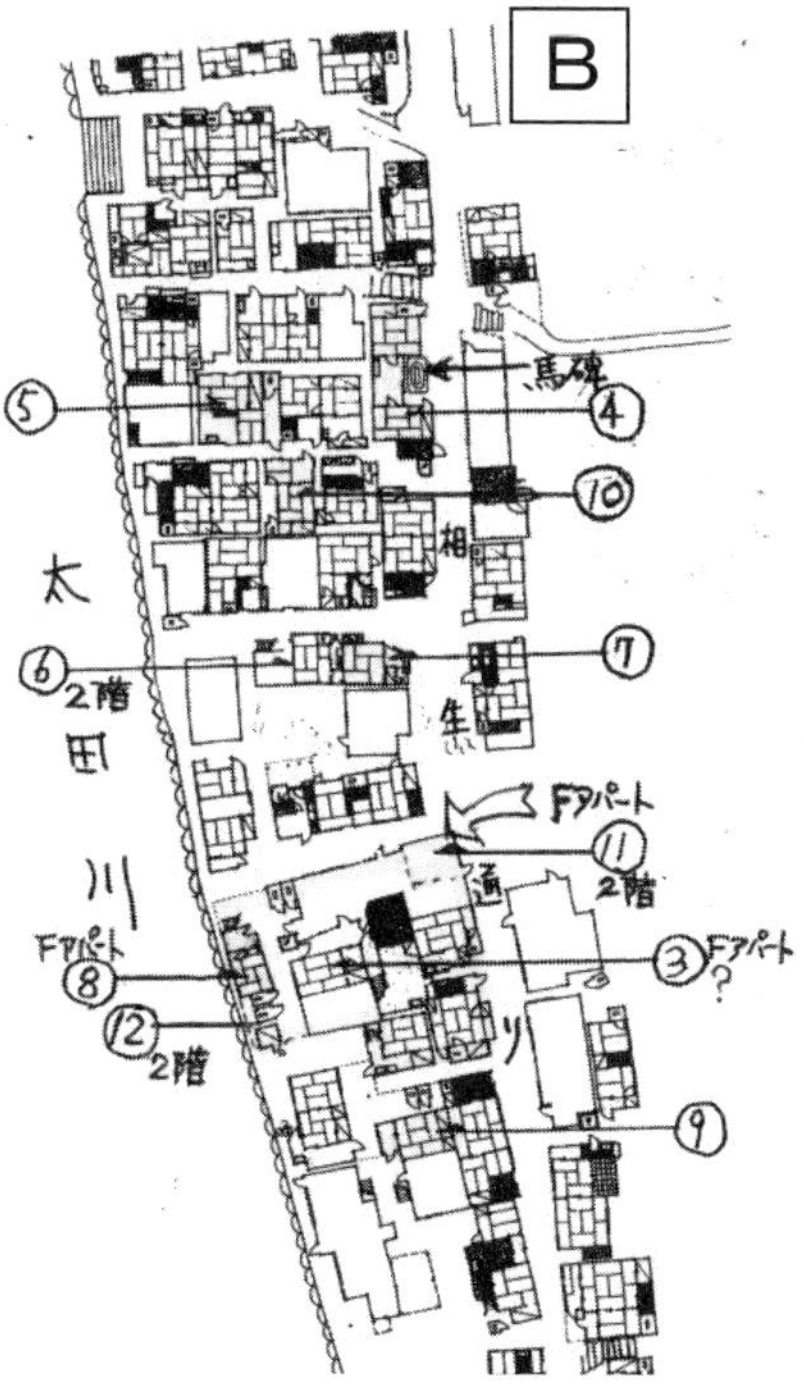

図4-4　位置図B（事例③～⑫）

事例④　冷たい麦茶を黙って渡してくれた中学生　馬碑のあるいえ（8月12日）

両親と3人の子ども、炊事場と2つの部屋、二段ベッドが置いてある。中学2年の男の子が一人だけ家にいた。「君、今日は野球の練習、行かないの?」。「今日はクラブ、休み」。「中学卒業したらどうするの。姉さん、兄さんは働いたんだね」。「高校、行くよ」。それを聞いて何となく安心した。

汗をかきながら間取りを取っていると、黙って冷たい麦茶を渡してくれた。最初にあった疑いのまなざしは消えていた。その麦茶のとてもおいしかったこと……。山で飲む水みたいだった。

追記　相生通りに面して、元西練兵場にあった馬碑が残っており、それを三方から取り囲むように建てられた家。馬碑は今では空鞘橋付近に移設されている（写真3-3）。なおこの付近、1962年6月に29世帯122人が火事で被災、その後復興したため、家の並びが整然としている（図2-5）。

事例⑤　片言の日本語を話すおばあさん（8月13日）

午前10時半、62歳の女性、最初話していて返ってくる答がおかしい。その人、途中で誰かを呼びに行く。私の話す日本語が分からないのだ。平気で「てっきょ」なんて言葉を使う感覚だから、こんな時困るのだ。

その人は今は一人、長男夫婦とお孫さんが名古屋にいるらしい。21歳で日本に来たという。以来40年……どんな生活だったか……。今、彼女が日本語もよく分からない状態で、字も読めない状態でたどたどしい言葉で私の相手をしている。「大変ですねぇ、一軒一軒、体がだめになりますよ」。「ええ、明日から3日間、家に帰ってたくさん食べてきます」

そして出る時、深く礼をして「ありがとうございました」と言うと、その人も畳の上に座ったまま礼をして「ありがとうございました」と返してくれた。

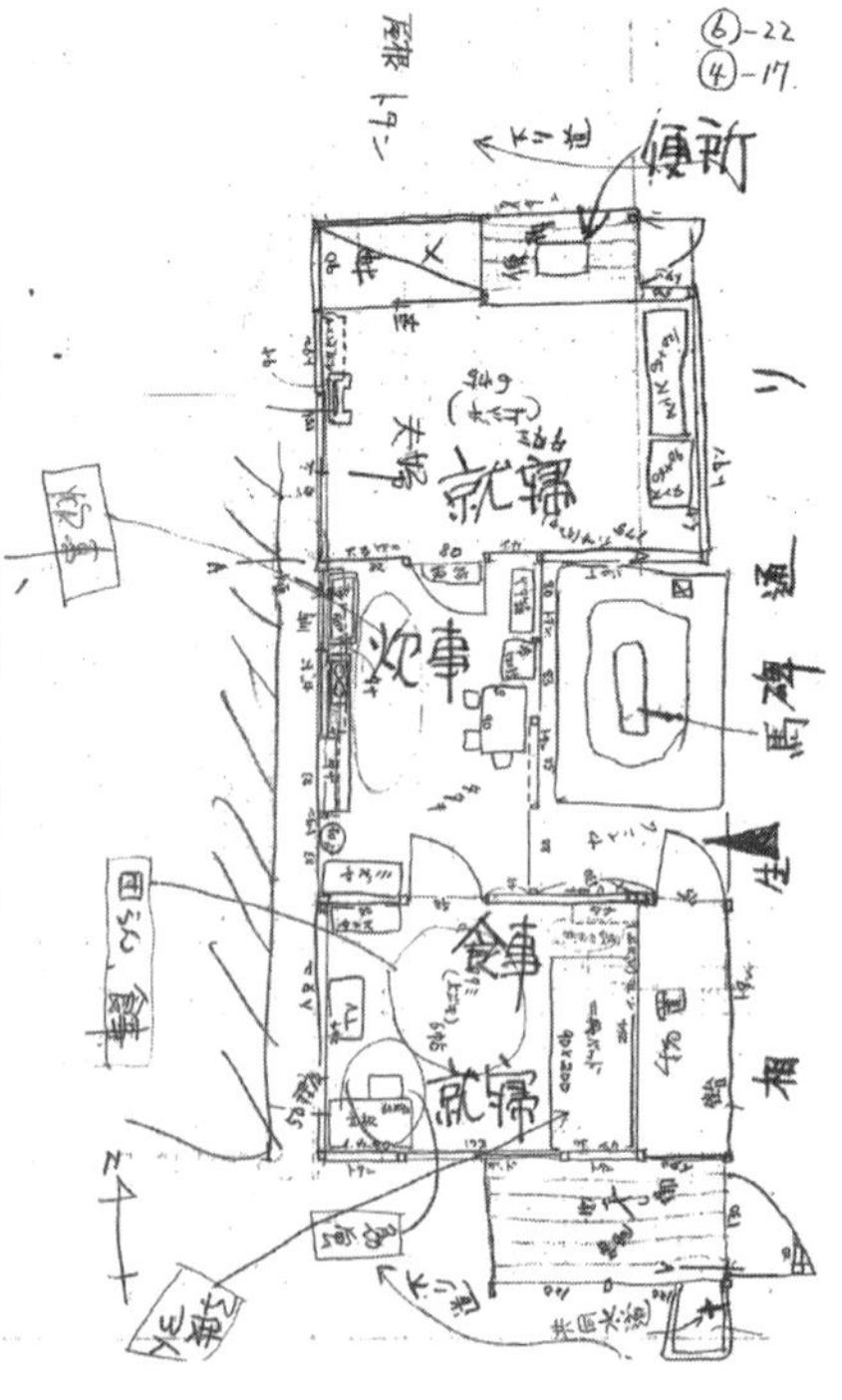

図4-5　事例④　馬碑のあるいえ

追記　昭和の初めごろに来日。単身者。8月14～15日、盆休みに田舎へ帰省。

事例⑥　議論を誘ってきたハト小屋の親父さん（8月18日）

世帯主55歳、妻27歳、そして5歳の男の子。すぐ家の中に入れてくれた。親父さんだけ家にいた。途中で「あんたらぁ、これを市や県に見せるんじゃなかろうの」とやわらかい調子で議論を誘った。アンケートの質問を少しずつ続けながら、そのことで話した。

「わしは鳩小屋を改造して、寝とるんで。ハトと同じじゃけんのぉ」。子どもも窓の外に増築してはね出した小さな空間に寝かせているとのこと。風呂には近所の人も時々入りに来るとか……。

昼になった。弁当の食事を始めた。いいと言うのでそのまま間取りを測った。のどが渇く。茶と寿司、アンミツを出してくれた。食べながら、熱い茶を飲みながら、何とかその人が出るという一時前までには済ませた。ハト小屋の親父さんはタクシー運転手である。

追記　二階建て、この小さな家には2家族の間借り人がいる。

事例⑦　父が入院中で2人の孫を育てていたおばあさん（8月18日）

祖母（66歳）とお孫さん2人（中3女、中1男）の三人暮らしである。父は入院中で、母は子を残して別れたとのことだ。

調査の途中で雷が鳴って、空が暗くなり大粒の雨が降ってきた。中学1年の男の子がアンケート用紙とにらめっこ、雨漏り、そのうち押し入れの中からふとんをひっぱり出しはじめる。窓際に雨が流れ込んでいる。その下に雑巾がちゃんと置いてある。

それにしても「お母さんはどうされたんですか」と意を決してたずねた時の、少し事情を話してくれた、おばあさんの怒りを通りこした哀しみの目の色が忘れられない。……雷が激しく鳴る。なぜか心が波立つ。「今日はこれで帰ります。また明日アンケートを取りに来た時、残りの間取りは取らせて下さい」。傘を借りて、ズボンをびしょ濡れにしながら相生通りを急いだ。

追記　夫婦+子どもという家族タイプが半数を占めるなかで、こうした家族にも出会った。祖母は被爆者、祖母と2人の孫は生活保護を受けている。

事例⑧　転々とした挙句一軒の家が持ちたくてやって来たおじさん（8月26日）

18歳で沖縄を出て集団就職で本土（山口県の人絹工場）へ渡ってきた。25歳の頃、沖縄へは一度帰ったきりだという。戦争中は船に乗って食料運搬の仕事をやっており、妻もめとらずずっと独りの生活が続いた。ここに来る直前は住込み店員だったが、7か月の入院後、一軒の家が持ちたくてやって来たという。独りでさみしい時もあるが、今は気楽だという。たまらない時は、酒をたらふく飲んで独りで寝ているとのことだ。「戦争がなかったらこうはなっていなかったんですがね……。船に長く乗っていて頭がおかしくなったんですね……」

食器類は皆無……水差しだけでお茶もない。すべて外食とのことだ。1日1500円の廃品回収業で、月に3万円の収入……20日働いて10日間は休むのだろう。

「どうもいろいろとお聞きしましてすみませんでした。どうぞお元気で……」。戦争とオキナワ、一人の生活……その中で気楽な生活者の孤独とあきらめと遊びの眼は、何を見てきたのだろう。

追記　ここは太田川（本川）沿いのFアパートの一階の一室、この上には二階（事例⑫）が乗っている。家の横に共同便所があった。水道・便所とも共用。

事例⑨　日給アップの通知書を嬉しそうに見せてくれた親父さん（8月26日）

日本では面白くないということで、25歳くらいで満州へ渡る。そこで妻子と死に別れて、35歳くらいで日本に帰ってくる（1949年）。その後およそ7年間、山仕事や農業をやり、広島に出て土工としての飯場暮らしが続いた。作業中の事故で今はビルの清掃業だとのことだ。

7月の給料の明細書を見せてくれた。出勤31日とある。一日の休みもなく、午後10時から午前2時までの4時間労働。「体重60キロあったのが、55キロになり50キロになり……。やっぱり60キロないと土工はできませんよ。土工の仕事はきついけど健康的でいいですよ」。深夜の仕事はボーリング場のじゅうたんの掃除だとのこと……。窓は閉め切ってあってお客さんが帰ると冷房は完全ストップで、汗びっしょりになるとのことだ。午前2時に仕事を終えて食事をして眠るという。正午に起きてテレビを見たり洗濯をしたり風呂に入ったりで、午後6時前にもう一回食事をして少し眠り、10時からの仕事に備えるという。これを一日も狂わすことなく繰り返す。

日給が１００円アップして９００円になったと言って、その通知書を少しうれしそうに見せてくれた。

追記　借家、正確には借間住まい。水道・便所とも共用。単身者。

事例⑩　相生通りの家を見た親の戸惑いをそのまま話してくれたおばさん（8月26日）

１９５２年頃、相生通りに来る。周囲はいえがちらほらで、北の方はススキの原、南の半分は畑だったという。「危ないから夜は歩くまいね、言うとったですよ」。「電車が通るのが、朝見えましたよ。家はちょっとしかなかったですからね」（写真２-３）

１９６２年に火災に遭う。その頃はもういえがびっしり建て込んでいたという。馬碑の北側から出火したという。

「田舎の祖母が2年前に来たんですが、この家を見た時、ケラケラ笑うんですよ。そして泣いてね。わたしゃ、はよあがりんさい言うたんですよ。おばあちゃんが言うには、『今までこんなところに住んでいたんか思うと、かわいそうになって』と……」

「子どもの教育上よくないですね。親の浅知恵なんですが、上の子だけは別に父のところへやって、そこで大きゅうしょういうて、この前話したんですよ」

追記　１９６２年6月の火事、その後復興。

8月28日、31日は、地区内の子どもの遊びや大人のつきあいなどの行動調査を行った。

事例⑪　炭火で5合の飯を炊きかけていた廃品回収業の親父さん（9月1日）

元東洋工業の下請けに工員として勤めていたが、そこをやめて以来、彼の言葉を借りれば「落ちるのは早い、あっという間ですよ。でも上がるのはなかなかですわ」。妻は亡くなったとか……。途中グレて、その時、一人娘が親戚に引き取られていった。「自分が悪いんじゃけん、何も言えんかった」

廃品回収業……マツダの三輪トラックで各地の小学校を回ったり、工場から出るものを一括引き取ったり……。でも、いつもは少しづつにしかならないという。昨日の伝票だと言って見せてくれたのには、約1万円の収益が記されていた。「鉄は宇品に集めて八幡製鉄に行く、紙は大阪、ぼろ布は金にはなりませんのぉ」

夏は二階で風通しが良く過ごしやすかったが、冬までには隙間風を防ぎたいとのことだ。炭火で5合の飯が約20分で炊けるとか……。私が訪れたので、つきかけた火も消えていた。「明日もおるけん、昼休みには寄りんさいやぁ」

追記　Fアパートの単身者、相生通りに面した二階、相生通りでの炊事。水道・便所とも共用。

事例⑫　共同便所のうじ虫対策も詳しく話してくれたおばさん（9月2日）

夫49歳、妻32歳、妻の方は被爆者で現在は毎日病院通いだそうだ。甲状腺が腫れ上がっていた。肝臓も悪いのだそうだ。「会社に勤め始めて少しは楽になったんですが、それまでは土工で食べない日が2日続いたこともあります。そりゃぁ苦しかったですよ」

Fアパートの共同便所は、十数世帯で使っている。容量が足りなくて、川岸にドラム缶を2本置いてそこにためておく。市の汲み取りが間に合わないのだという。去年の夏には、うじ虫が二階の廊下にまで這っていたという。今年はドラム缶の中にたばこの吸い殻をほぐして入れておいたので、うじ虫がわかなかった。部屋が川岸に面していて、建て方が粗雑で火事・台風がとても心配だという。家賃3800円。

追記　Fアパートには単身者だけではなく、家族で部屋を借りている例もあった。事例⑧の二階の位置。水道・便所とも共用。被爆者で体調が悪い。生活保護。

これまでが調査を始めて1か月間、南側の地区の様子で、以下が北側の地区を調査した時の様子である。調査用に借りた家も、南の相生橋近辺から北の三篠橋近辺に移しての調査。10月に入ってからは疲れからか、詳しいメモはあまり残っていない。

事例⑬　寺町への船渡しの人の連れ合いのおばあさん（9月5日）

Kのおばあさん（70歳）は3人の孫を預かって育てている。1953年に八本松から出てくる。おじいさんが一人で船渡しの櫓をこいでいたとか……。お寺参りの人でかなりの客があったと言う。2~3年船渡しをやって、おじいさんが亡くなった後も息子が引き継いで1年ほどやったが、自動車などで客が減り工場へ勤め始めた。

1953年に家を建て、70年5月の火事で半分焼けた。家財道具などもほとんど焼失したという。

暇な時は子守をする。買い物へは乳母車に孫を乗せてスーパーマーケットまでトコトコ行くのだという。Yさんはおばあさんの娘で一つ家に住んでいるみたいだが、買い物も食事も別々、ただ洗濯だけはしてあげているらしい。

追記　寺町への船渡し：当時は相生橋から三篠橋の間は橋もなく、ちょうどその中間地点、対岸の寺町に通う人たちが多くこの船を利用した。また、この家の北側一帯が1970年5月、調査に入る直前に火災にあって、51世帯183人が被災した。

事例⑭　被爆で子を亡くし火事の家を建て直して住み続けるおばあさん（9月8日）

「私には男4人・女4人の子どもがあったんですがね、原爆で娘全部と男の子一人亡くしました。おじいちゃんは外で裸のままで受けて……。政府を相手どって補償の裁判闘こうたんですが、7

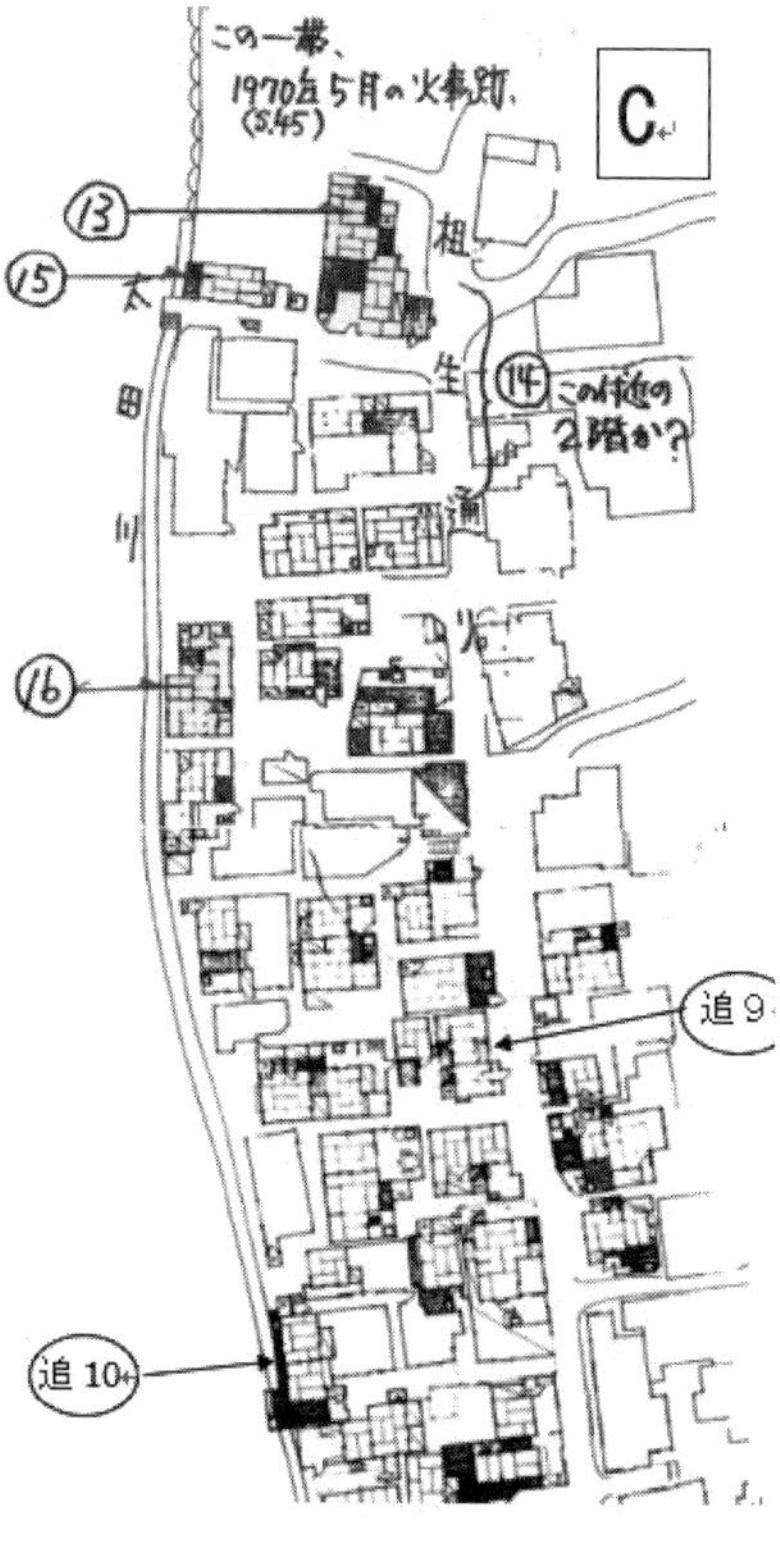

図4-6　位置図C（事例⑬~⑯、追⑨⑩）

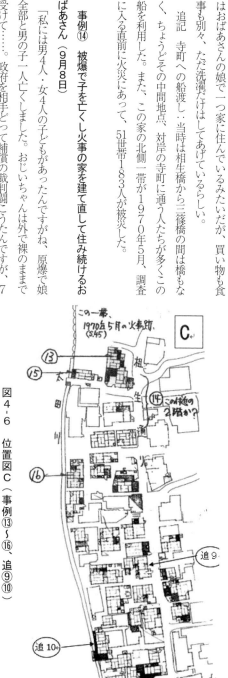

年前に死んで負けたことに一応なっとります……」。「おまけに今度は火事で全部焼けるし……」。1970年5月の火事では、柱だけ残ったという。息子が昔大工をやっていたので、その頃の仲間がいろいろな材料を持ち寄って住めるようにしたのだという。

「仮設住宅に入れちゃる言うちゃったんですが、息子が『住めるようにするけん、ここに住もう』言うんですよ。もうここに15年以上も住んで自分の妻も亡くしたもんじゃけん、離れたくないんでしょうネ。医者の先生も学校の先生も『あんたぁもう少し生きちゃらにゃいけん。子どもら（孫のこと……15歳と11歳）のために、もうちっとんなか生きとってやりんさい』言うてんですよ。あの子らがかわいそうで……」。「原爆や火事や受けると、人間、もう何も欲しゅうのぉなりますよ」

ここにやって来た当時は、周囲は原っぱで竹藪もあったという。

追記　二階建ての二階部分だろうか、今では位置を確定できなかった。被爆者、生活保護。共同水道からホースで二階にあげて炊事。

事例⑮　火事後に家を建て直して暮らす兄弟たち（9月16日）

1970年5月の火災で焼失……（写真0－3）。母は牛田の仮設住宅に住んでいる。父は入院中で退院後は牛田に行くという。お姉さんは結婚して近くに住んでいる。

今は長男（20歳）と次男（17歳）の2人が……。たぶん、柱だけ残っていたのを立て直したのだろう……。一つの部屋に住んでいる。「便所は?」と聞くと17歳の少年が照れくさそうに笑いながら「姉ちゃん近くだから…いつかつけたい思うんじゃが暇がなくて」。二人とも働いている。会社員とコックさんだ。

洗濯もお姉さんのところの洗濯機でやる。以前は借家だったが、今は自分たちが再築したので自分たちの家だという（土地が国有地だとこういうことになるのだろう）。男兄弟二人「二人じゃけん、この部屋でええんじゃ」

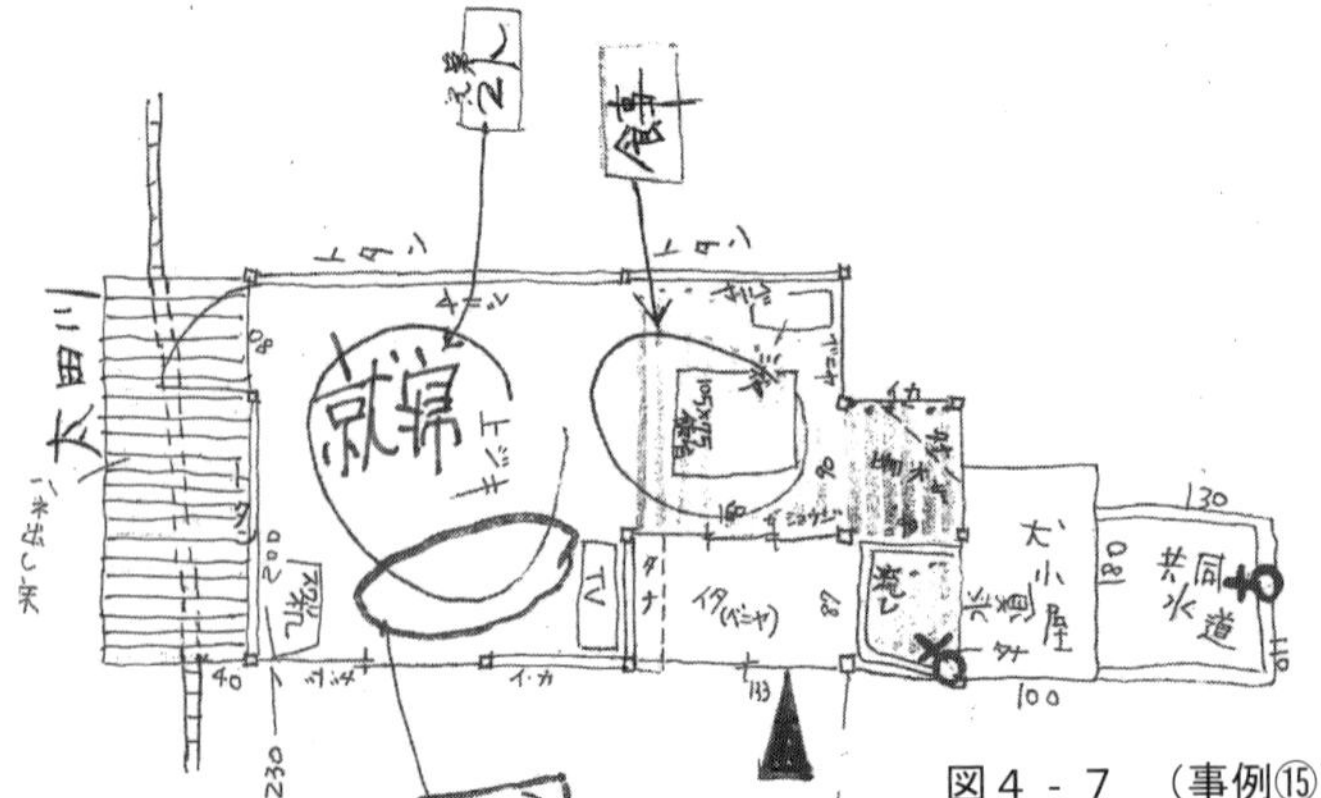

図4－7　（事例⑮）兄弟で住むいえ

追記　この時話した少年も、今では60歳を超えている。50年も前の相生通りの一コマ。

事例⑯　船渡しの人の畑跡に家を建てたおばあさん（9月17日）

老夫婦の二人暮らしである。夫の方は失対に出ていたが今は入院中とのことである。戦争前には○○組にいたが「かたぎに戻りまして大阪で仕事に出ていました。その時赤紙が来たんです」。終戦後は満州で捕虜生活を送り、日本に帰ってから船に乗っていた。一緒になってから中深川に住み、ともに失対に通っていたという。その後「これじゃぁどうにもならんということで鷹野橋に一間借りまして、そこから仕事に出ていました」

知人の紹介で、1955年頃、相生通りに来て家を建てた。渡し船をやっていた人（事例⑬参照）の畑だったという。「その人が藪のところを切り開いていたので、少しお金を出して譲ってもらったんです」。そして、また二人で失対に出て生活してきたのだという。

おばあさんは被爆している。宇品の海岸で商売をしていて被爆したのだという。100日わずらい声が全然出なくなったこともあるという。その日、人を探して専売局あたりまで行くと、綱が張ってあってそこから先は行けなかった。

基町アパート「私は6～7000円の家賃を払うのでは入れない……」（第3章図3-3増築の様子参照）

追記　被爆者。知人の紹介で前住者と協議のうえ、空いた土地に家を建てたという典型例。専売局は御幸橋近くの宇品側にあった。

事例⑰　隣室同士寄り添って生きるおばあさん二人（10月2日）

Tさんは韓国籍で、子どもが6人いるという。天満町で被爆しており、現在生活保護を受けている。1万3500円のうち部屋代に3000円、ぜんそくの薬

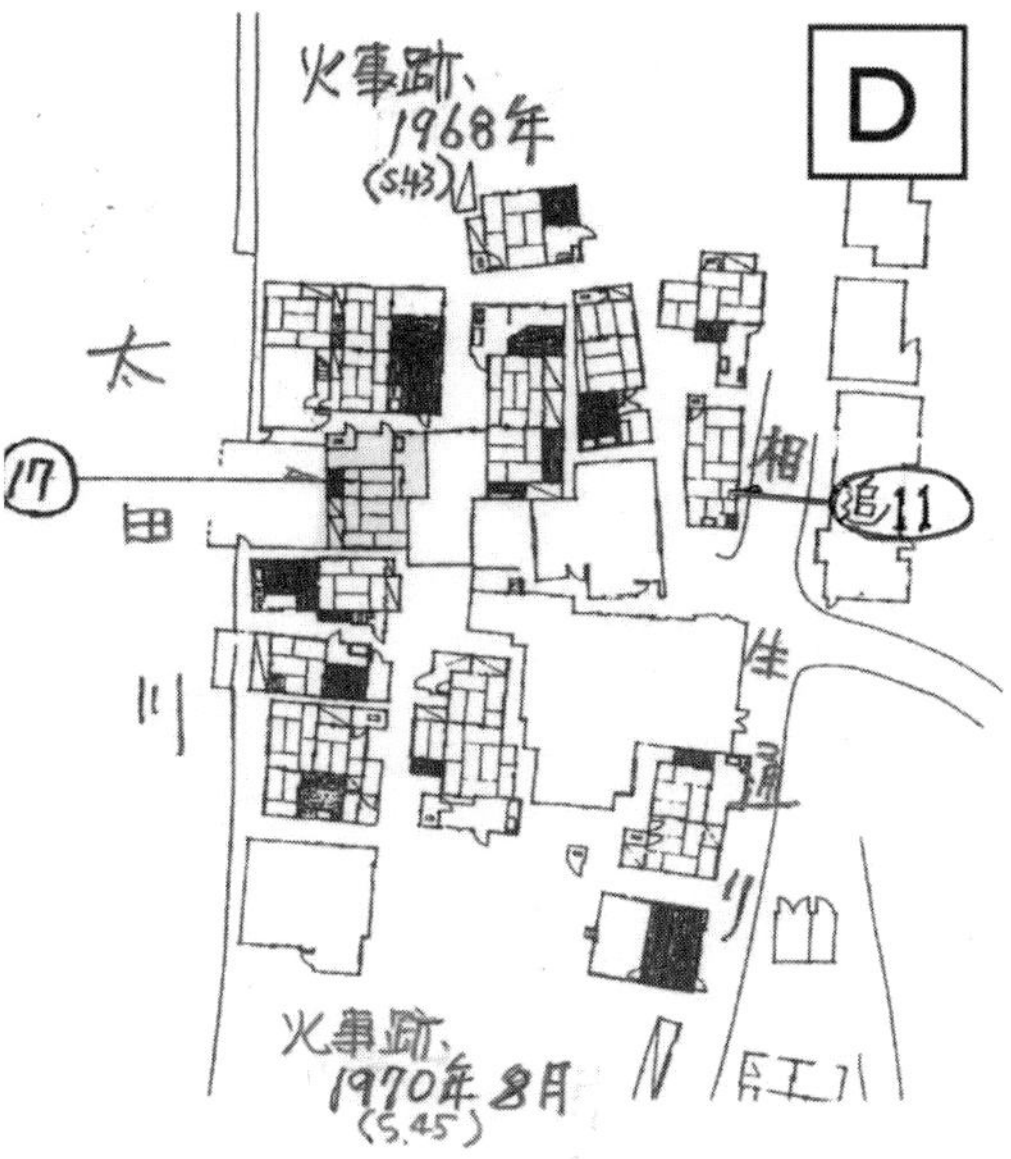

図4-8　位置図D（事例⑰、追⑪）

代に2500円、残りで衣食雑費をまかなっている。生活はきついとさかんに言う。

部屋は日当たりも悪く、風も通らず湿気があって昼でも暗い。つい入る時に、「コンバンワ」と言ってしまって笑われた。「今晩は、じゃないですよ」と……。

隣室の85歳くらいのおばあさんKの部屋は雨漏りで湿気も激しく、時にはTさんの部屋で一緒に眠るとか……。家具なども全部Tさんの部屋に置かせてもらっている。

「疲れるでしょう、そんなに気を遣いながらいちいち寸法を測ってきれいに書こうと思ったら……。体を悪くしないようにね」。そう言って、たばこを1本、「吸いなさい」と言って渡してくれた。少し心を裸にして話してきた。

追記　周囲を家に囲まれ狭い路地、湿気があり通風・日当たりが悪い。典型的な相生通りの家。外国籍の高齢単身者どうし、二人とも無職で生活保護を受けながら、日々を助け合いながらの生活である。なお付近一帯の南北の空き地は1968年、70年の火事跡である。

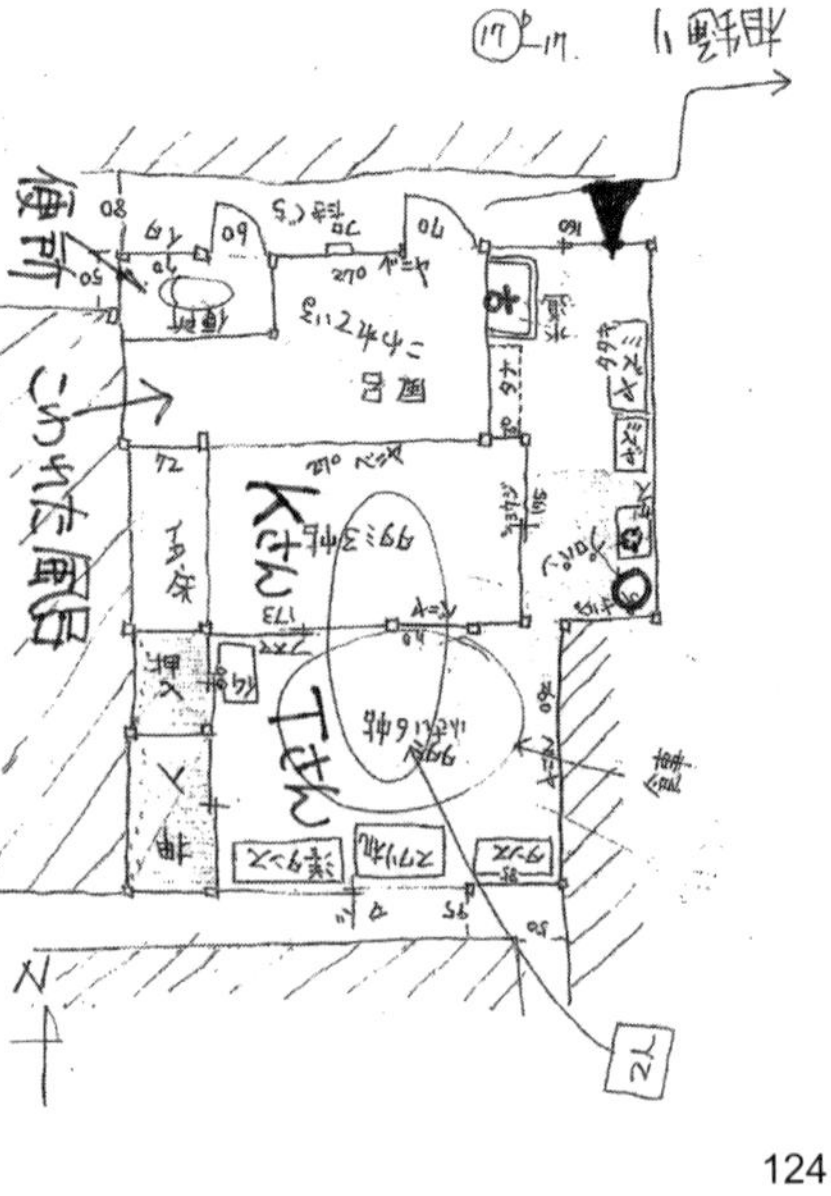

図4-9　事例⑰　お婆さん二人のいえ

2　同じく11家族の人たちのこと

「もとまちノート」から17事例を紹介してきたが、ここでさらに11の事例を紹介しておこう。事例の家屋位置は、位置図A・B・C・Dに示す。これらは先の事例と同様、調査において実際に眼にし、やり取りした事柄を調査当日忘れないうちにと記録したものである。今となっては半世紀前の消えた街の記録である。

追加事例①　調査中に自分の巻き尺を取り出して測り始めた親父さん（8月5日）　位置図A（図4-2）
子ども一人の三人家族、仕事はとび職だが、今はけがをして働いていないとのことである。「あんた、ゲバ棒を持つんかね」。「さぁ、どっちなんですかねぇ、でもこんなことしかできなくて」。最初にあった親父さんの何となくの疑いの眼も、汗だくになって間取りをとっているうちに溶けていくようだ。「暑いでしょう。秋か春にやっちゃったらよかったのにね」

そのうち親父さん、自分の巻き尺を取り出して「ここは1メートル80センチ」と手伝ってくれはじめた。嬉しいのだが夢中である。夢中で聞いては書いてゆくのだが、かえって図面の方は混乱してまごつくのである。帰り際の冷たい飲み物など、自分たちの生活そのものを、「あがって図面取りんさいや」とこころよく開いてくれるのが、何よりもうれしい。

追加事例② 潮の満ち引きに合わせて仕事時間が変わる土工の親父さん（8月10日） 位置図B（図4-10）

家に入ると、親父さんが裸で寝ている姿が見える。何度か呼ぶとやっと起きてきた。仕事は今、護岸工事とかで潮の満ち引きに応じて仕事の時間が少しずつ動く。それに合わせて生活時間も動く。昼前に帰ってきて、酒を飲んで寝ていたとのこと……。「水につかっての仕事、疲れますよ」

間取りを暗い部屋の中でかがみこんで書いていると「あんた、暗いじゃろー。電気つけましょう」と言ってくれた。台所から図面を取り始めて2つめの部屋を測っていると、冷たいコーヒー牛乳を2本手渡してくれた。青山と僕、冷たいもの飲んで汗いっぱいで図面を取っていった。流れ落ちる汗が図面を汚さないようにと気を付けながらも、その心づかいがうれしかった。

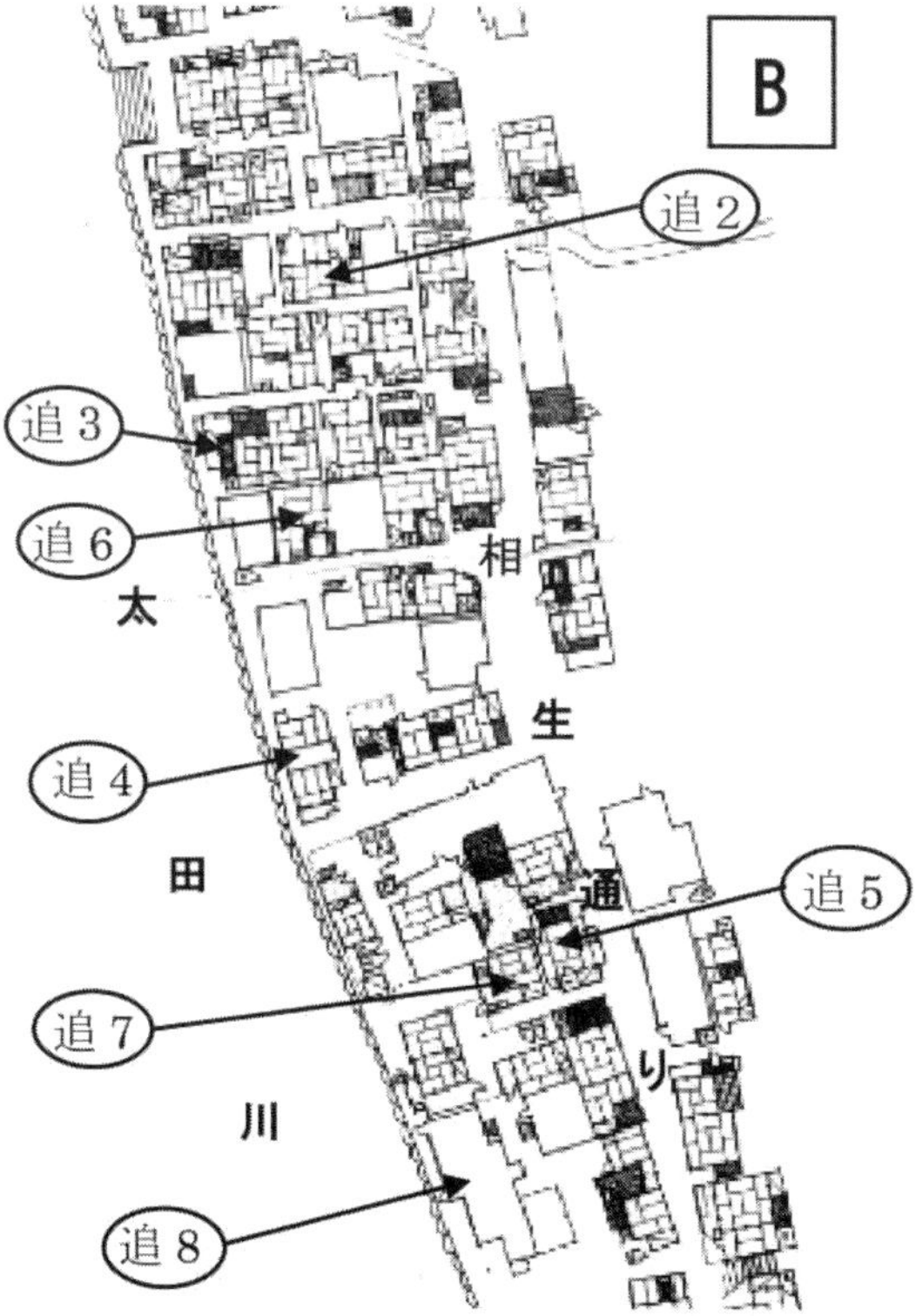

図4-10 位置図B（追加事例②〜⑧）

追加事例③　川岸の隙間に工夫して物置を増築（8月10日）　位置図B

二世代家族の七人暮らし、うち3人は被爆者である。外国籍。

おじいさんは牛田で原爆を受け、それ以来ずっと体が悪いらしい。「どうもこうもなりませんわ。被爆してから何もできん体になってしまいました」。家は三部屋と炊事場、長男とその妻に買い物ルートなどを聞く。長男夫婦は相生地区内の別家屋で就寝する。川岸の隙間に、工夫をこらして物置・物干し場が張り出している。川風に吹かれて洗濯物がよく乾くであろう。

追加事例④　戦前日本に来て各地を転々とした後、相生にやって来たおとうさん（8月17日）　位置図B

1936年に日本に来たという。下関の軍隊。以後、大阪・高松などを転々として1955年頃は、広島の田舎で山仕事をしていたが、山仕事がなくなって広島市内（福島町）に出てきたとのこと。そして1965年頃、相生地区へやって来た。おかあさんは亡くなり、おとうさんと娘の二人暮らしである。おとうさんは糖尿病で毎日病院通いとかで、二人とも生活保護を受けている。

追加事例⑤　大きな部屋で皆が暮らす一家（8月18日）　位置図B

世帯主（60歳）は病弱で、寝たり起きたりの毎日とのことである。妻は今日入院したばかり、会社員の長男と三男がいる。大きな部屋が1つある。食事も就寝も同じ部屋なので、汚れたり混雑感がするという。押し入れのふとんを出した後、一人はその中で眠るそうだ。押し入れの中にタナがつけてあった。

食事のしたくは今日からおじさんがする。「今日が初めてですから、どうなるか分かりませんよ」。買い物は近所のおばさんが一緒に買ってきたものを渡していた。外を歩けるほどの体力は

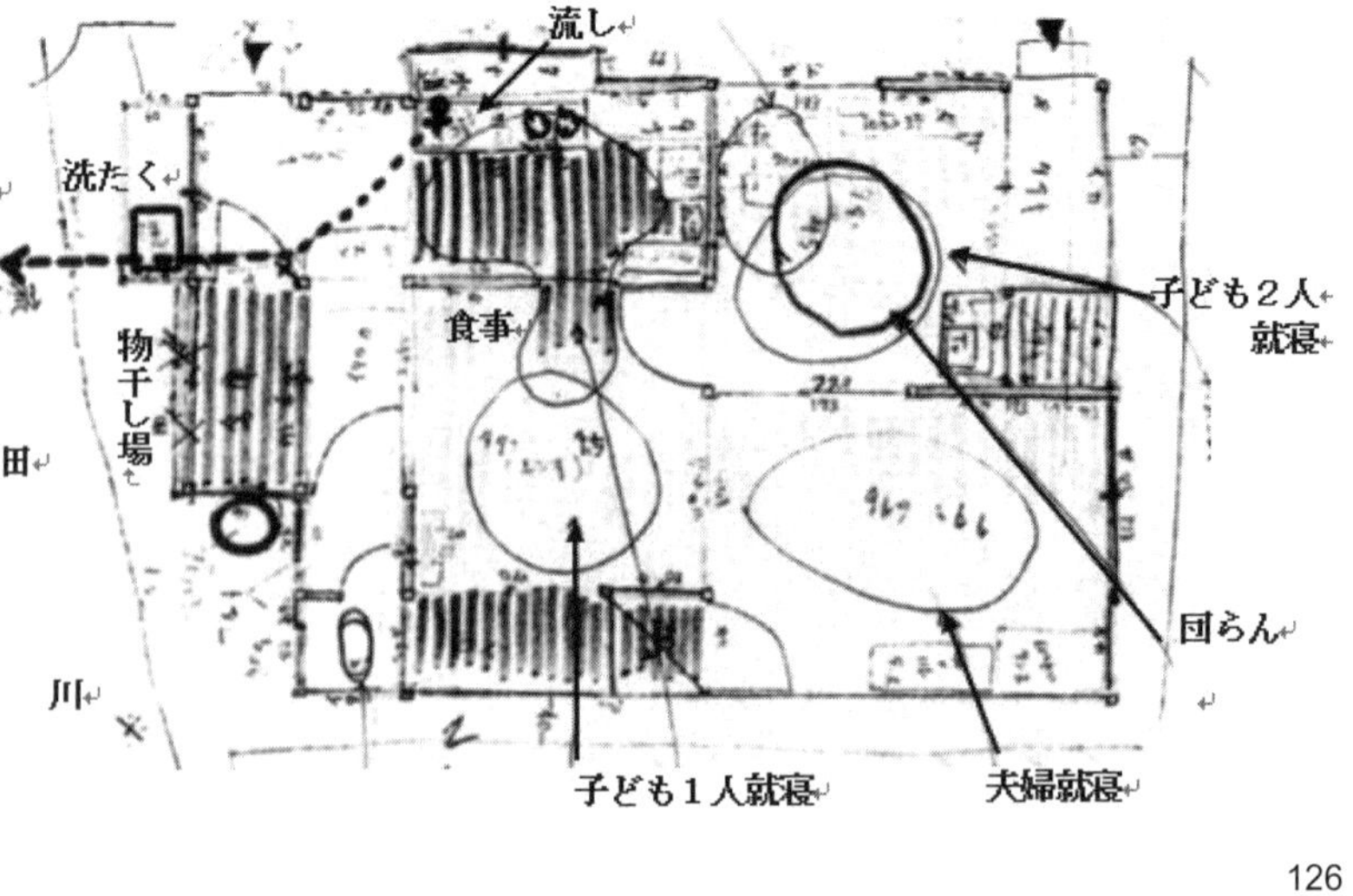

図4-11　追加事例③　川岸に物置を増築したいえ

ないらしい。大変苦しい生活が待っている感じだが、それにしても案外軽く構えているおじさんの明るさは強い。

追加事例⑥　家主の荷物を抱えて暮らす四人家族（8月19日）　位置図B

夫婦と子ども2人（長女9歳、長男4歳）の四人家族に対して、部屋は1つ……。夏休みの間は、子ども二人とも父方母方に分かれて里帰りしているとのことだった。この家に住む前も、基町地区内のアパートに住んでいたそうだ。家主が転出した後に無理を言って借りたとのことで、今も家主の荷物がもう一つの部屋を占領している。「早く荷物を出してほしいけど、そう強くも言えません。無理を言って入ったんですから……」

風も陽も全く入らない。暗い。天窓があったが何か不自然な感じで、明るい光が入ってこない。北隣の家との間に盆栽がたくさんあったが「陽が当たらんのでよく枯れますよ」とのことである。「この家のつくり、○○さんとことよく似ているでしょう。同じ間取りなんですよ」

ラムネを2本も渡された。2本はちょっと多すぎるけどな、でも……。

追加事例⑦　相生に来てまもなく火事や事故にあったお母さん（8月25日）　位置図B

13歳と11歳の男の子の三人家族である。田舎からおばあさんが来ていた。夏休みに入ってすぐに二人の子どもは田舎で生活していたのだという。部屋は1つしかなくしかも窓の全くない暗い部屋で、お母さんは勤めである。夏休みはここでは過ごせないとのことだ。

1961年に相生に来る。62年の火事では逃げたが、帰ってみると焼けずに残っていた。1965年には父親が交通事故で亡くなった。

「どうせ立ち退きでしょう。いえを直す気にはなりません。それと基町は火事が多いでしょう…」

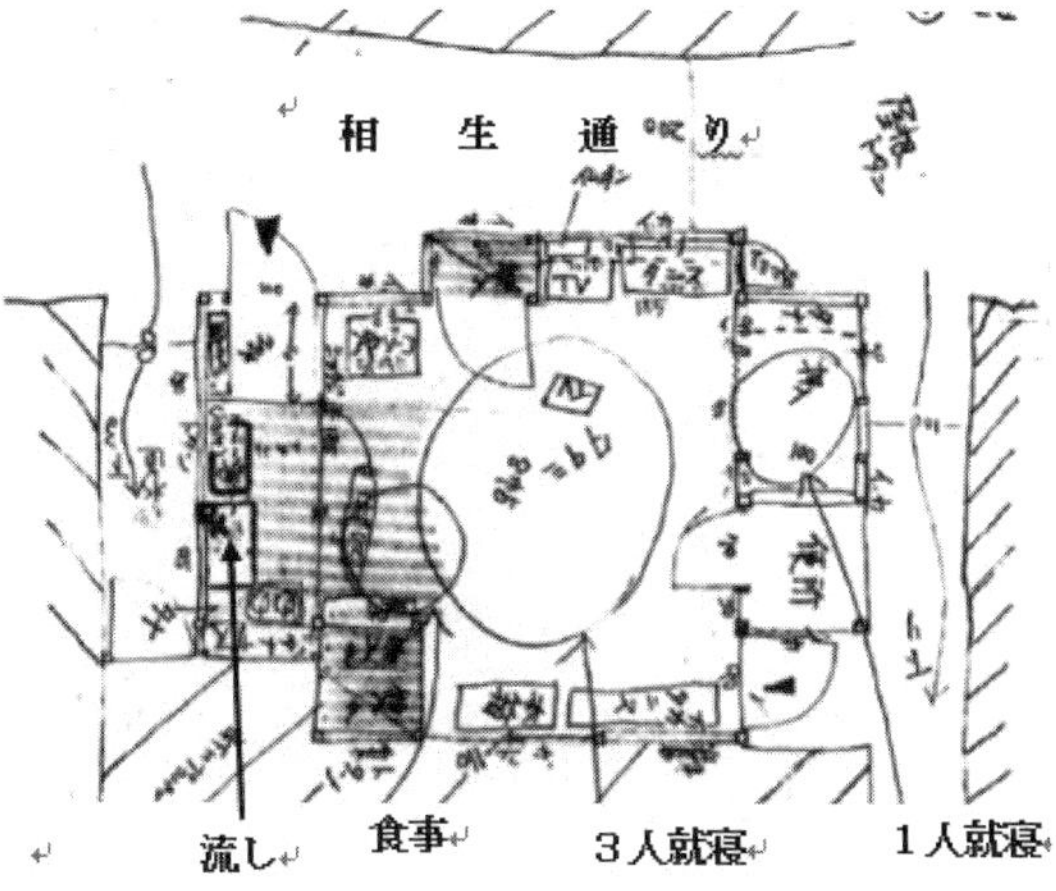

図4-12　追加事例⑤　大きな部屋ひとつのいえ

追加事例⑧　川砂を引き上げるウインチのあった家　位置図B

もとは川砂を引き上げていた。宇品に転居のため、外回りだけ図面を取る。川岸に密接している。二階に4世帯が生活している大きな家だ。ウインチがある。これで川砂を引き上げていたらしい。最近は川砂も不足がちなのか、宇品に転居したのも、そのせいだろうか。

追加事例⑨　相生通りと川岸の高低差がよく分かる家（9月7日）　位置図C（図4-6）

家屋の老朽化は激しい。以前は南の三畳の部屋に人が住んでいたが、今は出たとのこと。相生通りと同じ高さの床は、川岸に向かって下ると約2メートルの高さとなる。床下に物置がある。

追加事例⑩　退院間もないアパートの住人（9月19日）　位置図C

Kアパートの一室、現在病院に通っている。無職で生活保護を今月からもらい始めたという。月に1万3000円、そのうち家賃が3000円、病院代が3000円で、自分の生活に使えるのは7000円くらいだと言う。部屋は明るく、陽当たりも風通しも良い。「今のままで、まずまずいいですよ。体さえ元気になれれば、他にこれ以上何もいりません」。「高層アパートへは?」。「家賃次第ですよ」

新しいレンジがあったので尋ねると、1か月前に退院してから、まだ一度も使ったことがないとか。水は冷蔵庫から……。「これから寒くなるとお茶もほしくなるでしょうがねぇ」。おかずはスーパーから、できているものを買ってきて食べるという。手と足がしびれて鉛筆も持てない様子だ。「この冬が心配ですよ」

追加事例⑪　昭和20年代後半にやって来た住人（10月1日）　位置図D（図4-8）

1953年、当地区に来る。その頃は、自分の家から南側や川岸に家はなく、畑と笹と雑草だけ（写真2-3参照）

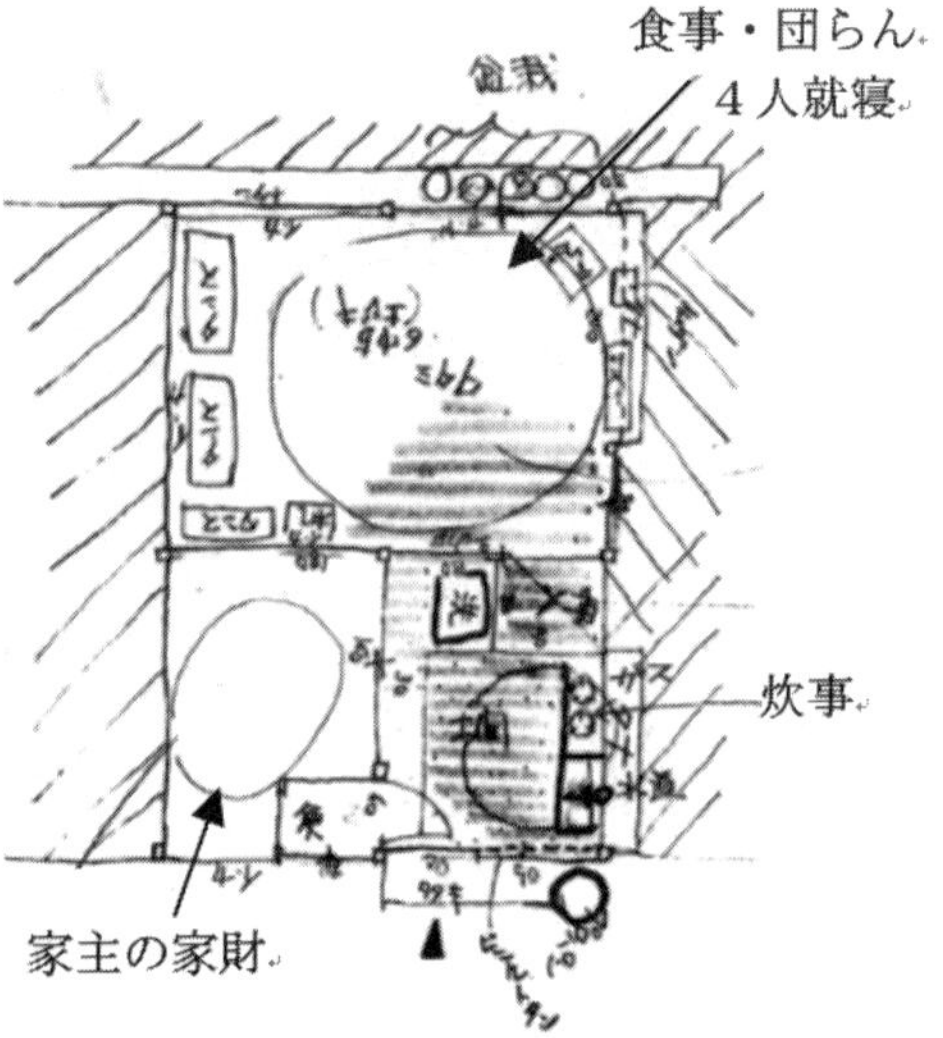

図4-13　追加事例⑥　家主の家財を抱えたいえ

だったという。1960年頃にどっと家が立て込んできた。相生通りを挟んでの東側は、一戸建ての市営アパートが立ち並んでいたという。

こうして、10月24日、私たちは基町相生通りから引きあげた。私たちはこの3か月、何をしたのか、これから何ができるのか……。重い疲れと不安に包まれて、私たちは大学の研究室へ帰ってきた。それでも少しは楽しいこともあったし、個人としては意味が十分にあった。何ができるか……。このことは重い。

ここまでがノートからの紹介である。相生通り調査で訪れたその日のメモをこうして列記するだけでも多くの実状・心情が読み取れる。

相生通りの人たちは生活の中で様々な問題を抱えていた。被爆世帯……、3分の1を占める被爆世帯は、病人を抱える世帯の多さにも繋がっていた。国籍……、5分の1を占める外国籍世帯は、何らかの差別や言葉の問題を抱えていた。高齢単身者……、約15%、57人の単身者の多くは高齢者（平均年齢56歳、男性24人、女性32人、不明1人）であった。何人かに出会い、それまでのいきさつや思いを聞けている。貧困・生活保護……、「生活が苦しい」、「生活保護の収入だけではとても……」という話を多く聞いた。具体的に金額を挙げて話してくれる人もいた。相生通りの火事……、相生通りは木造バラックのせいか火事が多く、延焼範囲も広い。1962年と1970年の被災例を聞くことができた。衛生問題……、日当り・通風の悪さに加え、共同便所のうじ虫対策など下排水問題を指摘する声があった。

基町再開発との関係で忘れてならないのは、高層アパートにはなじまない職業と家賃負担のことである。「このままここで仕事を続け住み続けたい」、「あの家賃では私は入れない」という声がいくつかあった。

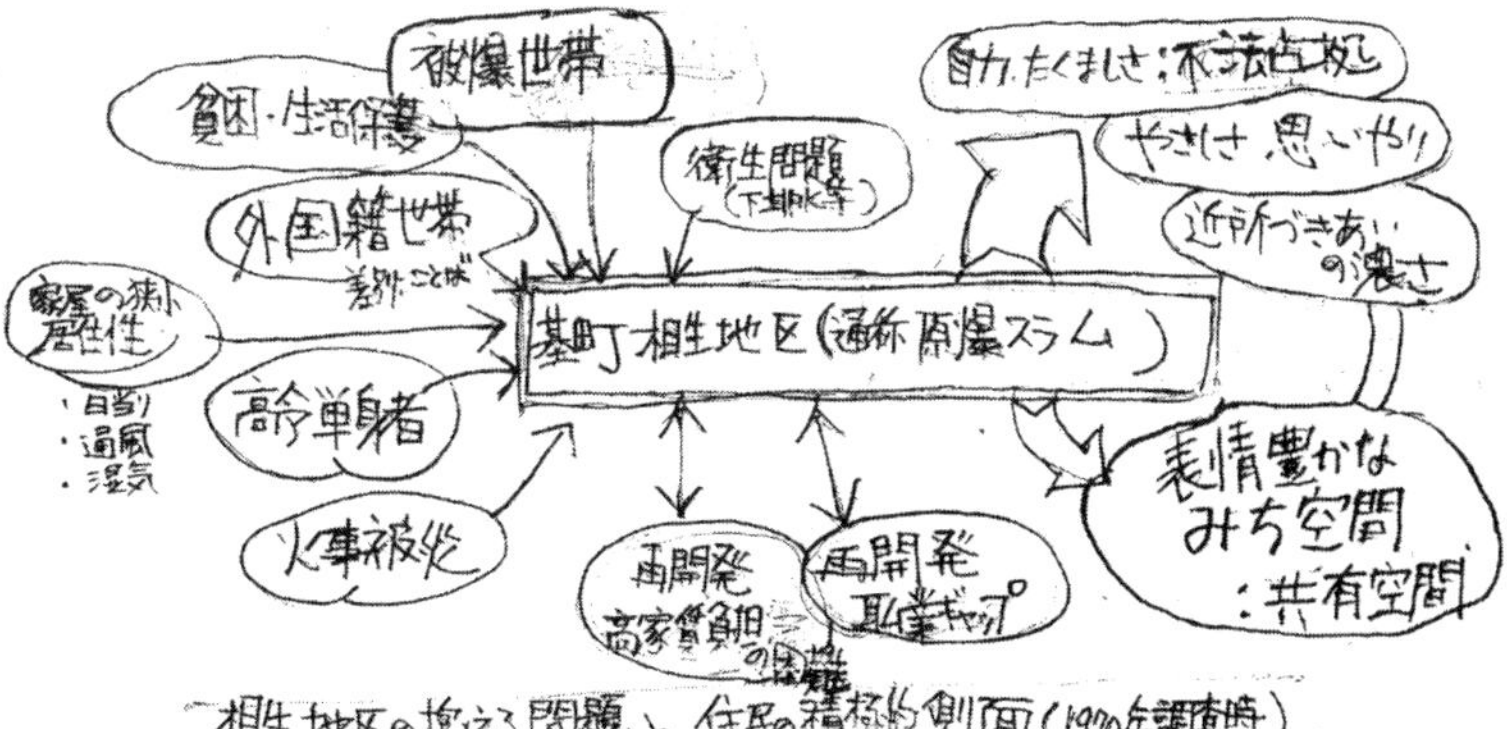

図4-14 原爆スラムを巡る課題

ここで、どうしても触れておかなければならないことがある。それは、こうした状況の中でも相生通りの人たちの多くは、持ち前の自立心・たくましさ・明るさ・思いやり・やさしさといった、生きるうえで大切なことをきちんと保ち続けていたということである。何の保証もない河岸の国有地にいわば〈不法占拠〉という形で家を建て、自分たちでまちを作り、近所付き合いの濃密な当時でも珍しい人の気配あふれる生活空間〈共有空間〉を作り上げた人たちだからこそと思う。28の事例から〈相生通り調査からと言ってもよい〉その点を読み取ってほしい。

注　第4章は追加事例の記述を除いて、『広島市公文書館紀要』第29号（２０１６年）、「基町／相生通り〈通称「原爆スラム」調査を回想する〈前編〉〉」で掲載したものである。

コラム5

相生通りが再現される
NHK広島放送局開局90周年記念ドラマ「夕凪の街　桜の国二〇一八」

『夕凪の街　桜の国』は、漫画家・こうの史代が2003〜4年にかけて書き上げた約100ページの漫画で、「夕凪の街」とは太田川河岸の相生のまちのことである。前半のヒロイン平野皆実は、被爆後相生のまちで生き、昭和30年頃にこのまちで亡くなる。NHK広島放送局は「夕凪の街　桜の国二〇一八」としてこの物語をドラマ化し、8月6日に開局90年記念ドラマとして放送した。

ちなみに、こうの史代の2008〜9年にかけて発表された漫画『この世界の片隅に』も、2016年にアニメ映画として大きな反響を呼んだ。

記念ドラマの映像では、舞台となった相生通り、皆実が暮らすバラックの家が、昭和30年頃を想定して実にリアルに再現されていた。私たちが調査で目にした約15年前の状況である。通りに

こうの史代作『夕凪の街　桜の国』

は仕事で集めた廃品があちこちに転がり、山羊を連れた人、七輪で火を起こす人、飛び跳ねる子どもたちであふれていた。皆実が思いを残しながら亡くなるシーン（漫画では途絶えた視力を象徴してか、台詞と白紙ページのみ）は、室内まで忠実に再現されての撮影である。

後半は２０１８年、皆実の弟を祖父とする孫娘が、祖父を追って広島を訪れ、身内のヒロシマにまつわるいきさつを初めて知るというドラマである。

このドラマは以後何回も再放送され、夕凪の街「相生通り」の当時の姿を、多くの人が目にすることとなる。私たちもまたドラマを見ながら、１９７０年調査で触れた相生のまちの記憶を懐かしく追った。

再現された相生通り

皆実も裁縫が得意だった

第5章　消滅するまち　――移転の選択肢

1「戦後の収束」に向けた相生通りの去就

復興計画と基町

「基町地区再開発事業記念誌」の事業年表は、1967（昭和42）年7月27日「基町大火（堤塘敷149戸焼失）の記述から始まる。そして1978（昭和53）年10月11日の基町地区再開発事業完成記念式の挙行で終わる。

その目次には、「基町地区の成り立ち」から始まり、「基町不良住宅地区の生成」「再開発構想の提起」と続き、現況調査・地区指定から事業計画そして事業実施について述べられている。公式な事業誌は簡潔・明瞭に記述されており、ここには、基町不良住宅地区とは表記されるが、相生通り／通称「原爆スラム」という表記は一切出てこない。

さらに、基町不良住宅地区とは「太田川河川敷に集中的に建てられた云々」であり、不良住宅化した緊急住宅対策住宅や営団住宅などの経年不良化と無秩序な広がりが混在し、「基町の不良状況並びに整備の遅れが目立つ」地区として数字と経緯がたんたんと述べられている。

基町相生通り／通称「原爆スラム」は、どういう歴史的な経緯と場所性をもったまちとして生まれ、再開発により消滅したのか、記念誌が記述しないプロセスから述べてみたい。

以下は、『広島市被爆70年史』に掲載された「復興のつち音」（第3節　公園計画と基町相生通り・原爆スラム：石丸紀興）から、一部要約したものを記載する。

復興計画の側面史

広島の復興過程において独特の経過を辿るのが基町地区であり、また他都市と比べても極めて特異な河岸緑地である。そして、基町地区で河岸緑地として計画された場において展開したのが基町相生通りであり、そこは通称原爆スラムとも言われて、広島の復興過程で独特の意味を発するものとなった。

基町地区で大きな比重を占めた住宅地の成立とその後の推移、特に再開発に至る過程も、広島復興において極めて重要な歴史的事実であった。

基町地区は社会問題、住宅問題、復興計画の矛盾、さらには都市整備としての困難性などが交差して、沸騰したところである。すなわち、予定通りに無難に復興が進んだのではなく、様々な条件が入り込み、予定外の結果が展開したと言えよう。

ここに復興史の側面史、裏面史と言えるような過程があり、独特の意味を発しているのである。以下それぞれの流れを追ってみよう。

戦後直後からの基町

広島基町は、広島の中で歴史的に特別の役割と意味を有する場所であったことは、すでに第1章で述べた。城下町としての基《もとい》の地に始まり、明治維新後の軍都広島の中枢地を経て、戦後は、一大住宅地に変貌することから出発した。一方で、戦後直後の広島県で始まった復興計画の検討で、都心中央部における中央公園の計画と、もう一つ河岸緑地の計画が進められた。これが基町に大きな影響を及

写真5－1　基町の旧軍用地に広がる簡易住宅　1970年撮影（『広島被爆40年史』）

ぼした。
大規模な空地であった中央公園予定地の一部は、緊急要請の強かった住宅建設の格好の場となり、粗末な応急住宅群は不良化した。河岸緑地とされた太田川堤塘敷からは張り付いたバラック住宅群、つまり相生通り地区は後に撤去の対象となったのである（基町地区における住宅建設については第1章の基町の形成史をお読みいただきたい）。

こうして公園計画は縮小され、一部が「一団地の住宅経営地区」となり、住宅建設は適法となった。しかしこれによっても建替え戸数は限られていて、全体の不良住宅解消には及ばないことが明らかとなる。そこで基町地区全体の再開発案が重要課題として浮上し、同時に相生通りをどうするかということも大きな懸案となったのである。

基町相生通りの去就

基町地区に公的に住宅が建設され、住宅地としての役割が確立していき、一方では住処を求めて粗末ではあっても家の建設が可能な場所として、相生通りに人が入り込んで住み始めたのである。もちろんこの相生通りは公有地であり、私的に利用できるわけではないが、当時は監視体制も確立されておらず、また極めて深刻な住宅難の時代であったので、建設が大目に見られたということもあるだろう。さらに、この相生通りを含めて基町地区の主要部は、土地区画整理区域から除外されていたことにも留意する必要がある。

こうして次第にバラックを集積し、1963（昭和38）年には「原爆スラム」という名前も付けられた。これは、何らかの国の政策を期待しての命名と言われるが、合わせて広島が被爆したこと、当初は特に被爆者の居住が目立ったこと、貧困状態の居住者、といったことから、原爆に関わって形成されたという意味を込めたのであろう。

写真5-2　基町河岸の相生通り　1970年撮影（広島市公文書館提供）

この相生通りの存在を明確に示したものとして、山代巴著『この世界の片隅で』を挙げておこう。これによれば、「広島の地図を開くと、市の中心部に空白のままに残された場所がある。基町一番地である。その河岸地帯は、通称相生通りと呼ばれ、「原爆の生み出した特殊部落のように言われている。だが、本当はどうなのだろうか?」と紹介しつつ問題を投げかけたのである。

相生通りにおいて、独特の空間が形成されていたことは疑いないが、すでに第2~第4章にかけてつぶさに見てきた。相生通りに住んでいた人たちは、基町再開発として改良地区・改良住宅の指定を受け入れて除却対象となり、後述する基町高層アパートや長寿園高層アパートに入居していった。なかには地区外に転居した人もいるが、基本的には再開発と言われるシステムの中で生活を展開していくことになる。

よってすでに消滅した相生通り、生活集団であるが、このような空間、このようなコミュニティが存在したことを、広島として記憶しておかねばならないであろう。そこから多くの意味が発信されていくことに気づく必要もあろう。

2 基町再開発事業の足取りと目指したもの

計画と事業

では、その基町再開発とはどのようなものであったのだろうか。

基町における中央公園の計画、住宅の建設、さらに不法建築の集積する相生通り、そして年月の経過による老朽化、荒廃という問題の集積、最終的に公園建設という懸案・課題という構図のなかで描かれたのが、再開発であった。

しかしそれは極めて複雑で、多大な努力を要する、難解な道であった。

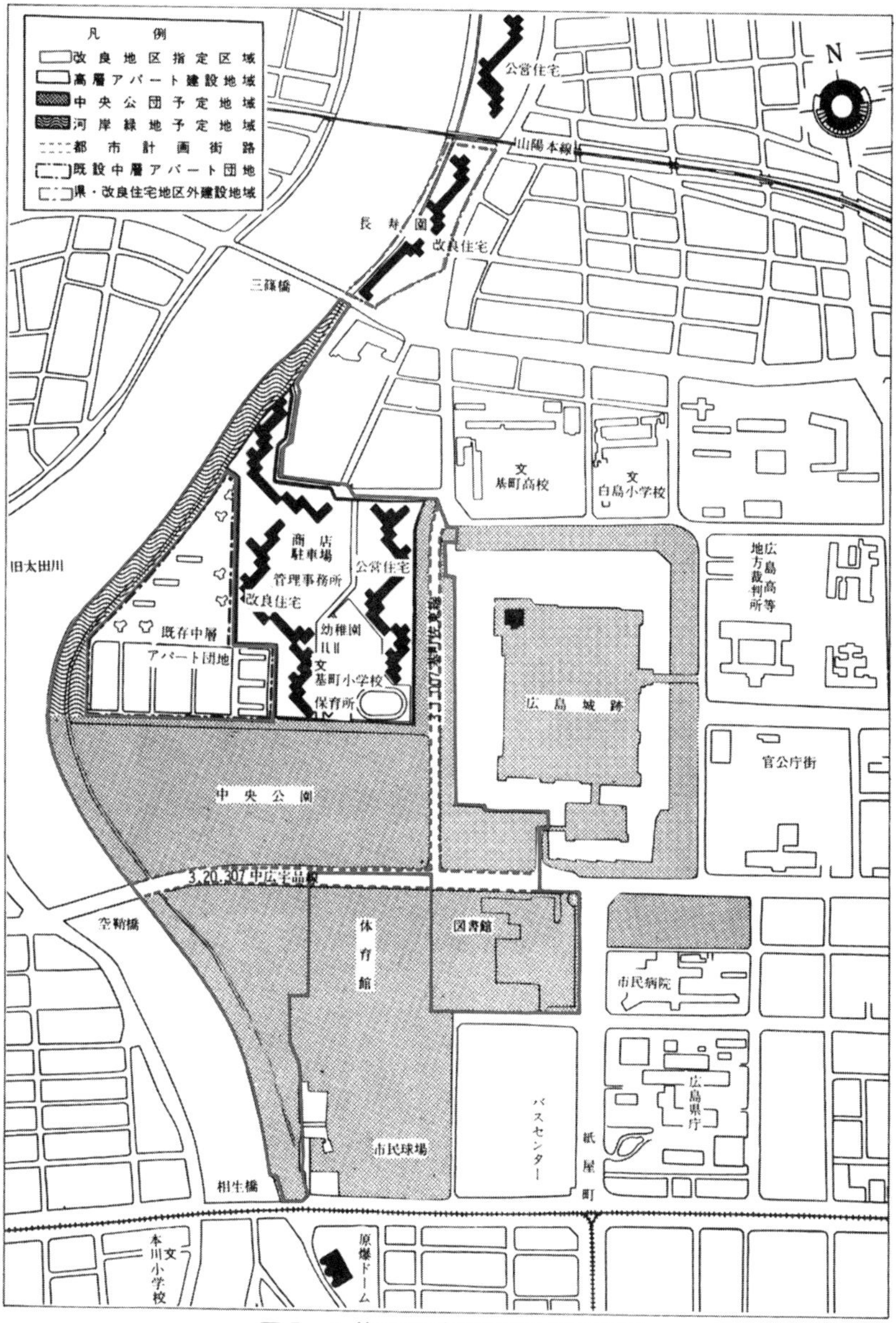

図５－１基町及び長寿園地区計画図
（広島県・広島市編『基町地区再開発事業記念誌』1979 年 3 月）

ここで、中層住宅建設によって公園面積を少なくした一団地住宅地において、どのように住宅を建設して受け入れるのか、河岸緑地として指定していた地区から不法住宅を立ち退かせたわけであるが、相生通りに対してどのような対応を取るのか、再開発ということではあるが、地元に厚遇過ぎて市民に不公平感をもよおすことにならないか、等々であった。はたして、8・1haという面積で、3000戸以上の住宅と小学校などの公共施設、店舗などの公益施設が建設可能であるかということであった。

ここに広島県と広島市で多くの模索が始まった。通常の制度での再開発、例えば公営住宅の建替えということでは、かなりの居住者は地区外に退出しなければならなくなる。1963（昭和38）年に原爆被爆者援護の一環で、国費の高額補助によって被爆者住宅の建設を可能にする特別法の制定を模索したが、制定に至らなかった。実は原爆スラムという呼称を始めたのは、この特別法の制定を実現させようという制定運動関係者の思惑があったからである。

1966（昭和41）年9月、基町地区住民は、建設省・県市の担当者に対して住宅地区改良法の適用を申請し、その可能性のあることを引き出した。

1967（昭和42）年9月、県市は当時の建設省に説明・要望したのが、①住宅地区改良事業の指定が可能か、②再開発の基本理念として最大限の戸数を確保するなど、市民の住宅需要や福祉向上に寄与したい、ということであった。

こうして次第に住宅地区改良事業による基町地区再開発の方向に収斂していき、1968（昭和43）年2月、県知事と市長の会談によっていくつかの申し合わせに至ったが、とりわけ一項目は、「住宅地区改良方式で再開発を進めるが、県・市間および建設省との協議をつくす必要があるので、昭和四三年度は準備期間として、地区の実態調査を実施し、基本計画及び事業の実施計画等の確定に取り組む」というものであった。

これに先立って、1968（昭和43）年1月、「基町団地基本計画」の策定を大高建築設計事務所に委託した。このことが現実の再開発の枠組み決定を大きく左右することとなった。

　1968（昭和43）年2月、早くも「く」の字型連棟を特徴的デザインとするマスタープランが、知事・市長会談の場に提示され基本的に了承された。

　同年5月、大高事務所は基本計画書を策定して市長に報告し、同月28日、県市が一体となって再開発を進めるため、「基町地区再開発促進協議会」を設置した。引き続き同年7月には広島県が大高事務所へ「長寿園団地基本計画」の策定を委託して、全体として進めるべき事業としたのである。

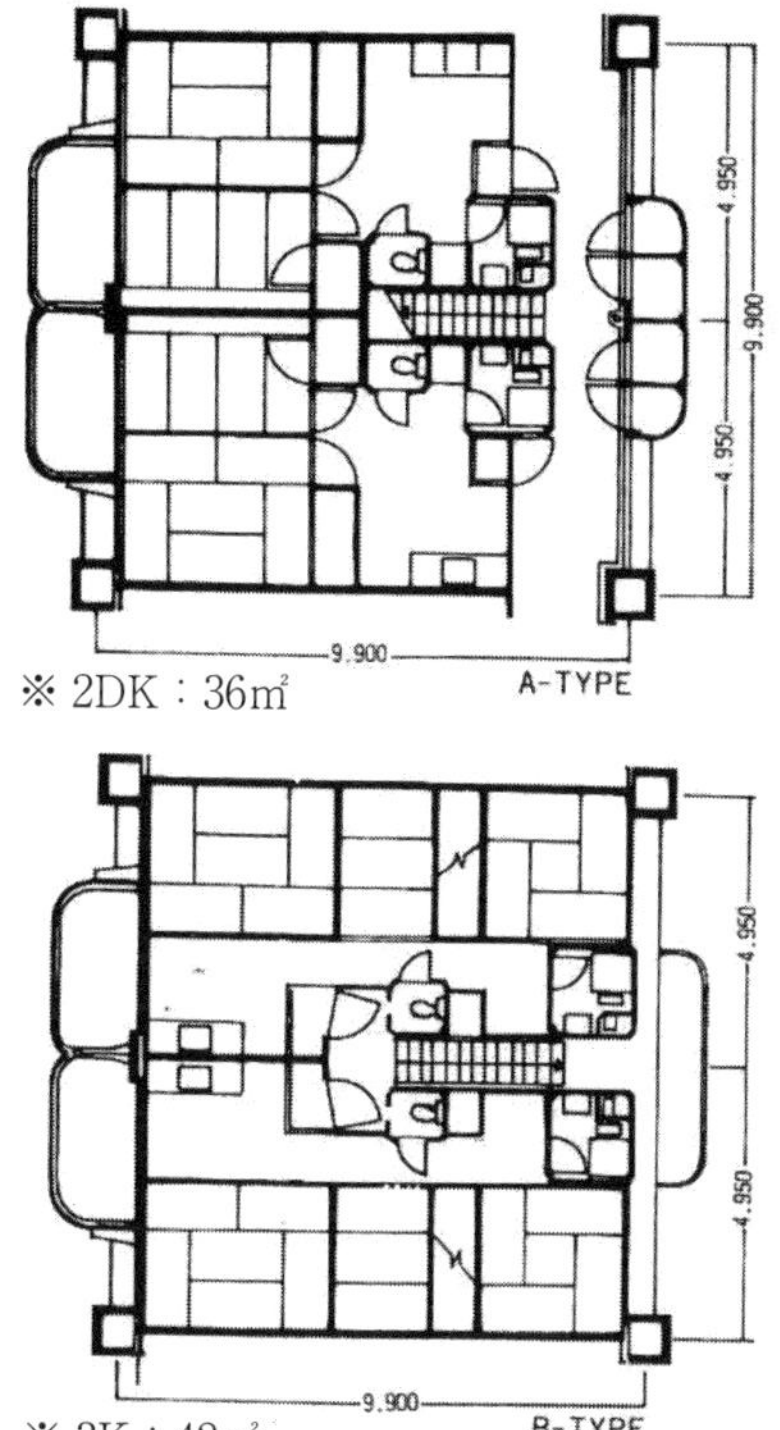

図5－3　ユニットプラン（平面図）
（『基町地区再開発事業記念誌』）

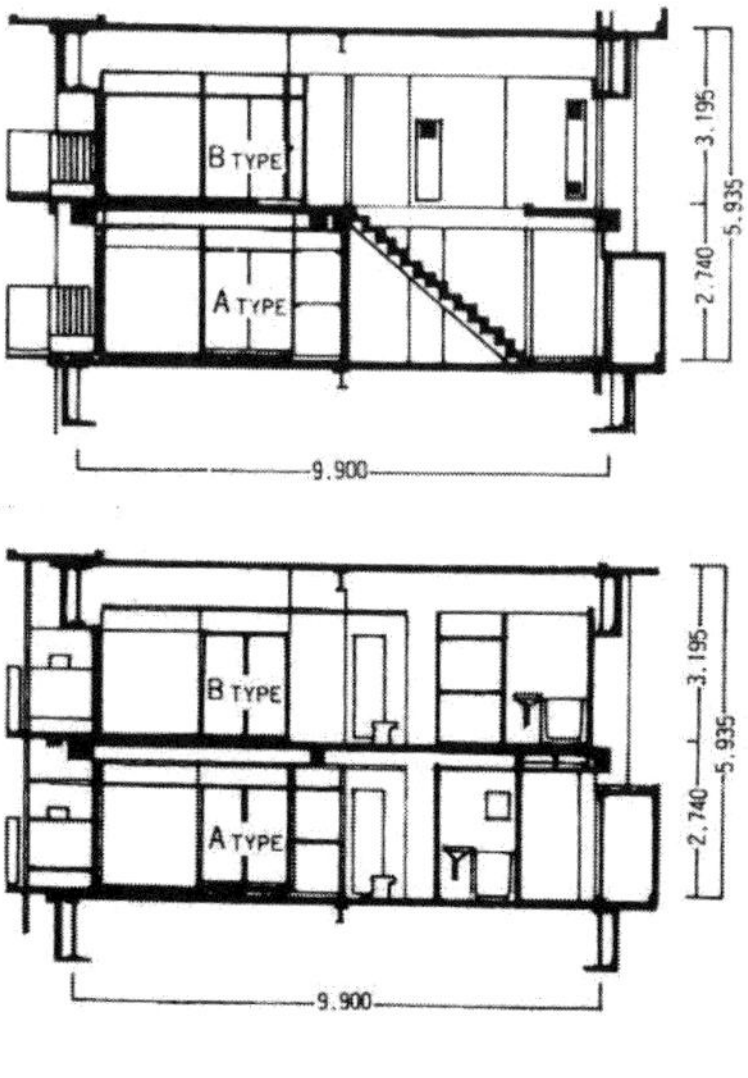

図5－4　ユニットプラン（断面図）　出典：同上

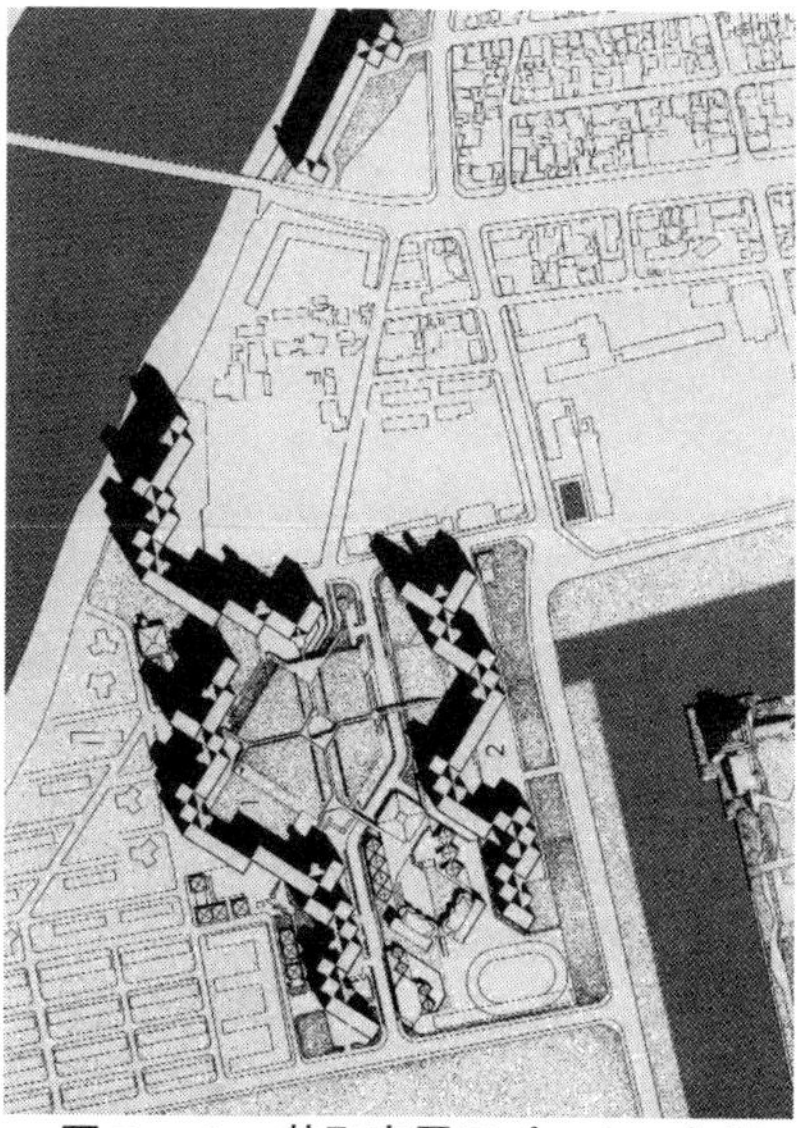
図５－２　基町高層アパート　北側は長寿園高層アパート、右端は広島城（『基町地区再開発事業記念誌』）

基本計画の概要

基町団地基本計画は、当初、敷地面積8・1haに計画戸数3008戸、人口にして1万1000人収容という極めて高密度の厳しい条件下で進めるべき計画であった。計画内容の詳細は省くが、①板状型、外廊下型のアパートを南東、南西に45度方向に傾けて「く」の字型連棟方式とする、②ピロティ方式で地上部を開放し、構造体はスキップフロアとしてスペースフレームを組む、③オープンスペースの確保、人車動線分離、屋上階のパブリックスペースの連結、などの空間的特徴であった。

こうして、1969（昭和44）年度から除却が始まり、77年度まで、県として約800戸、市として約1800戸の計画を進めた。改良住宅の建設は1969年度において始まり、広島市では1973（昭和48）年度までの計694戸で終了した。

このほか基町地区では市営住宅が建設され、長寿園では県営住宅、住宅公団賃貸住宅、住宅供給公社分譲住宅も建設され、高層住宅全体として併せて4560戸が出現した。こうして基本的にはほとんどの市営住宅居住者は基町高層アパートへ、県営住宅居住者は長寿園高層住宅へ移転していった。

居住者の移転

相生通りの多くの居住者は、県事業の長寿園団地に移住していき、少数の基町団地への移住が見られる。なかには地区外へ転出していった。高層住宅での居住では、家賃負担が過重という居住者、それまで横に繋がっていた濃密な付き合いが、それぞれのスチールドアによって隔絶され、付き合いが疎遠になったという居住者、いずれも生活スタイルの大転換を迫られた現実が指摘できる。

一方、この再開発で触れておかなければならないのは、相生通りの居住者が地区外へ強制的に移転させられることはなかったことである。それは、ここは土地区画整理の区域から除外されていて、いわば換地処分の対象地ではなかったことが影響していたのかもしれない。現象的に見れば、河岸の不

写真5-3　基町・長寿園アパート

法建築を次々に撤去していった末に、相生通りに辿り着いた人たちは、特別の扱いを受けた形となった。しかしここで、もし強制的に移転を迫っていたら、悲惨な結末になっていたであろう。再開発という都市政策が、居住者の生活を左右するものであることを、広島での復興過程が物語っていると言えよう。

1978（昭和53）年10月、長期にわたる再開発事業が終了し、完成式典が実施され、ここに記念碑が設置・除幕された。この時、有名なフレーズである「この地区の改良なくして広島の戦後は終わらないと言われるようになった」と記し、10年の歳月と226億円余の巨費を投じたことが記録された。

3 移転の選択肢――高層アパートか地区外か
相生通りの人たちはどこへ行ったか

1970（昭和45）年の実態調査からほぼ10年、高層アパートの建設とともに、ある人はそこに移り、ある人は基町を去った。相生通りに暮らした人々はどこに行ったのか。どのような事情や心情のもとに以後の行動を選択したのか。そして今どのような生活を始めており、以前の生活をどう感じているのか……。消えたまちの住人の事情をぜひ追跡してみようというのが、1979（昭和54）年の調査であった。

再開発する側とされる側の事情は重なり合っている部分もあれば断絶もある。再開発する側の論理は、これまで多く発表されてきた。だが、再開発される側の事情にも重要な歴史の一コマがある。広島の歴史のなかからその一コマを落としてはならない。調査におもむく我々の中に、そのような思いがあった。

追跡調査の問題意識は、再開発された側からの視点に立ち、「元相生通り地区住民が選択した移転の状況と、入居後10年を経て、高層アパートなどでの暮らしをどう評価しているか」の実態を追跡しておくことであり、そのことは我々の責務と考えた。そして、「彼らにとって基町地区再開発事業の初期の目的が、どのように達成されているか」を検証することであった。

加えて、追跡調査の過程、正確には終了した後に気づいた調査の意義である。

相生通りを含めた基町一帯は、16世紀末に城郭として築かれ、近世を通じて広島藩の中心、明治に入ると軍都広島の中心となっていった。戦前、相生通りは桜土手と呼ばれ、市民の憩いの場でもあったが、築城から４００年近く、そこに庶民の居が構えられることはなかった。

それが戦後のおよそ30年間、住宅が建ち並び、この土手の歴史の中で特異な空間を作り上げたのである。それは相生通りが、数多くある近世城郭を起源とした都市としての歴史文化だけではなく「ヒロシマの土手」を体現した時期である。こうした記憶を形づくった人々の暮らしや行動を、この調査を通じて掘り起こし記録することの大切さを、我々は相生通りの人たちに学び、気づいていった。

相生通りの人たちがとった移転行動

把握できた１３０４世帯（１９７６年8月15日現在）の半数近く（６１９世帯、47％）が長寿園高層アパート（県改良住宅）、１４４世帯（11％）が基町高層アパート（市改良住宅）へ移った。さらに、89世帯（７％）が市内の公営住宅（基町を含む）へ、３６３世帯（28％）が地区外（広島市内の公営住宅を除く）へ移り、この時点では、89世帯がまだ相生通り地区に残留していた（図５-５）。

このうち追跡調査で回答を得た地区内（基町・長寿園地区）移転世帯（58世帯：県改良住宅44、市改良住宅12、地区内公営住宅２）が再開発事業へ期待したのは、「災害（火災など）からの解放」「住戸・設備が整うこと」「環境が良くなること」であり、不安としては、「高層への不安」「新しいまちへの適応の不安」「家賃への不安」が上位となる。（本章４の「再開発事業の不安と期待」を参照）

一方、追跡調査で回答を得た地区外移転世帯（８世帯）の地区外へ出た理由としては、「相生地区（基町）から出たかった」という世帯がある一方で、「商売や仕事上、出ざるを得なかった」ケースもあった。また、県による地区外の公営住宅の紹介もあった。

いずれにしても県改良住宅（長寿園）には約半数が、基町・長寿園からなる地区内と呼べる地域には約6割が移転したことになる（表5－1）。

しかし、残り約3割は地区外へ転出したのである。その多くが改良住宅の入居資格を持ちながらも地区外に転出したことになる。

この事業により、相生の土手のすぐ側に位置する、広島の中心部とも呼べる所に住宅が確保され、しかも低家賃である。彼らの多くが生活にそれほどの余裕がない世帯であった。少なくとも相生地区での生活より、住環境ははるかに向上するにもかかわらず、これだけの世帯が地区外へ転出したのである。

相生通りでの居住場所と地区内（長寿園・基町）・地区外への移転

高層アパート入居世帯は、相生通り地区の北側では長寿園高層アパート入居世帯が多く、南側では基町高層アパート入居世帯が多い。これは移転計画にほぼ一致する。つまり、長寿園高層アパートの戸数が限られていたため、相生通り地区の北から約3分の2の範囲は長寿園高層アパートに、残り3分の1は基町高層アパートに入居するよう計画されていた。ただ南側の世帯でも長寿園高層アパートを希望すれば、住戸数の許す限り入居できた。逆に相生通りの北側に点在する基町高層アパート入居世帯は、入居資格がないため、事業の終盤まで居住し、最終的にそこへ入居した世帯や、相生通りでの人間関係から離れたいなどの理由から、長寿園高層アパートではなく、基町高層アパートへ入居を強く希望した世帯である。

一方、地区外転出世帯は相生地区全体に散らばっているが、特に南の地区に多い。この辺りは商売

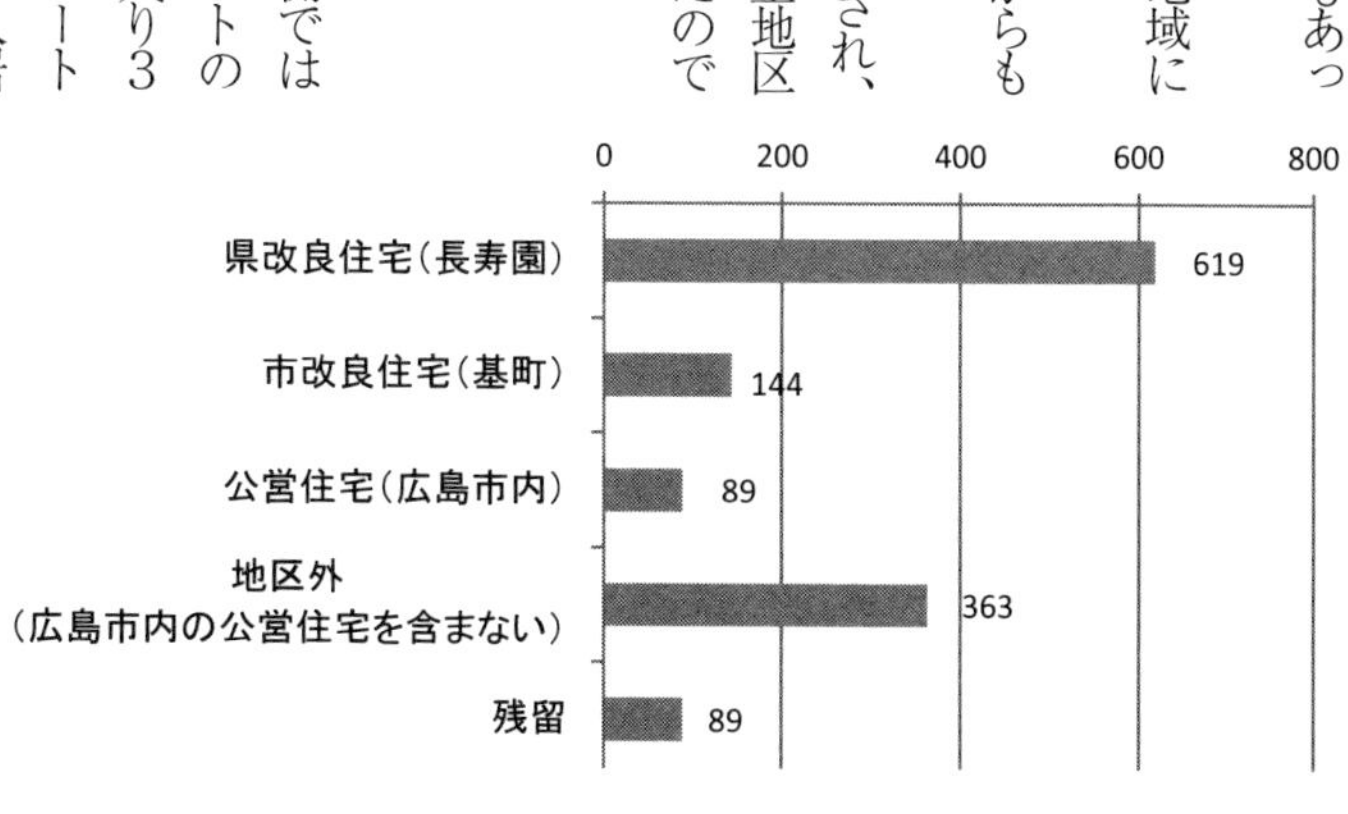

図5－5　相生地区住民の移転先
※残留：1976（昭和51）年現在で相生地区に居住していた世帯

を営んでいる世帯が他より多く、都心部に近く人通りも多い。また、平和記念公園に隣接した本通りや本川橋西詰付近には当時、比較的飲食店などが少なかったことで、平和記念公園を訪れる観光客を相手にした飲食店や土産物店が繁盛しており、多少のストックを持っていた世帯も相生通りの他地区よりは多かったと考えられる。そのようなことから事業に反対を唱える者も、他地区より多かったのだが、北から移転・撤去が始まり、１９７４（昭和49）年頃には残っているのは、ほぼこの辺りだけになっていた。

この事業に関わった広島市のある担当者は、「市の担当地域には、立ち退き反対をかなり強硬に唱えるグループもあったが、そのような所を最初に移転させると、後は雪崩のようにそれ程強く反対する者はいなくて、比較的スムースに移転は進行した」と語っていた。

実際に移転は、比較的スムースに進行していったのであるが、様々な問題も抱えていた。その中には生活の基盤に関わるものもあり、その一つに職業の問題がある。相生地区に多かった廃品回収業や小さな店舗、それに看板屋や板金業などは高層アパート地区内では対応しにくい状況にあった。事実、廃品回収業や板金業などは存置不適格業種として再開発事業地区内への移転は認められず、高層アパート地区内では消えゆくことになった。

また、相生地区で主流を占めていた小さな店舗は、細長く南北に伸びた相生通りに点在していたからこそ共存しやすい面があった。店舗は住宅兼用であり、それによる収入はわずかでも経費があまり掛からないため、高齢者でも気楽に生きがいとして店を開いていた。利用する側も身近に店舗があり、馴染みであるというメリットがあった。しかし、高層アパート敷地内に設けられるショッピングセンターという、職住分離でかつ店舗が集積した形態では、そのような店は成り立ちにくかった。

このほか、作業所（縫製業）の確保が住戸内では難しい、店舗は確保できるが職住分離で不便になるなどで、地区外に移転せざるを得なかったケースもあった。

表５－１ 相生通り地区住民の移転行動（1976 年 8 月 15 日現在）

移転先等	改良住宅への入居資格の有無		計
	有資格者	無資格者	
県改良住宅（長寿園）	619	―	619
市改良住宅（基町）	141	3	144
一般公営（地区内外）	58	31	89
地区外（一般公営を除く）	329	34	363
残留	54	35	89
計	1,201	103	1,304

立ち退きのプロセス

再開発事業が具体化する前の1963（昭和38）年6月18日、中津宮（現在のこども文化科学館の南側）のすぐそばに住んでいた縫製職人の家に一通の郵便物が届いた。それは広島市からの損害賠償金の徴収についての通知であった。内容は不法占拠に対する賠償金として3年分、4万4460円を支払えというものであった。この人はこの辺りでは腕の良い職人として知られており、比較的安定した生活を送っていた。しかし、この賠償金を支払わなかった。もちろん、この家だけでなく相生地区で市の管理する区域に住んでいる家々にはこの通知が届いていた。しかし、支払った家はほとんどおらず、大半は支払うだけの余裕のない家であった。このような賠償金の滞納が1967（昭和42）年にはおよそ1000万円に上っていた。

広島市がこのような通知を出した理由は、法的問題だけでなく、いずれ近い将来始まるであろう立ち退きに対して、スムーズにそれが実施できるよう、住民に不法占拠しているという意識を植え付ける性格が強かったと考えられる。基町高層アパートに住んでいたある在日外国人の高齢者は、当時のことを次のように語っていた。

「徴用で日本に連れてこられてから、主な仕事は軍需品の製造であった。戦争が終わって解放されたかと思うと、また、次の家と職を探し、家族を食わせる戦争が待っていた。職を転々とし、住む所も何度となく変わった。そしてやっとこの土手に住むようになった。そしたらまた、ここに住んだらいけんと言われた。死ぬまでに一度でいいから、厳しい冬から抜け出した朝鮮の春の香りと川の流れ、そして木々の緑を見たかったが、もう諦めた。せめて安心して住める家が欲しかった」

相生の土手に、立ち退きの足音が聞こえ始めたのである。

相生地区では頻繁に火災が発生し、それはしばしば大火となったが、特に1967（昭和42）年7

月27日に発生した火災では、最大の被害を出した。被害者は西白島町の白島小学校の4教室と講堂に避難・生活し、その後牛田の仮設住宅に収容された。この人たちは高層アパートの建つまでのおよそ4年間、仮設住宅で暮らすこととなった。被災した人の中には、相生通り地区で二度火事に遭い家を失った人もおり、加えて原爆の被災を含めると三度も家を失った人もいた。

それまでは、火災の都度、焼け跡にはすぐさまバラックが建ち並び、火災を契機として地区外へ転出する世帯はごく希であった。また、転出したいと思っても経済的理由などで、ここに住まわざるを得ない人たちが大半であった。「ここでは8・6の話など出ません。家もないのに何が平和でしょう」（1967年8月6日、中国新聞朝刊）。この言葉は単に被災者だけでなく相生通り地区の住民に共通したものだった。

この大火の後、広島県によりすぐさま焼け跡には鉄条網が張り巡らされ、不動産侵奪罪により建造物を建てることは許されなかった。全焼して灰になったものや、焦げた骨組みだけがわずかに残ったもの、その周りにある鉄条網、それらは相生の土手に一種異様な光景を醸し出していた。後に立ち退きはこの火災跡付近から始まるのであった。

大火のあった1967（昭和42）年には、再開発事業への青写真はできており、同年9月14日には建設省に対して、基町・長寿園地区全体計画説明会が開かれている。そして1968（昭和43）年10月30日から11月20日までの22日間、再開発地区指定を受けるための実態調査が実施された。その分担は、広島県が河川堤塘敷（相生地区）の4・93haを、広島市がその他の市営住宅地を中心とする28・43haを受け持つこととされた。

入居資格の扱いと入居手順

1969（昭和44）年3月18日、住宅改良地区の指定を受け、いよいよ事業が本格的に動きだした。まず問題となったのは改良住宅へ入居する「資格」であった。その資格を有するには「指定日までに相生地区に居住していたこと」「居住の実態があること」「戸籍の登録があること」の3つの条件が必要であった。

しかし、相生地区には戸籍のない人、通称を使っている人もいて、厳格にこれを適用したら資格のない人が溢れることになった。そのため改良法による「行政の承認」ということで、指定日以前から居住の実態を有する世帯には資格認定したのであるが、指定日以降に相生地区に移り住んだ100世帯余りには資格の認定は行われなかった。立ち退きのほぼ終わりかけた1976（昭和51）年8月15日以降も、相生通り地区に居住していた世帯は89にのぼり、無資格世帯が約4割（35世帯）を占めていた（表5-1）。しかし、その多くがその後、基町高層アパートに入居することとなった。

高層アパートへ入居する場合のもう一つの問題は、前述したように、相生通りで営まれていた特定の職業の取り扱いであった。相生地区に多かった廃品回収業や板金業などは存置不適格業種として、再開発地区内への移転が認められなかった。当初廃品回収センターを瀬野川に作る案などもあったが、事業そのものが「広島の戦後を終わらす」という名のもとに行われ、そのため「原爆スラム」を撤去するというスラムクリアランスに主眼が置かれた。住民の生活の糧への対応まではできなかったのである。

入居手順については、県市の合体した事業ではあったが、それぞれ異なっていた。県は入居に際して、すべて抽選を行い住戸を決め、その後の当事者同士の話し合いで住戸を変更することは認めていた。それに対して市は、住民に①合法的入居者、②不法入居者（公的住宅）、③不法占拠者（相生通り地区）で賠償金を支払った者、④不法占拠者（相生通り地区）と4つのランクをつけ、上位のランクから順に住戸を自由に選択させ、競合した場合にのみ抽選を行った。

このような県と市の違いは、県の受け持ち区域がすべて不法占拠世帯であるのに対して、市のそれは市営住宅などの公的住宅を含んでいるからであった。

また、住民にも、相生通り地区以外の基町に住んでいる人たちは、相生通り地区の住民とは違うという意識があった。

大田洋子著『夕凪の街と人と』には、公的住宅側にあった共同水道の利用に関して、次のような描写がある。

「ちかごろでは、近所の人が、じいさん、水は要らんかねというようになりましたよ。私を土手の者でなくして、半分ほど基町の人間だということを、認めたんですな」

「彼はいくぶん、『土手の者』ではないことに自尊心を抱いている風だった。篤子にとってそのことは、滑稽に思われた。基町住宅の連中が、土手の住人に対して抱く軽蔑感は、なにも根拠のない、ただの感情にすぎないように思われた」

いよいよ1971（昭和46）年からの高層アパートへ入居が始まり、それに伴う立ち退きは、まず相生通りの北端にある三篠橋付近と、中央部の空鞘橋付近から始まった。それは入居計画と合わせて、前者が三篠橋拡幅事業を急ぐためであり、後者はそこが火災の頻発地帯で空地が多いことと、民家が押し寄せ道幅が狭く消火活動を妨げているためであった。前述したように1967（昭和42）年の大火後は、再開発事業を見越して建造物の設置が禁止されていた。

そして、立ち退きはその2つの地区に挟まれた区域へと移り、さらに次第に南下していったのである。

撤去される日々

立ち退きのおよそ4分の3が終了した1974（昭和49）年の夏の光景が、「消え行くバラック街広島・基町相生地区」として記事になっている。「原爆ドーム近くの相生橋から上流に一・八キロ、本川沿いの土手を埋め尽くしていたバラックは、川の流れに沿うように、北から南に向かって次々と姿を消している。歩いてみると取り壊されたバラックの跡には、砂が敷かれ、金網が張り巡らされて、原爆以降の苦難の道をしのばせるものは見当たらない。アパートへの入居資格がなく、行き場のないまま残っている人の家がポツン、ポツンと建ち、廃屋に夏草がからみついたたたずまいが時々目につく程度。ここでは一足先に高層アパートへの移転が完了している」（中国新聞夕刊1974年7月30日）

この記事に載っている「行き場のないまま残っている人」にヒアリングのなかで会うことができた。1977（昭和52）年頃まで広島アリーナ（スケートリンク。現在はスーパーマーケットなどが立地）付近に最後まで居座っていたということである。その人は当時を振り返って、「自分たちの住んでいる横では、高層アパートの建設工事が行われ、しばしば建築材料が屋根に落ち、危険な状態だった。しかし、資格認定の期日の後にここへ来たため、高層アパートへ入居する資格がない。それでも自分たちは他に行く所がなく、最後までここで頑張り資格認定を求めるつもりだった」と語っていた。残っている人たちは組織もなく、おのずと個人的に行政と交渉し、資格認定を求めざるをえなかった。紆余曲折を経たのであろうが、その人は希望どおり基町高層アパートに入居することができた。

立ち退きのほぼ完了した1977（昭和52）年、相生橋近くにまだ廃品の転がっている整地されていない場所があった。そこには毎日夕方になると三々五々と自転車やリヤカーで廃品回収業の人たちが集まっていたという。この辺りは以前、廃品の集積場があった所である。彼らの何人かは高層アパートへ入居していた。そこで廃品回収は存置不適格業種になっていたが、それでも続ける人が多かった。彼らは他に職を求めることをしなかった、あるいはそれはできなかったのかもしれない。紙や鉄くずなどを集めて業者の集積場へ運ぶ、いわばリヤカーさえあればよいのである。ある意味、彼らにとってそれが最も気ままに暮らせる手段だったのかもしれない。

1978（昭和53）年3月には、移転は完全に終了した。南北に伸びる土手以外、昔の面影は、わずかに残された木々を除き無くなっていた。川の流れに点々と映し出されている楠やポプラの大木が、昔の住まいの場所を探す道標となっていた。

4　それぞれの新しい生活をどう受け止めたか
――元相生通り居住者にもたらされたもの

再び相生に住んだ人たちを探す

再開発事業の終了した翌年にあたる1979（昭和54）年の夏、私たちは再び「相生の土手」に足を踏み入れた。歳月はすでにあの時、1970（昭和45）年調査から10年が経ち、当時のメンバーは二、三児の父親になっていた。久しぶりに土手を相生橋から三篠橋にかけて歩くと、太田川にへばり付くように細長く伸びていた相生通りは跡形もなく、それが嘘のようにきれいに整地され、そばに林立する高層アパートは、10年という時の重みを改めて認識させるに十分であった。当時いくら調査をしても遅々として進まず、見えるのは調査起点の相生橋ばかりで、本当に三篠橋まで到達できるのかと不安に襲われた日々を思い起こし、あれだけ長かった相生通りを、あまりにも短く感じたのである。

そして、折り返し三篠橋から相生橋に向けて歩いた。途中振り返り見る高層アパートは、子どもの頃、月を見ながら歩いたあの思い出になにか似ていた。どこまでも付いてくるような錯覚に駆られたのである。

調査グループのある者は高層アパートへ、またある者は地区外転出者の家へと足を運んだ。調査対象者は1970（昭和45）年調査で間取り・ヒアリングの両方が採取できた世帯の3分の1で、125世帯であった。

流れる汗を拭きながら、やっと探し当てた家のドアの前に立った時、相生通りに住んでいた人は、その後どのような日々を過ごしているのだろうか、早く聞きたいと思う一方で、このヒアリングに応じてくれるだろうかという不安がよぎるのであった。それでも、特に高層アパートにおける調査では、スチールの扉が開いた時、たとえヒアリングを断られようとも、一種の安堵感が湧くのであった。

さすがに以前の調査から10年という歳月は重く、もうすでに他界した人や病気で寝込みがちな人、そしてまたどこかへ再移転した人など様々であった。しかし10年前に相生通りを調査したことを覚えている人に出会ったのもしばしばであった。そして快くヒアリングに応じてくれた人もあれば、昔からは想像できない程、かたくなに心を閉ざす人も少なくなかった。

ヒアリングにおいて回答を得たのは66世帯で、このうち長寿園・基町地区には58世帯（県改良住宅44、市改良住宅12、地区内公営住宅2）が住んでいた。

ここでは、長寿園・基町地区のヒアリング結果をもとに、元相生通り居住者は再開発事業、そして新しい生活を当時どう受け止めていたかを探りたい。

再開発事業への期待と不安

相生通り地区に住む人々に共通した当初の心配ごとは、「移転（強制撤去）」であった。戦災復興事業が進むなかで、京橋川や猿猴川をはじめとした河岸に張り付いていた不法建物が、強制執行で撤去されてきたことを住民の誰もが知っていた。なかには、強制執行となり相生通り地区に移ってきた場合もあったのである。この点は再開発事業の具体化で、改良住宅に入居する資格を得ていない世帯を除き、おおむね解消されたと言える。

また、再開発事業への期待については、前述したように「災害（火災など）からの解放」「住戸・設備が整うこと」「環境が良くなる」「相生地区から出られる」などであり、相生通り地区の現状が反映された結果と言えるのであった（図5-6）。

一方、再開発事業への不安としては、「高層への不安」「新しいまちへの適応の不安」「家賃への不安」などが上位となる（図5-7）。相生通り地区では、良くも悪くも土と不可分の暮らしで、不法占拠ではあるが自己所有や低家賃の建物が大半であったことから、多くの住民が初めての体験となる高層アパートの暮らしや移転に期待と不安が交錯していた。

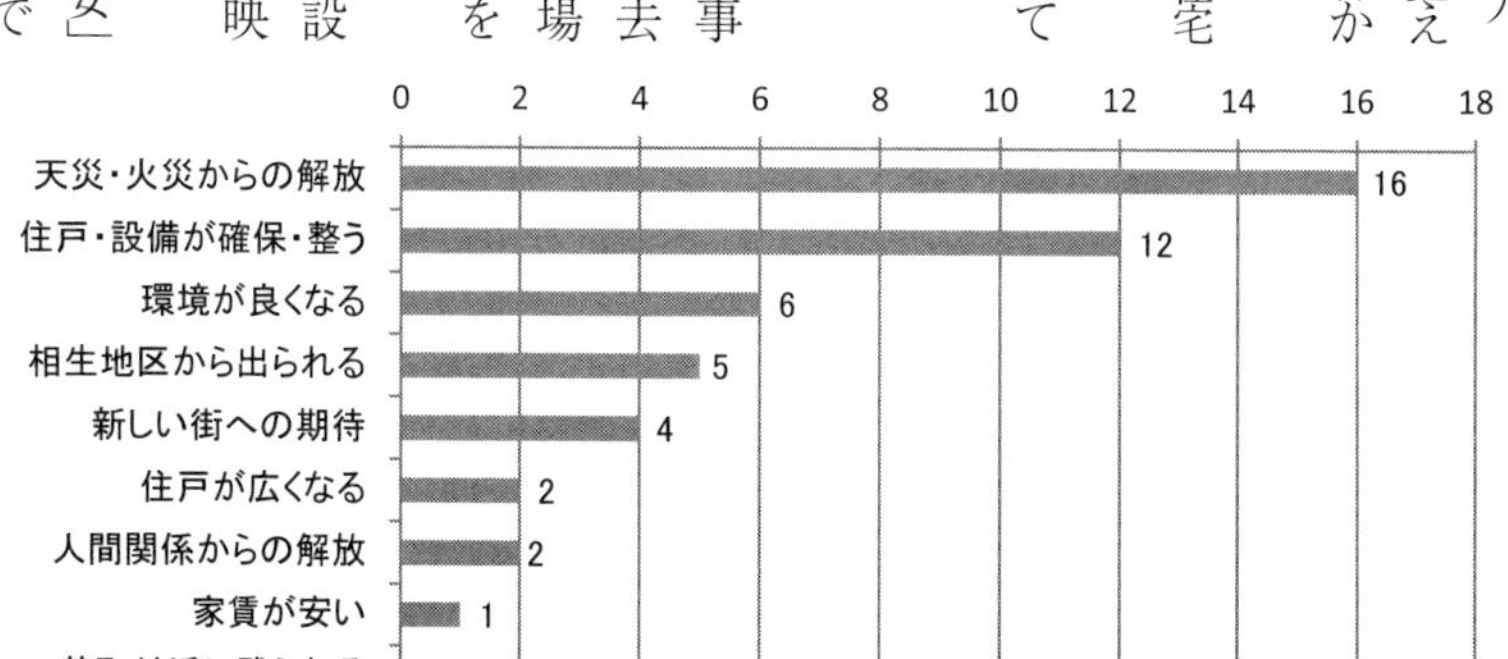

図5-6　再開発事業への期待

これら期待と不安が、再開発事業の具体化、新しい生活の営みを通じて、どうなったかを含めて再開発事業の評価を考える。

物的側面からみた評価（基町・長寿園地区）

再開発事業の評価を物的側面から見ると、地区内（基町・長寿園地区）移転世帯の調査からは、「住宅・設備が整った」「災害（火災など）の心配がなくなった」「衛生的になった」「環境が良くなった」が上位を占め、再開発事業への期待が達成できたと捉えることができる（図5-8）。ただし、その後、高層アパートにおける火災の発生などがあり、防災対策が求められることになる。

一方、マイナス面・課題としては、「近所づきあいの希薄化」が最も多く、次いで「住戸が狭くなった」「以前より生活費・家賃がかかる」「エレベータに不慣れ・汚れ」「高層のため不慣れ・なじめない」が上位を占める（図5-9）。

また、屋上庭園については、死角となることも起因し、外部からの自殺者、青少年の健全育成面などの問題から、扉と鍵による管理となっている。

なお、住戸の狭さについては、当初より指摘されていたが、現在、基町住宅再整備事業が進行中であり、二戸一化（二住戸を一住戸に改修）、三戸二化（三住戸を二住戸に改修）などが進んでいる。

このほか、基町と長寿園地区は一体で進められた再開発事業であり、景観的には一連の住宅群となっているが、長寿園地区については、コア、集会所、屋上庭園、店舗スペース、遊び場などの配置・整備に基町地区ほどの計画性がみられない。また、管理方法も長寿園地区（県）は委託方式であり、直営方式の基町地区（市）と比べ、評価が低くなっていた。

社会的側面からみた評価（基町・長寿園地区）

移転当初から、高齢化や高齢者の独居化、それに伴う行事運営の制約が指摘されていた。

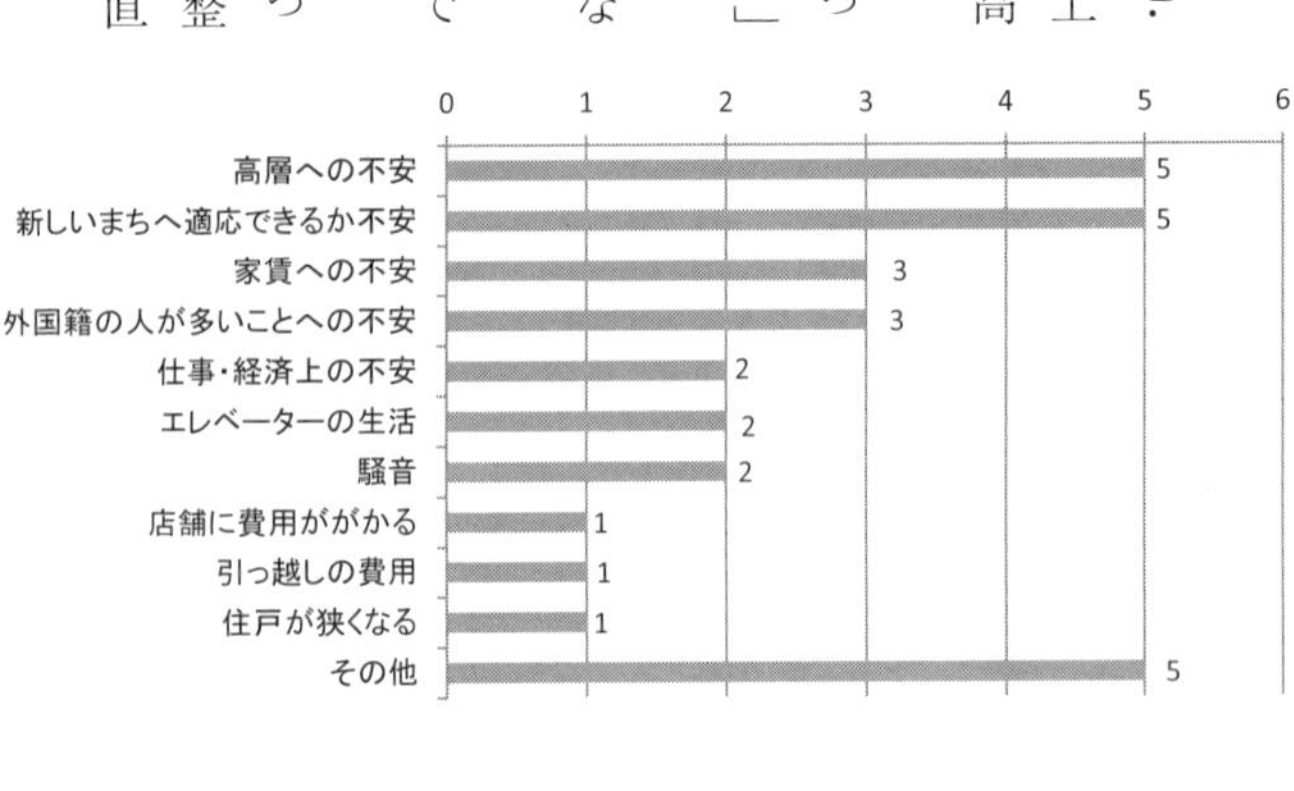

図5-7 再開発事業への不安

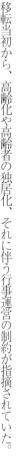

住戸・空間構成と関連づけながら、社会的側面から再開発事業の評価を見ると、地区内（基町・長寿園地区）移転世帯の調査からは、「近所づきあいの希薄化」が突出しており、整備された住戸と鍵による防犯・安心の確保の一方で、コミュニティの弱体化が進みつつあることを示していた。

また、外国籍（在日韓国・朝鮮）の人は、日本国籍の人と比べ、住戸・環境、近所づきあいなどの評価が低くなっていた。

なお、現在、基町地区（高層および中層アパート）については、中国などからの居住者が増加しており、コミュニティづくりなどの新たな課題が生じている一方で、基町小学校の児童数の確保と小学校の維持に寄与している面もあり、基町小学校や基町地区社会福祉協議会などにおける多文化共生の取り組みの背景ともなっている。

〝終の棲家〟としての高層アパート

1969（昭和44）年から始まった約10年間にも及ぶ基町再開発事業によって、この地区の改善はなされた。この事業の大きな目標・理念は「広島の戦後を終わらせること」であり、「地区住民の福祉の向上と、新都市への挑戦」であった。

この目標・理念のうち、事業の完成や物的環境面からは、バラック群の撤去や高層アパートの建設、中央公園の整備により「広島の戦後を終わらせること」になったと言えるかもしれない。また、住民の意識においても、近所づきあいの希薄化や住戸の狭さを除けば、住民の再開発事業への期待の達成に寄与していると言える。

一方、「地区住民の福祉の向上と、新都市への挑戦」は、常に現在進行形で取り組まねばならないテーマである。当初、想定しなかった課題も生まれており、行政と地区住民および幅広い人々の協力・参加が求められ、現在取り組まれている基町住宅地区活性化の取り組みも重要である。

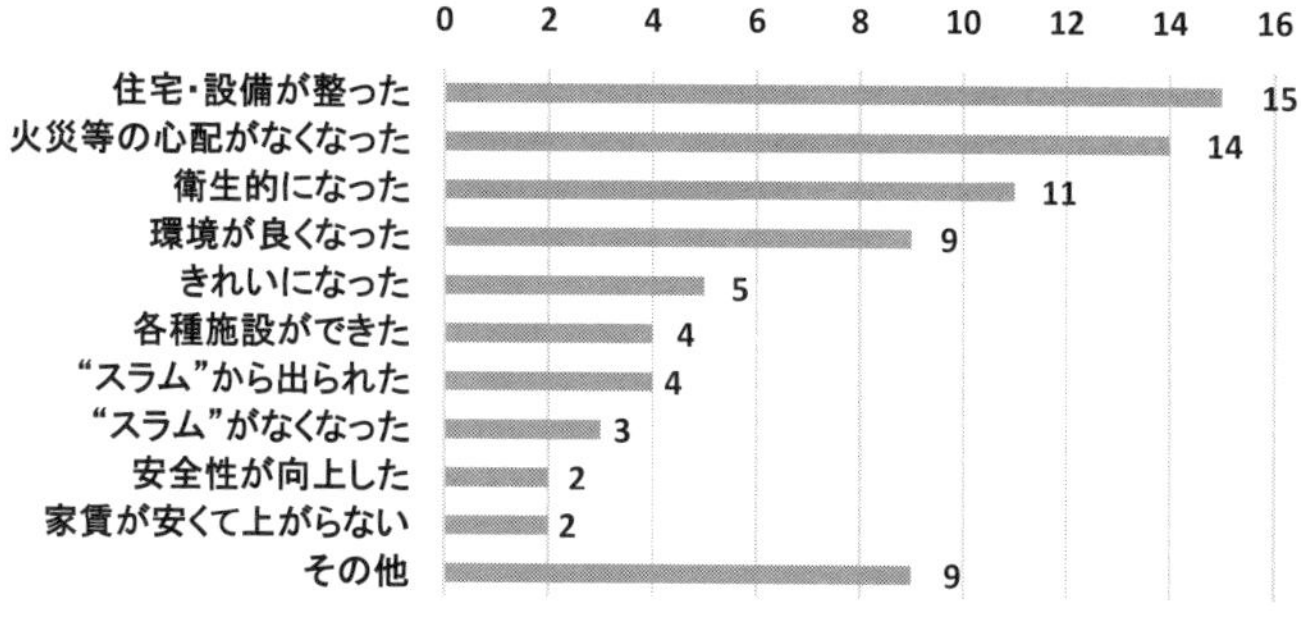

図5-8　再開発事業のプラス評価

再開発事業の評価、そして基町高層アパートなどの捉え方を、相生通り地区に住んでいたKさんの言葉が象徴的に表している。「徴用で日本に来て、様々なところに移り住んで相生通りにたどり着いた。今は〝鳩小屋〟に住んでいるが、だれからも追い出されることがなくなった」

基町・長寿園地区（住宅）は、元相生通り地区住民にとって、また、広島の戦災復興の歴史において、さらに基町相生通りの出現に繋がる戦前の歴史や原爆投下を含め、時代を語る〝終の棲家〟でもある。

写真５－４　空き店舗を転用した地域のミニ図書館「ほのぼの文庫基町」。向かいにある「ふれあいサロンほのぼの基町」と一体となって多文化共生などの取り組みが、基町地区社会福祉協議会を中心に進められている。

図５－９　再開発事業のマイナス評価

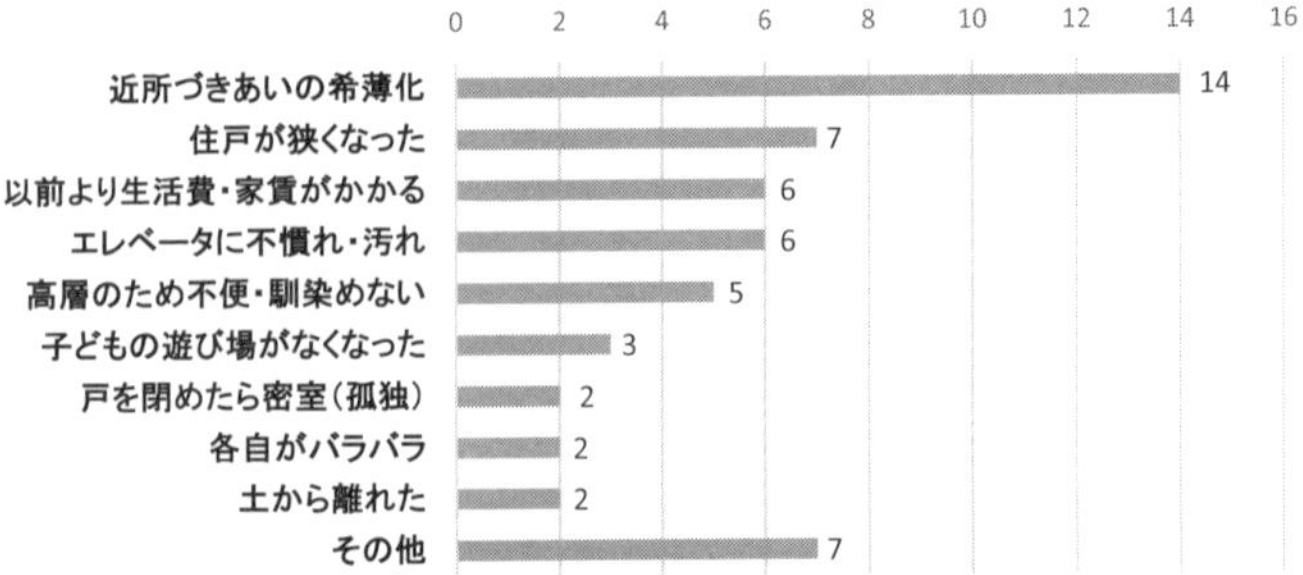

コラム6
平和と緑の軸線

基町団地（広島市）および長寿園団地（広島県）のマスタープランは、住宅地区改良事業によって行った香川県坂出市の「人工土地」で実績のあった大高建築設計事務所（大高正人）に委託された（前者は1968年1月、後者は同年7月）。この当時、大高のもとには、藤本昌也、野沢正光などのスタッフがおり、基町高層アパートの設計を支えていた。

基町団地においては敷地面積8・1ha、計画戸数約3000戸という条件が与えられていた。この命題に対して大高は、「人々が陽も当たらないようなコンクリートの箱に詰め込まれることは絶対避けたい」、「公園・川・城があるという市民の共有財産と折り合いを付けた高層団地」、「周りを威圧するようなことはできない。街に対して謙虚に建てる」との理念・姿勢で取り組んでいった（「基町プロジェクト・シンポジウム 2016」における藤本談）。付け加えるならば大高とは、「建築家は人々の幸せのためにいる、それしかない。デザインが上手か下手かというよりも、その理念、志をちゃんと持っているかどうか」を根底に据えた建築家であった（同）。

こうした理念に基づき、「く」の字型の住棟配置は生まれ、採光の確保、住棟間が対面にならないようにしたプライバシーの確保、広島城側を低くし、かつ南に行くにしたがって階数を下げる形状、威圧的とならないように配慮した壁面の分節、広島城天守閣とのスケール・色彩の協調などが具体化している。「原爆ス

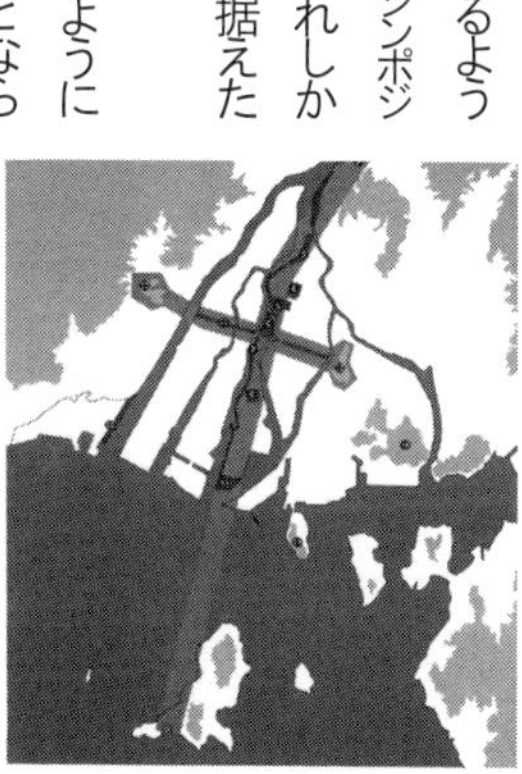

「緑の十字形」（出典：広島市総合計画１９７０）

ラム」や基町の状況を熟知していた藤本は、「ギザギザになって続く外廊下は原爆スラムにあった路地をイメージし、多少迷路的なヒューマンなスケールの都市空間が空中にある」と語っている。

また、大高が前川建築設計事務所にいた時、晴海高層アパートで実現できなかったピロティとともに、屋上庭園、2層4戸のユニット、人工地盤などが採用され、いくつかの点においてル・コルビジエの系譜を読み取ることができる。加えて、計画地にあった被爆樹木（住棟の間のクスノキなど）は意図的に残されている。

基町高層アパートの西と東の住棟の間は低層の小学校や幼稚園、保育所および人工地盤（下はショッピングセンター、上は緑地など）となっている。この空いた空間に丹下グループが提案した軸線が延伸し、基町小学校では体育館の中央を通ることになる。

偶然であろうか、マスタープランが検討されていた時とほぼ同時期に、広島市総合計画の作業が行われており、丹下グループの軸線を発展させる形で「緑の十字形」という都市構造も提示された。これは基町の住棟計画や緑地の確保と重なることになる。

10年近く前であるが、公的なまちづくりの助成に関するプレゼンテーションで、小学校中学年と思われる児童の発言「平和の軸線」に驚いた。基町小学校では、平和記念公園から伸びる軸線を「平和の軸線」と名づけ、被爆直後に小学校付近で咲いていたカンナを軸線上に植え、前述の被爆したクスノキが平和の軸線上にあることも教えてくれている（写真6-2「被爆樹の模型」を参照）。丹下グループの提案した軸線は、北に向かっては、ハノーバー庭園（旧市民球場の北側）、県立総合体育館、そして基町高層アパートへと設計者は異なるものの継承され、さらに子どもたちが「平和の軸線」として育んでいるのである。

平和記念公園南側の病院から北へ、平和の軸線を見る

被爆クスノキ

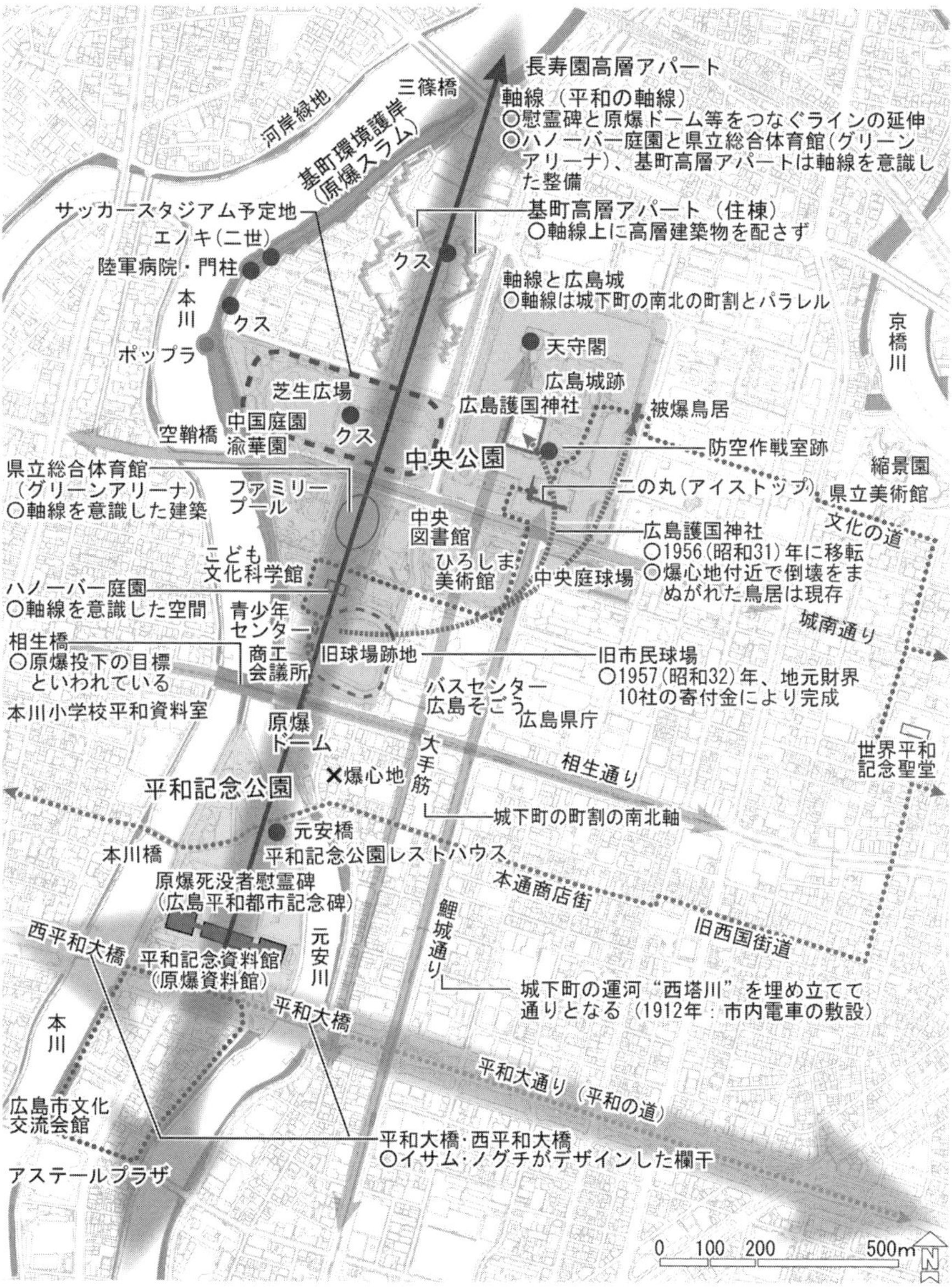
長寿園高層アパート
軸線（平和の軸線）
◎慰霊碑と原爆ドーム等をつなぐラインの延伸
◎ハノーバー庭園と県立総合体育館（グリーンアリーナ）、基町高層アパートは軸線を意識した整備
三篠橋
河岸緑地
基町環境護岸（原爆スラム）
サッカースタジアム予定地
エノキ（二世）
陸軍病院・門柱
本川
クス
ポップラ
基町高層アパート（住棟）
○軸線上に高層建築物を配さず
クス
軸線と広島城
○軸線は城下町の南北の町割とパラレル
京橋川
天守閣
広島城跡
芝生広場
中国庭園
渝華園
クス
空鞘橋
広島護国神社
被爆鳥居
防空作戦室跡
中央公園
縮景園
県立美術館
県立総合体育館
（グリーンアリーナ）
○軸線を意識した建築
ファミリープール
二の丸（アイストップ）
中央図書館
ひろしま美術館
文化の道
広島護国神社
○1956（昭和31）年に移転
◎爆心地付近で倒壊をまぬがれた鳥居は現存
こども文化科学館
中央庭球場
ハノーバー庭園
○軸線を意識した空間
青少年センター
城南通り
相生橋
○原爆投下の目標といわれている
商工会議所
旧球場跡地
旧市民球場
○1957（昭和32）年、地元財界10社の寄付金により完成
本川小学校平和資料室
バスセンター
広島そごう
広島県庁
原爆ドーム
大手筋
世界平和記念聖堂
×爆心地
相生通り
平和記念公園
城下町の町割の南北軸
元安橋
本川橋
平和記念公園レストハウス
本通商店街
原爆死没者慰霊碑
（広島平和都市記念碑）
旧西国街道
鯉城通り
西平和大橋
平和記念資料館
（原爆資料館）
元安川
城下町の運河“西塔川”を埋め立てて通りとなる（1912年：市内電車の敷設）
平和大橋
本川
平和大通り（平和の道）
広島市文化交流会館
平和大橋・西平和大橋
○イサム・ノグチがデザインした欄干
アステールプラザ
0 100 200 500m
N

丹下グループの提案した軸線から平和の軸線へ

第6章　相生通りの人たちにとっての基町再開発

1　相生通りがあり続けた意味とその継承

「原爆」と「スラム」

被爆後、相生の土手に一時は1000戸を超えるバラックのまちが、およそ30年もの間あり続けた。それは何を意味し、我々に何を問いかけたのであろうか。

原爆スラムとは、「原爆」と「スラム」の両者を言い表して象徴的である。このまちが「原爆スラム」という通称を冠されたのは、何も原爆ドームのすぐ横手にあったバラック街だからということからだけではない。文字通り、原爆ドームが物的遺形をもって、「核兵器による破壊の大きさと怖さと悲惨さを、そして二度と過ちを犯さない平和を訴え続ける象徴」[*1]とすれば、そのすぐ横手から始まる訪れる人もいなかった相生通りは、被爆後の生活の悲惨さと都市の後遺症を、まさに生身の生存と生活そのものをもって30年もの間、我々に「問いかける象徴」であったからにほかならない。

戦後、原爆によって運命の大転換を余儀なくされたのは、無論相生の土手に集まってきた人たちだけではない。戦後の廃墟の中から自ら這い上がれる力を持った人たちはまだ恵まれていた。だが、住むべき家も土地もなく、その後の都市復興の恩恵にほとんど浴さなかった人たちだけが、この土地を埋めつくすこととなった（図6-1）。

*1　大江健三郎『ヒロシマ・ノート』（岩波書店、1965年）

自らの生活を守るためには、自分の住処は自分で求めなくてはならない。所有権という私的に占拠された市街地から逃れ、困った者同士が集まり、まわりから何と言われようとも土手を「不法占拠」することが唯一の生存手段であった。

「……基町福祉協議会に土手の不法建築を監視してくれと言ってきている。けれどもだ、そうはいかん。我々が土手を監視したり、建築を止めるわけにはいかん。夜中に建てて朝はもう飯を炊いているのを、どうすることもできませんでしょう？……」*2と、まちの人たちは語った。

それ以降、いつまでたっても「安心して住める家」には手が届かなかった。高度経済成長により豊かな社会になればなるほど、このまちは周囲から際立ち孤立した。それを自己責任だと切り捨てられるだろうか。それを貧困の象徴と呼ぶとすれば、あまりに悲しいものがある。

その後私たちは、先述したように「原爆スラム」という呼称より、努めて「相生通り」というまちの名称で呼んできた。原爆を契機として形成されたまちであり、外形上の貧しさに比べて、そこで展開されていた人々の暮らしそのものは、当時の広島市内のそれと大きく変わらないものであり、「スラム」と単純に規定できないまちであったからである。

人間優先の生活空間の復活―近代都市が失ったもの

一方、相生通りが教えてくれた極めて重要なもう一つのテーマが、「人間が安心して住めるまちのありよう」であった。

戦後30年間もそのままの姿であったがゆえ、相生通りのまちには、すでに近代都市が捨ててしまった思いがけない空間が残っていた。それは今日、都市の日常生活の場が、ますます機能分化されてゆく

*2 大田洋子『夕凪の街と人と』（三一書房、1978年）52頁

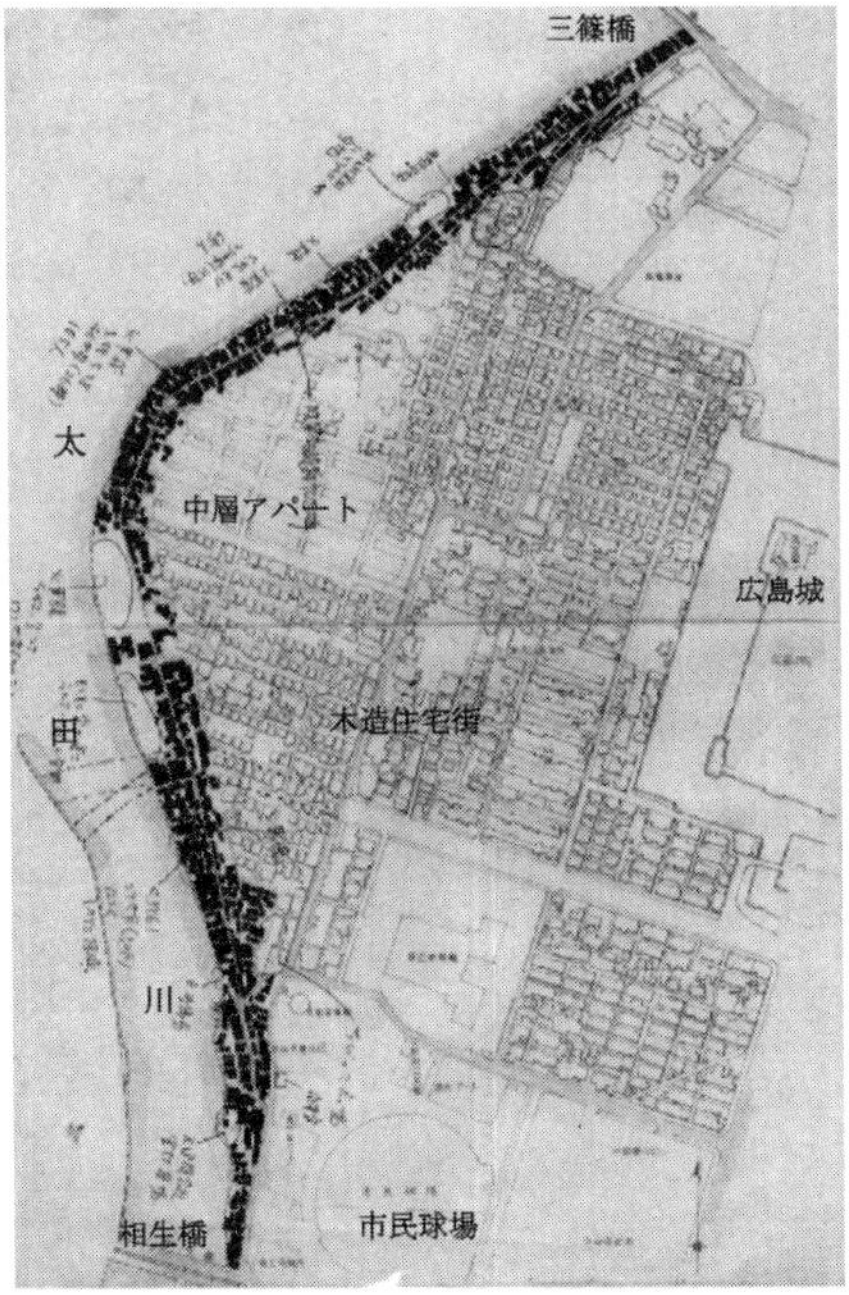

図6-1　1968年、県市の調査図面上に、相生通りの家屋を黒く表した。広島城の西側に基町木造住宅街が広がる

ことへのアンチテーゼの発見であった。大都市化の波にのって発展から取り残された地方の古い集落が、周回遅れで新たな価値を発見されるまで眠っていたこととよく似ている。

相生通りは広島市の都心近くにありながら、人々が高密に暮らすまちであり、かつての暮らしの表情があふれる「すき間」のあるまちであった。そこに人間の住むまちの基本を私たちは見た。「不法占拠」という特異な土地利用により、自然発生的に作りだされた一見無秩序な空間は、30年かけて偏見や社会的圧迫（あるいは無視）とたたかいながら、近隣居住者同士が互いのテリトリーを調整した、まぎれもない独自の占拠空間であったと言える。自らが生きて住むための知恵と行動により生み出した空間が、居住者の生活のしやすさを支えていた。

つまり、そこは住宅団地のようにあらかじめ計画的にあてがわれた空間ではなく、多様な機能を取り戻した自由な共有空間を持ったまちとして存在していたと言える。しかも住民が作り上げる非計画的なプロセスであっても、でき上がった空間構造にはきちんと「秩序」が生れていることが分かった。これらは近代都市で、ないがしろにされてきた「複合機能を許容する寛容性」と「共有される秩序」[*3]であり、これからの都市空間に再構築していかなくてはならない重要で基本的な問いかけであることを、このまちは我々に示唆していたのである。

それこそが、これからの都市の住みやすさのバロメーターとなるのではなかろうか。

2　基町再開発事業が目指したまち　―基町再開発の評価と課題

再開発が目指したもの

基町再開発とは何だったのだろうか。ここでもう一度、この再開発が目指したことを、振り返ってみよう。

不良住宅地区での再開発事業は、単に物的な環境を改善する手続きではなく、対社会的側面への様々

＊3
ジェーン・ジェイコブスは『アメリカ大都市の死と生』で、快適な都市の4つの条件（①機能は複合していること、②まち角は何本もあること、③年代の違う建物が混ざり合っていること、④人が十分に密集していること）を説き、近大都市計画を批判する。

な施策を同時に必要とする。とりわけ相生地区を含むこの事業が、「地区住民の福祉向上と新都市への志向を目標とする」[*4]高邁な基本理念を掲げていたのであればなおのこと、前居住者が再開発後もここに住み続けることができること、住み続けたいと思えるまちになること、そしてそれが生活向上に繋がらなくてはならないことは当然と言えよう。

このためになされるべきことには、2つの側面があるだろう。

1つは生活基地としての物的側面で、①住宅の低質さ、日照通風などの衛生環境面、火災の危険性などの改善は、まず何よりも優先してなされるべきこと、②相生通りの住みやすさを側面的に保障していた外部空間（共有性の高い空間）を再開発後も獲得し継承されるべきこと。

2つ目は、生活基盤としての社会的側面から、①相生通りでの生活のしやすさ（例えば、家賃・物価の安さ）や、職業選択のしやすさなどが継続して保障されること、②偏見や差別それに孤老問題などの、とうてい物的再開発だけでは解決し難い複雑な社会問題に対応すること、であろう。

再開発には、それまであった良きものを残しながらさらに良いものを加え、住み難くしていた要因を取り除く多面的な課題の解決が求められる。その結果が、とりもなおさず「広島の戦後を終わらせる」ことに繋がらなくてはならなかった。

本格的都心住宅地の選択

まず、現在地で継続した住宅系再開発を選択したことに触れよう。

基町地区一帯が、「戦後復興計画による大規模公園緑地計画の一部を割いて、その後の応急的な住宅地利用を無視できず、新たに本格的な住宅地として再整備せざるを得なくなった」と再開発事業記念誌にある。やむを得ずの感が強いとはいえ、現在地での建て替えを貫き、都心業務地に近接する一等地を住宅地区として再開発することにしたことは、極めて高く評価すべき点である。大都市の都心では住宅が駆逐され、夜間人口が減少し空洞化が問題になるなかで、広島の都心、基町での住宅建設

＊4 『基町地区再開発事業記念誌』22頁

は我が国のそれまでにない勇気ある英断であったと言えよう。郊外に住民を追い出すことより、はるかに優れた選択であった。

事実、結果、都心部にでき上がったまちに住む人々の立地評価は極めて高かったのである。都心に住まわざるを得ない階層、都心生活志向をもつ階層などにとって、希望となるものであった。

それは基町にとどまるものではない。現在、人口減少の時代を迎えた大都市では、これまで経験したことのない都市縮小の兆候とともに、空洞化した都心への回帰が始まっている。住宅を含む都市機能を複合化させコンパクトな都心再編が求められようとしている。人間優先のヒューマンな都心空間の創出が、やっとまちづくりの俎上に上ってきた今、基町の再開発は奇しくもそれを先取りしていたとも言えよう。

では具体的にはどう進められたのであろうか。

「く」の字型住棟の挑戦――物的解決手段としての高層住宅群

基町再開発事業は、高密度な高層連続住棟を採用した。

計画を進める市は、「市の中心街から至近の距離にあるという恵まれた立地条件のため、高層高密化し土地の高度利用を図ることにより、基町地区居住者用の住宅だけでなく、市内の住宅困窮者に対する住宅供給も図ることが住宅政策上からも好ましい」とした[*5]。さらに、「従来の団地計画に比べ、都市計画としての性格が強いこの再開発については、単に建築計画の立場からではなく、都市計画からの配慮も必要」ともされた。つまり、住宅問題と都市の整備を一気に、同時に高層高密度計画で解決しようとした訳である。

ここに述べられた理由は行政サイドからの要請によるもので、それぞれ説得性のあるものである。ところが移り住む居住者サイドからすれば、平地から一気に高層アパートに移る惑いや不満などがみられたのも事実であろう。設計者は、この両サイドの間に立って、都心型高層住宅とはいえ住みやす

＊5 同右

さを提供しながら意欲的な都市的スケールのデザインを試みようと挑戦していた。高密度な「く」の字型高層住棟の採用である（コラム7を参照）。

その設計手法は、従来の公営住宅づくりとは全く異なる極めてユニークで注目されるものとなった。これは後に「画期的都市再開発の総合計画」として数多くの賞を受けていることからも窺える。[*6] 密度・戸数やコストなどの厳しい条件下で、これらの挑戦的設計内容は、後に問題となる部分も含めて、かなりの程度で空間化されている。

繰り返すと例えば、高層住宅への日照条件を改善しつつ、住棟同士が対面することを避けるため、建物を南北軸に対して45度振りジグザグさせて連続させ、変化に富んだ高層住棟群を生んだ。そしてこの連続する屏風型の建物を地上から浮かせるピロティ方式を採用。地上の空間を分断せず、視覚的にも大きなオープンスペースを連続させた。景観上の配慮から、広島城側の建物を川側より低く抑え、北から南に行くに従って低くする形をとり威圧感を低減し、景観への配慮をしている。一方、地上に対して屋上も開放し、連続する住棟とその高低差を利用した庭園として連続させた。そこに集会所を設けている（図5‐2参照）。

住宅の集合単位は、エレベーターホールをコミュニティのコア（核）空間と捉え分節化し、そこからジグザグした幾分迷路的に入り組んだ2層ごとの広い廊下でネットワークするなど、さまざまな共有空間化への試みも見られた。[*7]

しかし、高層住宅は、その構造上およびコストの面から廊下やホールなどの共用面積をできるだけ減らすよう求められる。相生通りがもっていた多彩な共有空間を確保しようと試みた設計者の熱意と努力は多としながらも、居住者の生活を豊かに育む空間を、この高層建物に実現させることには、やはり限界があることは否めない。

＊6 学会論文その1「基町再開発の位置づけとその追跡研究の役割」『日本建築学会大会学術講演概要集（近畿）』（1980年9月）

＊7 『都市住宅7308』特集「高層団地」のなかで、「基町今昔」として40のアイテムについて写真による空間対比を試みている。

再開発事業から得たもの、残した課題

相生の河川敷に最後まで取り残されたバラック住宅街は、近代的な鉄骨鉄筋コンクリート造の高層アパートに変わり、もう次の住処を求めて心配することもなくなった。不法占拠と後ろ指を指されることもない。事業により得たものは大きい。計画と設計に対して、すでに第5章で述べた入居者のプラス・マイナス評価に加えて、事業により得たもの、そして成し得なかった点を整理してみよう。

得たものの1つは、先に述べた「都心部に恒久的な住宅地を実現」したことであり、2つ目は、以前からの居住者が低家賃で「住み続けられ」たことがある。3つ目の住宅については、広さは不十分ながら専用設備・日照通風などの「衛生環境面での向上」と「防災性の改善」には大きく寄与した。そしてさらに、限界は否めないものの従来からの高層アパートの持つ「共有空間の限界に挑戦」した計画・設計であったことなどを揚げることができるだろう。

いずれにしても、設計上与えられた敷地の範囲を大きく超えて、かつて丹下健三が戦後のコンペで提案した広島の都市軸を取り込み、都心景観に配慮し、小学校をはじめとする公共施設群と複合化した総合的な都市デザインは、広島のイメージを大きく変えたとも言えよう。

一方で、成し得なかった、残った課題も見えた。

最も大きな課題は、数千戸の住宅供給にもかかわらず、住戸規模が小さく、間取りが2タイプしかない住宅計画であろう。「住戸の狭さ」への何ともし難い不満とともに、2つ目が「エレベーターに乗ることの怖さ（特に夜間の危険性）」であり、高層住宅の「災害時の安全性への不安」や、「落下物の危険性」などとともに、これまでに経験しなかった新たな不安を発生させていた。こうした高層住宅が持つ避けられない問題は、入居者にとっても、やはり高層化への反発として受け取らざるを得ないだろう。

エレベーターなど高層アパート固有の共用空間の問題の顕在化は、いきなり高層アパートに入らざるを得なかった居住者へ、住まい方のケアが不足していたことと無関係ではあるまい。

そして3つ目が、意欲的な設計への挑戦とは裏腹に、過大な住宅戸数の建設計画からくる高密度な空間構成上の問題、例えば、せっかくのピロティが駐車場として占拠されたこと、などの問題が顕在化したことである。


また、物的な課題ではなく、入居者対応にあたる制度上の対応では、地区内自営業者の施設づくりに制度を越えて柔軟な対応が拡大されたことの評価は高かった。課題として残ったのは、入居に際しての「移転先選択の不自由」と「地域コミュニティへの支援不足」である。ある程度の柔らかな対応がされたが、職業上からくる入居選択や、入居先住宅の選択にあたっての従前コミュニティへの配慮不足があった。さらに、地区外転出者へのフォローが不十分であったという声も聞かれた。

社会的課題解決手段としての再開発の限界

相生通りのかつての「生活のしやすさ」は、入居者の多くにプラス評価として継承されていた。ところが、再開発の結果、前住者の30%に及ぶ世帯が「地区外に転出」していったという事実がある（図5-6、図6-2）。基町を離れた人のなかには、自ら望んで他の地に住処を求めた人たちもいたが、転出世帯にとってこの再開発は生活向上の契機になり得たのであろうか。

転出の理由は大きくは2つある。1つは職業上の理由であり、2つは入居資格である。

都心に住まわざるを得ない人、職住分離が不可能な零細店舗経営者や廃品回収業者などへの扱いは、制度の枠をはみ出せなかった結果でもある。相生通りの特殊性で存置不適格業種のいくつかは市が別棟に特殊店舗を集める形で収容したが、締め出された業種もある。

また、来住時期が遅く入居資格が無いとか、この際基町から出たい（これを理由とする世帯は極めて少なかったが）、などの理由もある。ただ、入居資格の判定や手続きにおいては弾力的な運用がなされ、指定日以降の転入無資格者も住宅困窮の程度で入居の道は開かれた。世帯の確認も、戸籍よりも実態に応じた扱いがなされた。とはいえ、高層アパートに思い通りの入居ができなかった人たちもいた。

こうした対応は県・市で多少の差はあれ、実際には行政の柔軟さもうかがわれたが、今回調査した地区外転出者の大半が異口同音に、行政に優しさを求める発言をしていることが耳に残る。

さらに、元相生通りの住民が抱えていた外国籍や原爆スラムと呼ばれ冷やかに見られていた偏見や差別は、再開発を機にどう変化したであろうか。

制度上、同一地区の居住者は原則として、そのまま同じ団地に転居させられる手法でもあることから、地域が抱えていた課題をそのまま次の地区に持ち越しやすい面がある。せいぜい、市営基町住宅地区と県営の多い長寿園地区に分かれた入居では、残念ながら状況を大きく好転できるところまでは難しかったことを伺わせる。

3　基町の今と元相生通りの人たちのこれから

再開発事業の完了（1978年）から40年が経過している。

この間、住まいとその周辺について、端的に言えば大きく3つの課題が残った。1つは切実な家の狭さであり、2つは、その狭さを補完する高層住宅の外部共有空間のありようである。そしてもう1つは、まちのコミュニティーに関連する課題である。

まず、いえの狭さの解消から

やっと「もう出ていかんでもええ家に入れた」とはいえ、あの狭小住宅に住んだ人たちにさえ「狭

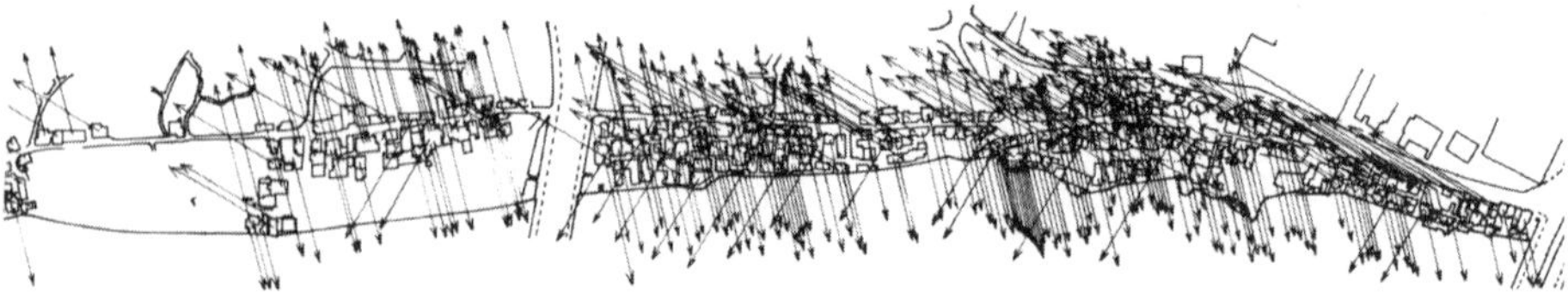

図6－2　相生通り住民の移転先。上向き矢印は地区内、下向き矢印が地区外転出を表す。（右）＝南地区　（左）＝北地区（『広島新史』都市文化編）

い」と言わしめた高層アパートの家は、やはり狭かった。生活向上の契機にならなければならない再開発で、せっかく入れたこの住宅が、かくもその狭さゆえに、移り住んだ人たちに不幸を継続させるとしたら、この再開発は何であったのかが問われるだろう。とはいえ、公営住宅規模は年度毎に国の予算で決まっており、広島県・市だけでこれを超えることは不可能であった。

そうした中で、すでに改善のいくつかは県・市により実行されている。例えば、「世帯分離」による複数住戸への住み替えや、設計段階で用意されていた「将来二戸の住宅を一戸に拡大」改善できる建築的処理を活用し、住宅規模を大きくすることなどが行われた。「基町ばかりを優遇するわけにはいかない」とする「行政の公平さ」がハードルとなることも予想される。しかし、「戦後を解消する」とした行政の責任として、息長く改善への努力も考えられてよいのではなかろうか。それは基町高層アパートが将来も良質なストックとなるよう、望ましい住宅水準へ改造されることに繋がらなくてはならない。

高層共用空間の改善

元相生地区住民も高層建物での集住に慣れ、新しい世代や住民も居住するようになった。入居して約10年当時は、エレベーター内の汚れが端的に物語っているように、長寿園高層住宅の廊下・階段・ホール・エレベーターなどの共用空間で、維持管理のまずさが問題となった。

ところが、先に述べたがこの長寿園に住む人たちは、以前の相生通りの屋外環境を、自分たちの手で維持してきた経験を持っている。町内会も、子供会・婦人会活動に加えて防犯・防火・衛生に気を使い、集会所をつくり、水道を引いた。そんな誰もしてくれないことを30年間にわたって自分たちで共有し維持してきた。それを守り通してきた力と経験があった、にもかかわらず、なぜこんな状況になったのか。

それは土に接した平面的で自由な生活空間から、立体的な高層建物での超メカニカルな生活への不

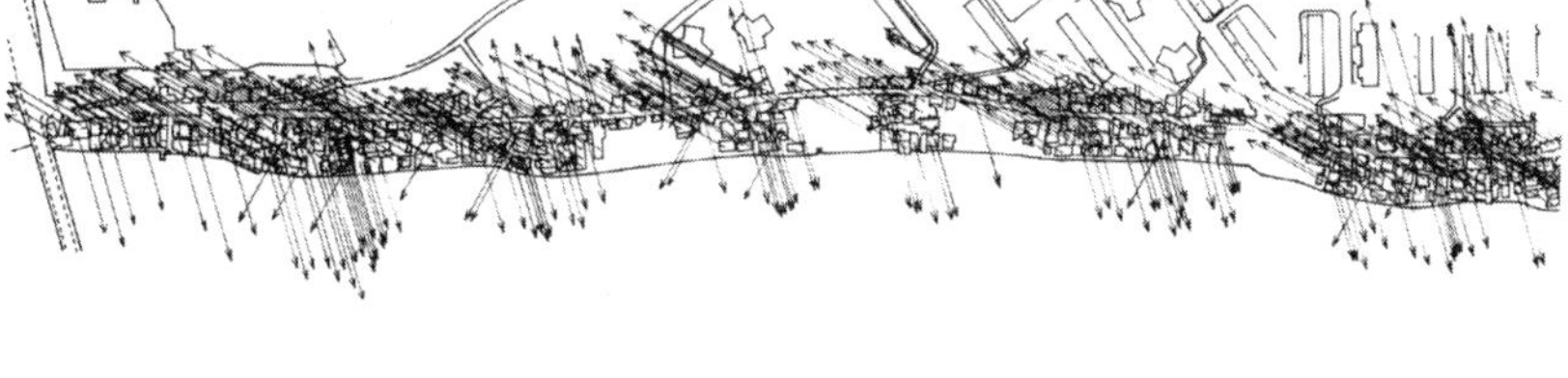

馴れとまどいと、入居者たちの繋がりの希薄化・分散化も原因としてあったろう。高層住宅への生活様式の劇的変化は、それまでの相生の人たちの生活・繋がり・歴史を悉く打ち砕くに十分であったのかもしれない。

しかし、これらもすでに入居以来40年間、基町・長寿園高層アパートでは多くの環境改善努力が公民合わせて行われた。コアごとの自治会の活動やエレベーターの透視化もあって、共有空間の汚れなど特段目立つことはなくなった。相生通りでの経験が、共有空間の環境改善への力となって目覚めたものと想像したいが、楽天的に過ぎようか。

また、中央の人工地盤(基町ショッピングセンター)の上の緑地には雑草が生い茂るなど、当初の計画意図とは異なる状況も生じている。屋上庭園は自殺対策や青少年の健全育成の観点から、出入口に扉が設置され、一時期、あまり利用されていない状況にあったが、少なくとも近年は野菜栽培などが行われ、子どもたちが参加した収穫も行われている。

コミュニティづくりへの挑戦

元相生通りには子どもから老人まで、単身もいれば外国籍者もいた。公務員もいれば店舗経営者など、様々な人たちが暮らす相互扶助的な付き合いもあれば、反目もあり対立もあった。決して結束の固いコミュニティがあった訳でもない。その人たちが基町・長寿園高層アパートに移った。その後のまちのコミュニティはどう引き継がれたであろうか。

1つに、最近(2019年)さらに進行した基町アパートの高齢化問題がある。市内の高齢化率約20%[*8]に対して、この地区はその2倍の40%を超えており半数になるのも遠くない。先のシンポジウムでの報告にも、地区の将来を支える若者の減少と併せて、高齢者の孤独死が気にかかるとあった。高齢者の独居居住に対するセーフティネットとして、安全設備の改善や介護・福祉的なケア・サービス

＊8
『基町プロジェクト・シンポジウム　二〇一六』電子版21頁

はもとより、地域でのケアを急がなくてはならないと言えよう。

また、基町高層アパートでは韓国・中国籍などの入居者割合が約20％と増加傾向にあり、将来のまちのあり方をめぐって多文化交流など先端の課題を抱える。いずれも官民、大学を巻き込んでの模索が続けられている。

一方、先述のシンポジウムでは、地区内にある店舗の空き状況も報告されている。30近くある店舗のうち約4割が空き店舗で、シャッターを閉めている。地域コミュニティで重要な位置を占める商店街をどう再生し活用するか。これには空き店舗の個別対応ではなく、高齢者の孤立化や国際化などとともに、様々なまちのコミュニティに関わる課題として関連付け、総合的に解決できる方法を探るべきではないだろうか。

幸い、広島市は2013（平成25）年に、住民参加による基町地区活性化計画を策定（2020年改訂）して、すでに取り組んでいる。その1つとして、市（中区役所）と広島市立大学が連携し、計画に位置づけた「基町アートロード、アートによる魅力づくり」の実現を目指して「基町プロジェクト」が展開されている。その中では、空き店舗をM98（基町の98号店舗）と名づけて活動拠点としたり、基町資料室を開設したりしている[*9]（写真6-1）。

また、共有空間として大きく変化したのは、県営基町住宅が撤去され、その跡地の一部がコミュニティ活動の場として暫定整備されたことである。さらに、空き店舗や倉庫利用が目立つなか、高齢化の進行を背景に、基町ショッピングセンターの一角に在宅介護サービス事業所が立地し、宿泊機能を持つ介護事業所の導入も計画されている。

こうした複合的視点と施設融合―例えば、既存の店舗・集会所・公共施設そして空き室など―を再編成したコミュニティ施設づくりには、ぜひとも小学校とも連携することだ。まちの内外にわだかまりを持たない子どもたちと、高齢者・外国籍の人たちの交流から国際的な理解と交流を育み、生き生きとした場づくり、雰囲気づくりでイメージチェンジを進められるだろう。公だけに頼らず、計

＊9　広島市立大学と広島市中区役所の連携により進められている「基町プロジェクト」は、2014年度から始まった。基町住宅地区の魅力アップと活性化とともに地域交流を目指す。もっと基町を「知る・楽しむ・使う」として、学生たちが空き店舗を活用して様々な展示やワークショップなどのイベントや、ワークスペースを企画しながら、地域との交流を図っている。

画から運営までを地域とNPOなどがきちんとマネジメントすることで、新たな活動に繋がることを期待したい。

余談であるが、基町高層アパート南側の中央公園（芝生広場など）にサッカースタジアムが建設されようとしている。基町住民の遊び場や憩いの場として、いわば地区外の共有空間としての役割も担っていた環境は大きく変化することになる。

元相生通りの人たちのこれから

原爆スラムと呼ばれた相生通りは、原爆ドームのような姿で原爆の悲惨さと核のない平和を象徴的に訴えることはできない。しかしこのまちは、被爆後の広島で人々がどう生きてきたかを象徴的に語ることはできる。

今は消えてしまったまちであるにしても、移った人たちが、戦争と被爆そして戦後の多くの辛苦から脱出し、自身の生活の復興をなし得たかどうか。結果は、先に述べた再開発の評価である。やはりなし得なかったいくつかの課題は残った。それでも着実に一歩一歩改善が図られつつあることも分かった。それを見届けることが我々の作業ともなった。

こうした課題の一つ一つは、単に基町高層アパートの物理的・社会的問題として矮小化していいはずはなく、広島の戦後復興と人々の暮らしの復興の過程としてきちんと位置付けられ、さらなる課題解決に向けて進まなければならない。

入居して10年後の追跡調査時（1979年）に、我々はこう書いた。

「既に彼らの生活は、早い人で入居後約十年を経ようとしていた。この間、新しく作られたまちは、古くからの問題の幾つかを引きずりながら、一方で新しい問題を派生させつつある。それでも『他に行く所がないけえ、ここに住まんと仕方ない』のである。この先も多くの人たちがここでの生活を続

写真6-1　基町プロジェクト活動拠点M98

けていくとすれば、今の問題を少しでも解決できるところから手を加え、ここを住み易いまちに変えていかなければならないだろう」と。

そしてこうも書いた。

「再開発によって作られたまちの再点検を試み、問題点の究明と新たな対応がなされてもいいのではなかろうか。そのためには、住む人自身が努力すべきことはもちろんのこと、この人たちの責任と能力を超えて存在する問題に対しては、行政が支え、広島市民の協力もまた不可欠と言えるだろう」

4　広島の戦後は終わったか ——再開発すべきは何であったか

再開発でできた基町・長寿園高層アパートは、広島城の北西に屏風のようにそびえる。西に向かう山陽新幹線は広島駅を出てすぐに、基町地区と長寿園地区の高層アパートの谷間を通過するゆえに、誰の目にも印象的な風景として目に留まる。基町・長寿園高層アパートは一体として、その高層性とデザイン性により広島のランドマークとなり、シンボル的存在とさえなった。しかし、これは被爆都市ヒロシマにあって「戦後を終わらせたシンボル」と素直に捉えてよいだろうか。

広島の戦後を終わらすためにと、基町の再開発事業は行われた。確かに、戦後そのままの姿を長くとどめた基町と相生通りのバラック住宅群は、形としては消えた。良くも悪くも基町・長寿園高層アパート群は、広島の顔の一つとなった。しかし、ここが「再びスラム化する」という言葉を耳にする時、困惑を感ぜずにはいられない。通称原爆スラムと呼ばれたまちがあったことから安易に連想する、これほど偏見を持った言葉はない。もし仮に、この新しい高層のまちにスラムという冠をつける状況が出現するとしたら、それはこのまちを孤立化させる広島市民の共通の責任でもあるはずだ。

広島市民が「ヒロシマの心を世界に」と訴えるのであれば、今こそ語り継ぐべきは、戦争と原爆後遺症の悲惨さ・愚かさを象徴する原爆ドームや被爆建造物などとともに、戦後をそのままに生身の辛苦を挺して耐え続けたまち、足元のヒロシマ—相生通り—こそ歴史に刻むべきではないだろうか。1945(昭和20)年8月6日の閃光から生き抜いてきた広島市民は、階層、国籍によるこだわりを捨て、言われなき偏見と差別意識を取り払う努力を共有すべきであり、そこから内外ともに連帯と呼べる力を持てるのだと思う。そこで初めて、平和を、ヒロシマを、世界に訴える広島市民となれるのではないだろうか。

再度、広島の戦後は終わったのかを問おう。

基町の景観を一変した再開発事業は、一定の成果をもって終わったとされる。姿を消してしまった基町相生通り／通称原爆スラムと呼ばれたまちを思い起こすことはもはや難しいかもしれない。しかし、間違いなくそこで生きた人たちがいたこと、それが訴えてきた意味は記録され、記憶され、継承されなければならない。そして、いくつかの目に見えない原爆とスラムの問いかけは、今も終わりなく続く。その意味では広島の戦後は終わっていないし、いつまでも終わらせてはならないのではなかろうか。

広島基町はまだ、その壮大なまちづくりの実験のただなかにいると言えよう。

5 調査後40年を経て

再開発が終了した直後に行った、元相生通り住民の追跡調査から得られた成果は、建築学会の研究発表会で報告した。さらに広島市の『広島新史』都市文化編1983(昭和58)年のなかの一節として、「基町相生通りの出現と消滅」、「基町高層住宅における空間と文化」に結実した。しかしその後約30年間、相生通りのことは、さして関心を持たれることがなかった。ある意味、豊かさを得た社会では、過去の出来事とみなされてきたのであろう。

そうした状況に変化の兆しが訪れたのは、2011（平成23）年東日本大震災の後のことである。翌年、日本建築学会がすぐさま機関紙『建築雑誌』でヒロシマ・ナガサキとフクシマを特集し、我々の調査が取り上げられ対談に呼ばれた。

広島では、2012年に広島市が「基町住宅地区活性化計画」を策定した。基町高層アパートや中心施設などの再生への動きも始まり、基町への関心が高まった。これに合わせるように地元でも広島市立大学の研究者と学生らによる基町での活動「基町プロジェクト」が動き始めたのも、この頃である。

この前後には「原爆スラムとその関連諸問題」に関心を持った、大阪と東京の若い研究者たちが訪ねてきた。その熱意から2015（平成27）年、久々に基町相生通りをテーマにしたシンポジウムを開くことになり、20人ほどが集まった。[*11] そして翌年、立て続けにシンポジウム「広島基町高層アパートと大高正人」を、広島市立大学と広島市中区役所が主催、文化庁が共催して開催された。会場の基町小学校体育館には約200人の聴衆が集まり盛況であった。会場には基町小学校の生徒たちが作った「被爆樹」の模型が展示されていた（写真6－2）。

そして、大きく関心を呼んだのが2017年以降のNHKによる3つの番組が連続して放送されたことであった。

こうした、ここ10年間の相生通りをめぐる様々な動きを、いくつか紹介しておこう。

①　対談：〈集住体〉としての基町高層アパートと原爆スラム（2012年）

日本建築学会『建築雑誌』2012年8月号「特集：広島［ヒロシマ］長崎［ナガサキ］」

2011年3月の東日本大震災の津波で壊滅したまちや、福島第一原発事故で放射能被害におびえる不安な状況が、かつてのヒロシマ・ナガサキに重なった。復興の困難さを視野に、建築学会は基町相生通り（原爆スラム）と基町再開発をテーマとして、基町高層アパートの設計監理を担った元大高建築設計事務所の藤本昌也さんと私たち

＊11　シンポジウム「〝原爆スラム〟と基町研究に関する報告と徹底討論、そして今後の展望の会」（2015年）報告者　石丸紀興／佐々木俊輔／仙波希望／中村圭／西井麻里奈／千葉桂司／矢野正和／山下和也

の対談を組んだ。大震災の翌年の、日本中がまだ深いショック状態のただ中での対談ではあったが、被災したまちの復興について話は進んだ。

② 基町／相生通り（通称「原爆スラム」）調査を回想する（前編・後編）
『広島市公文書館紀要』第29号（2016年）、30号（2018年）

2015（平成27）年、相生通り調査・追跡調査の2つの資料が、幸いにも当時の指導教官であった石丸が保管していた段ボール箱の中から見つかった。これらをまとめて広島市公文書館に寄贈することになり、それをきっかけとして調査当時の思いを回想して紀要に掲載する機会を得た。数十年も前を思い起こしながら、今日の視点からの記述も加えた回想記となった。

③ NHK　ETV特集「原爆スラムと呼ばれた街で」（2017年）

再開発でまちが消えて約40年、一世代を超える時が過ぎ、当時のまちを知る住民も少なくなった。NHKは直接話が聞ける今のうちにと相生に住んでいた元住民を苦労して探し当て、教育テレビで1時間の番組を組んだ。かつての相生通りの暮らしと今を率直な思いで伝えていた。本川河岸にかつて存在した相生通りのことが、久々に当時を知らない人々の目に触れることとなった（詳しくはコラム7を参照）。

④ NHK広島放送局開局90周年記念ドラマ「夕凪の街　桜の国二〇一八」とドラマメイキング「川栄李奈がたどるヒロシマ」

『夕凪の街　桜の国』は、こうの史代原作のヒロシマ・相生通りなどを舞台としたコミックスである。被爆後、相生のまちで暮らし、このまちで亡くなった平野皆実を主人公にした物語を、8月6日に開局90周年記念ドラマとして放映した。

写真6-2　基町小学校の児童が制作した高層アパートと「被爆樹」の模型

ドラマ収録を前に、平野皆実を演じる川栄李奈さんのドラマメイキング「川栄李奈がたどるヒロシマ」が放映された（7月27日）。3月下旬、我々は現地で案内役を務めた。彼女は「……まちの人々のそうした暮らしがここにあったのですね」と語った。

ドラマが収録されるNHK大阪放送局のスタジオでは、なんと復元された相生通りを目にすることができた。ドラマは8月6日以降、何回も再放送され、多くの人に改めて被爆者の悲しみを伝えた（詳しくはコラム3、5を参照）。

⑤ 高校生への伝言（広島女学院高校生との交流）（2019年）

広島で核廃絶の活動を続けるある人から依頼が入った。広島平和記念聖堂[*12]の近くにある広島女学院高校のあるサークルの生徒さんたちが、原爆スラムの話を聞きたいという。教室では、すでにきちんとした質問表を用意して、数人の生徒さんが私たちを迎えてくれた。

こんな若い人たちに相生通りの話をするのは初めてであり、彼女たちが生まれる数十年も前の話を、どう伝え、理解してもらえるか難しさがあった。しかし、真剣なまなざしで聞いてくれる姿を見て、こちらの逡巡は消えた。歴史をきちんと話せばそれでよい。後は彼女たちがあのまちの姿を少しでも記憶にとどめ、次の世代に語り継いでくれることを祈った。

＊12 広島平和記念聖堂は、被爆地広島に平和のシンボルとして1950（昭和29）年に建設されたカトリック教会。設計者は村野藤吾。

これら一連の出来事によって、今まで相生通り／原爆スラムのことを知らなかった人たちから「あのきれいになった河岸にあった、かつての相生通りのことがよく分かった」という感想をいただいた。

こうして今、相生通りのことを様々なかたちで振り返ることは、広島の河川敷に約半世紀にもわたりこのまちが存在したことの意味を、広島の歴史の中にきちんと位置付けることに通じると思う。それはさらにこれからの基町、広島のあり方を模索するにあたって、何らかの示唆を与えてくれるのではないだろうか。

コラム7
原爆スラムと呼ばれた街でNHK・ETV特集(2017年)

依頼があったのは2016(平成28)年であったろうか。元NHK広島放送局に勤務していたYディレクターから突然電話が入った。広島時代に、私たちの基町相生通り調査を載せた雑誌『都市住宅 7306』「特集 不法占拠」を見て、「ずっと原爆スラムと呼ばれたまちが気になっていた。当時、そこに住んでいた人たちの40年後の今を、まだ探し出せるうちに採り上げたい」ということだった。

私たちはその申し出を喜んだ。私たちも居住者のその後を知りたいと思っていたからだ。しかし、当時の調査原票から移転先の手掛かりを探し出す作業に協力すべきかどうか、私たちはそれを悩んだ末に、お断りした。理由は、当時調査を受け入れてくれた人たちとの約束、つまり調査で得た情報は他に流用しないという約束を守るためであった。すでに半世紀近くが経ち、取材の趣旨からしても非協力を通す必要はなかったと今は思うが、それが私たちの結論だった。

まちが消えてすでに一世代を超える時が過ぎていた。今さら、手掛かりも乏しい中で居住者を追跡することは容易ではない。それでもYさんは取材することをあきらめなかった。そうこうするうちに1年が過ぎた。

そんな折り、ある耳寄りな情報が入った。基町高層アパートに関心が高く、基町に通うフリージャーナリストSさんが、元「原爆スラム」居住者と繫がりがあるという。早速そのことをYさんに伝え、YさんはSさんの協力を取り付けることができた。ここから取材が急速に動くこととなった。

数か月の後、番組は完成し放送された。私たちは安堵するとともに、Yさんへ協力できなかったことを心苦しく思った。

さて、番組のイントロで、私たちの調査記録が紹介され、当時の思いの一端を述べる機会を与えてもらった。ちょうど、広島市公文書館に保存されることになった私たちの調査図面など、いくつかの資料が個人の了解のもとに番組に活用された。番組に登場した7人の元居住者のうち何人かは、かつて住んでいた原爆スラムの家の間取り図を見ながら話が進んだ。廃品回収業を営んでいた家族の家にはピアノが置かれていたこと、失対事業で9人の子どもを育てた家族が二間の家で寝起きしていたこと、火事で焼け出された家族は、「当時は貧乏だったけど皆が一生懸命働き、楽しいこともあった」と話す。

その声は、単なるノスタルジーだけではなかったであろう。その声を聴き、我々は安堵し、Yさん、Sさんの努力に深く感謝した。

イントロでまちのことを聞かれ、我々は「相生通りはスラムではなかった」と応えた。もしこの人たちが、時がたってもふる里を思うように、素直に相生通りを語ってくれたのであるなら、このまちはスラムなどであったはずはない。

こうして、本川河岸にかつて存在した相生通りのまちのことが、久々に当時を知らない多くの人たちの目に触れることとなった。番組の後半、元相生通りのあった河川敷でバーベキューをする若者たちの多くは、やはりまちの存在を知らなかった。そのなかでわずかに聞いた記憶があるという一人が、消えたまちのことを「都市伝説」と言った。

原爆スラム／相生通りは広島の都市伝説となったのであろうか。

終章　広島における現代都市としての試み

――基町相生通りから基町中央公園への視点

1　相生通りと基町地区

はじめに　――計画論へ

前章まで相生通り[*1]を中心とした考察を通して様々なことに触れてきた。相生通り論は、確かに様々な重要な意味を発していることに違いないので、そのことを繰り返し指摘してきた。同時に相生通りは、基町全体に広がる地区と重要な関係を有していたのであり、相生通りのことだけで完結してしまうことはない。基町地区からも相生通りへの様々な条件を規定し、あるいは相生通りからも基町地区全体へ、さらには広島の都市形成全体の在り方に対しても相互に発信をしてきていると考えられる。

本論全体は相生通りの生活史であり、集落レベルでの空間構成論であると認識されるであろう。確かに計画論そのものではない。とはいえ、集落生活史の中から集落形成論に繋がるところは大であろうし、より具体的な計画論を示唆しているところも少なくない。集落空間論から単純に、一方的に計画論の方向性を導けばよいということではないであろうが、可能な限り意図的に計画的な内容で展開してみよう。

さて、いざ計画論的展開をしようとすると、様々な前提条件が立ちふさがってくる。何しろ、基町

＊1　広島の中心部を貫通する幹線道路ではなく、かつて本川沿いの河川敷きに存在したまちの相生通り。

地区は日々動いており、あっという間に前提条件が変動してしまうところもある。何かについて前提にしようとしても、それさえもしばらくすると全く異なる様相を呈したり、提起されていた計画条件さえも変動したり、そもそも計画条件が不明であったりするので、どの時点で書かれた計画論であるかによって、全く異なる様相を呈してしまう危険性・可能性もある。

ここで展開するのは、２０２１年4月時点での草稿であり、今まさに中央公園の西部地区に新サッカー場建設が構想され、大きな開発が推進される可能性が出てきて、最終的にどういう形で落ち着くのか不明なのである。これについて言及しても、数年後には全く異なる事態が出現しているかもしれない。とすれば本論が決して一時的な意味で終わらせないためには、あまり現実的な事態に関わらないことが肝要かもしれない。しかし、それではあまりに現実乖離・逃避となり、抽象的な方向だけを提起しても、意味を失いかねない。

一方、今や計画論への展開は、海外からの眼差しに応えるという意味も有してきている。最近、海外から広島・基町地区を見学に来る外国人が見受けられるし、ＪＩＣＡ研修などにおいても、基町地区の変遷の解説は興味を呼んでいる。しかしこの側面は、２０２０年からの新型コロナウィルス感染の拡大で海外からの渡航に急ブレーキがかかっている。今しばらくすれば沈静化するであろうが、潜在的には基町地区の発信力は海外に対しても大きいと考えられるので、当面はやや不完全燃焼状態であるが、いずれコロナウィルス問題を超える時が来るであろう。

計画論とはいえ、現実の制度に整合するような行政や都市計画コンサルタントが展開しているような技術的な計画そのものではなく、まちのあり方とか身近な環境をどうしたらよいか、その総体的な方向性なり、意味付けであることをお断りしておく。

なお、ここで基町としての町名区域は97・85haとされていて*2、周辺の白島町や上八丁堀などとも連続的に広がっていて明確な境域は意識されていないかもしれないが、その核心部分は、現在の住宅地部分(住宅地と連携する公共施設用地を含む)であり、公園用地であり、周辺に連続する官庁施設、病院施設、

*2 この面積は、水面が含まれているであろうから、もう少し減じた値となる。

教育施設、その他民間施設である。これらへの全体的な言及が必要であるが、中心的なテーマは住宅地と公園用地にシフトしていることを断っておきたい。

相生通り当初形成過程における計画論

相生通りからの計画論と言えば、おそらく相生通りを参考にして学べること、導けることを、様々な事例とも絡ませて提示し、計画に結びつけ、展開することが期待されよう。しかし、より基本的には相生通りが提起する問題、そもそも相生通りの成立や存在過程に関わるところから問うことで始めなければならないであろう。

そもそも相生通りはなぜ出現したのか、それがなぜ許されたか、当時の経済・社会情勢の中で一定の存在理由が揃ったからにほかならない。いや有無を言わせず、強硬的にも住み込む必要があったと言えよう。そのことを描いたのが山代巴編『この世界の片隅で』である。

「相生通りでは被爆者であるということが、何ら特殊なことではありません。ここに住む人たちはすべてが、政治のひずみのしわ寄せを受けており、ここに追い込まれざるを得なかったのです。ある人は戦争そのものが原因であり、ある人は経済的不況や家庭の悲劇が原因でした。朝鮮人や引揚者は日本の植民地時代の傷痕をそのまま受けついでいます。最近ここに移ってきた老人夫婦をたずねると、山口県の農村から出て来たその人は『百姓じゃ食っていけんようになったのです。』……（中略）要するに相生通りとは、棄民政策が作りだした花のようなもので、被爆者もその花びらの一つのように住んでいるのでした」

と記述され、相生通りが棄民政策によって形成されたと、痛烈な戦後政策を批判している。とはいえ、もし厳格な都市管理がなされていたならば、公共用地へ入り込み、住み始めようとしたことが可能になっただろうか。現在のように法的に制度化がなされた都市計画・都市整備の仕組みから言えば、明らかにはみ出た事態である。

それが許されるような象徴的な事態が、かつての戦後の広島の原爆文学の中で指摘されたことがあった。それが大田洋子著『夕凪の街と人と』であった。大田は、戦後の広島を描いたこの作品において、1953（昭和28）年の広島の実態として、基町相生通りでの記述を残している。

そこで被爆者の人たちとも関わりながら当時の復興事業、特に建設中の百メートル道路に対して、痛烈な批判をしている。

「なんの用があって作ったかしりませんが、あの広い幅をもった、百メートル道路を見てごらんなさい。昼なお暗いほど、雑草にうずもれて、人通りもろくにありはしません。

お前らは無断建設したんだから、どこへでもゆけという、ここは公園にするからどいてくれと言って追いはらったんですからね。市民がくるしんどるのに、道にばかり草花を植え、花壇にして見たところで、世界の遊園地にして見たところで、市民の方でそれを愛していませんから、草も花も、木も育ちはしません」

この時、引き合いに出されている無断建設した場所こそ相生通りであった。再刊された『夕凪の街と人と』（三一書房）の「あとがき」において、刊行委員会は相生通りについて、「この地は大田洋子の『夕凪の街と人と』の舞台となったところです。大田洋子は一九五三年の八月の終わり、妹さんの中川一枝さんの戦災者住宅を訪れ、崩壊の街を取材します。そして貧しい被爆者や戦災者、朝鮮人など、政治からも社会からも見棄てられた救いのない底辺の生きざまを、まるごと描きました」と紹介している。

相生通りが形成された頃は、緊急避難的な要請が生じた場合であった。極めて類似した事態に遭遇したことがあった。それは1995年1月に発災した阪神淡路大震災の直後、調査に出かけた神戸・三宮の街を歩いていて見た光景だった。学校や、公園などが臨時的な避難所と化していた。神戸市役所の庁舎内ですらその階段室に多くの避難者が入り込んでいて驚愕した。街を歩けば道路に沿って屋台のような店が立地しており、リュックサックを背負った多くの人たちが行きかい、街中が騒然としていた。

これはまさに戦後の戦災都市の風景そのものではないか。住宅が地震によって破壊され、あるいは焼失し、あるいは余震に悩まされ、住むところがなく、職場も被災しているならば、何としても生き延びなければならない、もちろん他人の生存を脅かしてはならないが、避難可能な場所を求めて生き延びていく姿、神戸で生存の原点を見た感じがした。街が破壊され、電車が止まり、店舗も十分に開店できないようになっていたのである。住めるところはどこか、食べるものを入手できるところはどこか、もしその避難場所から人々を追い出したらどうなるか、臨時に食べ物を売る店が違法だと言って取り締まったらどうなるか。

緊急の混乱に紛れて相生通りが出現したということもできるが、本来取り締まるべく役割を担っていた組織・担当者は見逃したか、見て見ぬふりをしていたのではないか。計画論としては、これに応えなければならないのではないか。

形成過程の詳しい状況は前章までに記述しているのでここでは省略するが、「夕凪の街」で相生通りの歴史と実態を見ることができる。

百メートル道路の建設が大田洋子の書に登場することによって批判的に語られたのであるが、それは象徴的な表現であって、問題は戦後の復興計画・事業そのものであり、近代都市計画制度に、相生通りの存在が対比されたのである。

戦後、全国の戦災都市において大々的な戦災復興事業が推進された。当初国内で戦災都市は115都市とされたことから、その後合併や指定解除等で縮小されたとはいえ、まさに日本の主要都市の多くが対象となったと言えよう。国を挙げて都市のインフラストラクチャーと言える幹線道路や供給処理施設の基盤を整備し、公園緑地といった保養施設などを確保するため、土地区画整理事業という名のもとに、都市が大改造されたのである。これは、後の高度経済成長という経済活動を支えることとなったのであるが、戦災を体験した多くの城下町や商業都市が、それまでの居住者に所有敷地の縮小や移転、借地借家権の変更を迫ったのである、ある面では弱者に犠牲を強い、軋轢を顕在化させる事態となった

被爆都市広島では戦後復興という枠組みの中で住宅問題が顕在化した。住宅問題は、貧困問題と表裏の関係にあり、貧困問題は特に被爆者を抱えた家族に重くのしかかっていくので、相生通りのように復興事業を推進しているだけでは十分ではなく、住宅困窮者の増大により復興問題イコール住宅対策となり、基町地区では不法占拠対策でなければならないのであった。要するに、戦後広島の場における二大テーマである戦後復興と住宅問題が、基町地区・相生通りにおいてともに顕在化し、かつ先鋭化したのではないか。ここ相生通りが原爆スラムと呼ばれていた時もあったが、この呼称による特別の政策にはつながらなかった。しかし、この相生通りの出現が、復興過程に起因してのものであれば、なんらかの救済的な場所が求められたということであろう。

今後大震災時におけるような危機的事態は起きないであろうし、かつての相生通りのようなまちが形成されることはないだろう。確かに全く同じような事態は想定できないが、しかし、想定外と言われる災害、あるいは悪い方の偶然が重なる事態でも、住民の生命と安全を考えるという緊急時の課題、計画論の根底が消えてしまうことはない。想定外のことを考えるとすると、中国地方と四国に立地している原発の事故・災害であるとか、南海トラフによる地震・津波災害など、数百年のスケールで言えば、全く予想しなくてもよいということにはならない。広島からの緊急避難というだけで、他地域からの広島への避難の必要性が生じればこれも広島の問題である。住まう所が根底から喪失した時の対応は、計画論の片隅に置いておかねばないことである。現代社会においてはセーフティネットの仕組みが確

立しているとはいえ、システムが一時的に途切れてしまった時、ある瞬間に出現するかもしれない事態である。もし、その時、徹底して取り締まりだけが指示され、実行されたりすれば、大きな悲劇が起きるであろう。

実はこのような事態への理解は、ＪＩＣＡ研修でも、紛争国や災害国などの混乱期にある国で、まさに住むところさえないような場合が多々見られる。これから復興を目指そうという時、法的に取り締まることだけを指示する組織があるとすれば、住むところのない悲劇的な住民が発生するであろう。不法占拠を歓迎することは論外であろうが、広島での基町での体験から、何か伝えられることがあるに違いない。

以上は、計画論とは言えないような計画論だが、基本的な認識として把握されるべきであろう。

相生通り形成過程の特徴と環境の変化

当初の基町地区住宅地に連続して、あるいは紛れての本川沿いの河川敷・堤塘敷に、住宅困窮者による応急的な住宅建設が進んだ。そして市内の復興事業の推進によっても雪崩れ込むような形での住宅集積が進んだ。とりわけ平和記念公園の建設が進む過程で、立ち退きを迫られて移転先として選択されたという側面を持つ。公園緑地政策を進める立場からは、「平和記念公園の整備に着手した当時は、区域内に約４００余戸のバラックが密集し、この移転が急がれました。これらのほとんどは不法占用になるもので、これらを一時的に移転させるための用地を吉島や基町地区に求め、失業対策事業の助けをかりて撤去を進めましたが、これの進捗には苦心しました」[＊3]と報告をしている。

今まで許された存在も、ままならぬ事態に至る時どうするか、問題が突き付けられてきた。いわゆる河岸緑地の整備の推進である。それはどのようなものであったか、広島市の関係書類で次のように触れられている。

＊3　広島市公園協会編『ひろしまの公園昭和52年版』（広島市公園協会発行　１９７８年）6頁

「河岸緑地は戦災復興区画整理事業により、その用地が確保されておりましたが、戦後の混乱期には、その維持管理に手が回らず不法建築物（2400戸）の占拠を許してしまいました。公園緑地整備がようやく軌道にのった昭和40年、市議会と市により対策委員会が組織され、これらの不法建築物の自主移転を原則とした、救済措置をとらない撤去方針のもと事業に着手いたしました。昭和40年に実施した的場付近の行政代執行を皮切りに次々と作業を行い、昭和43年にはほとんどの不法建築物の撤去に成功しました。撤去後の再整備も間髪を容れず実施し、昭和45年までの6年間に総額113百万円の事業費をかけて整備に努めた結果、都市景観は見違えるようになりました」[*4]

*4 同右9頁

と、これこそ行政側の偽らざる状況判断の吐露であろう。公園緑地用地として計画決定している場所に、いつまでも不法建築の存在は許されなかった。最初に行政代執行という形で河岸の建築物の撤去を開始したのは的場地区において昭和40年度、1966年1月であった。

もしこの強制立退きの手段を批判するなら、それなりの計画論がなければならない。現実はぎりぎりの選択がなされたのであるが、このことについては後述する。

相生通りの存在から導けること

そもそも基町相生通りの存在は、近代の法制度において所有権（併せて借家・借地権も含んで）は独立した絶対的な権利制度であり、居住権・利用権はそれだけではいかにも弱体である。戦後の混乱期にあっては、路上や広場などにおいて闇市や屋台の営業が成り立っていたが次第に後退を迫られていったのは、すなわち、それまでの居住権や営業権だけでは権利としては認められなくなったということである。

一方、所有権絶対主義でなく形成された場所、共有の場所、集落などでは、独特の環境が形成されたことを認めなくてはならない。例えば子どもの環境、安全な環境といった観点では、所有権を超えたスペースが提案され、実現している場合が見られる。そこに地域の空間の有効利用といった計画的な要請が生じている場合に応えていると考えられる。この問題の所在を端的に示してくれるのが、相生通りであった。まさにコミュニティスペースの醸成であった。もちろん維持管理で問題は多々生じたであろうが、形成されたコミュニティは近代都市計画を超えて輝きを有していたことは、まさに大いなる啓示であった。

かつて相生通りにおいては、おばあさんが家先付近にいて、そこで子どもたちが話しかけ、周辺で遊びまわる姿があり、何ということはないが、そこを通り過ぎる人たち、掛け声、遠くでの叫び声、そのうち連れに帰る家族、そういった登場者、周辺の小道具、やりとり全てがコミュニティの構成要素であった。

時代とともにコミュニティのあり方も変わっていくのかもしれない。以前のような濃密なコミュニティはほとんどのところで消失しているであろう。阪神・淡路大震災時に見られ、確認されたこととして、神戸市などの大都市での居住者が地域における繋がりが希薄で崩壊した建物からの救助に支障をきたし、一方で淡路島などでは倒壊した建物からの救助が近隣居住者からの情報によって有効に行われたとされる。その反省として、多少煩わしくとも日常的な付き合いが意味あるのだとされた。これはともすれば忘れられてしまうかもしれないが、まちづくり計画の基本理念として伝えていかねばならないのである。

コミュニティのソフト的なあり方だけでなく、ハードとしてのあり方も問われるであろう。かつて存在した魅力ある空間は失ってしまえば、復元することは難しい。以前、ダム建設に伴う集落移転計画に関わった際、かつて農村集落風景で、ある道路から農家に到達する時に見られた木々が植えられた空間やちょっとした斜面を復元できないかと、試行したことがあった。農村集落では庭先に柿の木が登場する懐かしい風景であった。

誰かの所有に限定された空間でなく、集落全体の景観を演出するような空間、それはまさに自然に形成されたものであろうが、いざ新たに計画しようとすると誰かの所有面積として算入されて、費用として計上されてしまう。最初から公有地として計画的に配置されない限り、必要な魅力的な空間としては形成されにくいと言える。かつては井戸端や辻広場と呼ばれるような空間が存在していたことが知られているが、現代でも維持している事例は極めて稀であろう。

とはいえ、計画論としては新たな挑戦が要請される。所有権を前提として、様々な望ましい環境形成に導く方法もあるはずであり、様々な提案が見られる。とりわけパブリック空間とプライベート空間の二分ではなく、その中間領域にセミパブリック空間を設けて独特の利用方法を創出することは有効な方法である。

このような空間を創出するために税制とか、空間的な規制緩和や容積の割増の提供とかいったことが考えられるであろう。例えば、近年盛んに採用されている総合設計制度では、公開空地の確保により容積率とか斜線制限において緩和措置が認められていて、公開空地が都市の中で一定の役割を果たしている事例を多く見ることができる。

また、かつて住宅地の計画においてタウンハウス計画と称して、共有スペースを配置して有効に利用していく方法があり、広島でいくつか実現事例が見られた。住み手が替わり長期にわたって住み継いでいく時、様々な問題が出現してくるようであるが、実現した空間はそれなりに魅力的であった。公営住宅団地などでは比較的採用しやすい計画方法であろう。

セミパブリック空間の構成とか私有地の開放、コミュニティ空間の構成といったことで、少しでもかつての良さを継承できるよう試みることであろう。これこそ計画論である。このように制度化された方法においても、居住空間に魅力的な空間を組み込むことが可能と言える。

これらのことは、相生通りから導けることというよりは、広く提唱されていることであり、すでにまちづくりの計画書に基本的に記述されており、実現例も設計マニュアル、雑誌などで紹介されているところであり、ことさら強調することでもなかろう。

2　基町地区の整備過程からの計画論

基町地区の整備過程からの計画条件

基町地区の成立過程については既に述べてきたとおりであり、繰り返すことを控えるが、計画論的な視点で言えば、その成立過程を計画にどのように生かすかということであろう。

太田川下流のデルタ地域に、毛利氏によって広島城と城下町が建設された。すなわち、城と城下町は一体的に建設されたのであり、城郭だけが城下町の構成要素ではない。毛利氏、福島氏、さらに浅野氏の配下での藩政時代が続いた。この間、城郭と城下町の関係は緊密な連絡があり、維持された。現基町地区にあたる城郭の南西部と南部、南東部は主として侍屋敷であり、この藩政期には居住者は入れ替わりながらも屋敷の多くは維持された。当時は厳格な身分制度に守られての一画であった。一方で、城下絵図に見られるごとく町人の町では、お祭りや庶民文化も花開いたであろう。その地層は蓄積したと言える。

明治維新以後の基町地区における最大の転機は軍用地の進出・立地であり、軍都としての中枢地形成であった（第1章図1-2「軍事都市広島の中枢基地」参照）。この詳細は省くが、城郭中心部にはことごとく軍用地の進出があり、立地した。要するに「広島は軍都」というのは過剰表現では決してなく、都市の中心部への圧倒的な軍事関連施設が集中しており、基町は軍都構成の象徴的存在であった。こうして軍都広島の中枢が、明治、大正、昭和初期の近代において、日本の運命を左右する役割をも担ったと言える。

この基町地区の軍用地が被爆し、その主要部が戦後復興計画において中央公園として指定されたことも重大な計画条件である。

この地区の被爆による被害は徹底したものであった。爆心地から200メートルから1キロメートル圏内であるから、基本的に生存は許されない地域である。居住地域でなかったことにより、住民の被爆死者は少なかったが、軍関係者、動員学徒の被爆被害は甚大であった。そして衛戍病院（後に陸軍第二病院と改称）では多くの医者・看護婦などの病院関係者と入院患者が被災したのであり、基町の西北部における臨時救護所での悲惨な光景が残されている。建築的にはレンガ造建物が焼失しないでしばらく残されたままになっていた。

　ところが戦後、この軍用地のかなりの部分である70・48haを中央公園として都市計画決定した。すなわち、将来的に都市地域の一定割合を公園用地として確保すべく、国の方針もあって利用可能な地域を公園として指定したのである。軍用地としての利用から解放されたとはいえ、大規模に公園用地とされたことには、戦後のどさくさに紛れてのこととはいえ、基町地区の特徴を決定した重大な計画条件であった（図E-1）。

　だが指定されたこの公園用地の大半において、越冬のために、あるいは引き揚げ者用・復員兵用ということで、応急的に住宅が建設された。

　被爆後、まさに混乱期で、広島は傷ついた被爆者、生き延びた市民に、郊外の疎開先から広島へ移住する人、それに海外からの引揚者、軍人の復員者と、被爆によって破壊され残された少ししかない住宅に人々は溢れていた。その時、基町地区で中央公園用地として指定されたばかりの土地に、住宅が公的に建設されたのは当時としては合理的な計画であっただろうか。

　結果的には、基町地区の主要部を覆いつくすように住宅が建設され、結果的に1949年における住宅配置は基町地区の主要部に及び、中央公園部分は移転前の護国神社付近を除いて確保されないままとなった。すなわち、ここで基町地区が軍用地であったことの痕跡の多くが消え、住宅地の様相を強くしたのである（図E-2）。

　ここで特に注目すべきは住宅営団という組織の役割であった。これは関東大震災後に設立された住宅供給組織である同潤会を引き継いだもので、1941年設立され、

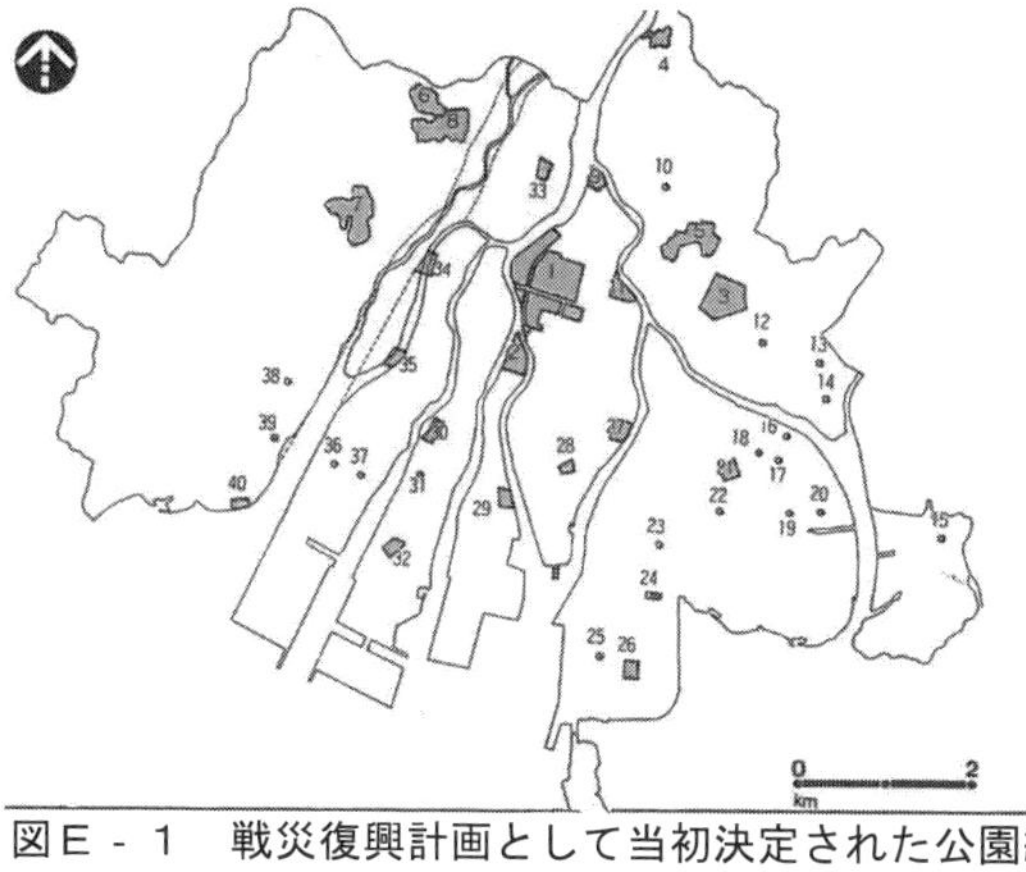

No.	名称	面積(ha)
大公園		
1	中央公園	70.48
2	中島公園	10.72
3	東公園	20.00
緑地		
4	不動院緑地	6.12
5	二葉山緑地	21.15
6	三滝山緑地	10.03
7	茶臼山緑地	24.72
墓地		
8	三滝墓地	19.29
小公園		
9	白島公園	5.37
10	牛田公園	0.20
11	泉邸公園	6.59
12	尾長公園	0.49
13	大洲矢賀公園	0.40
14	大洲公園	0.53
15	船越公園	0.17
16	東部東雲第一公園	0.40
17	東部東雲第二公園	0.50
18	東部東雲第三公園	0.44

No.	名称	面積(ha)
19	東雲第一公園	0.56
20	東雲第二公園	0.40
21	霞第一公園	5.29
22	霞第二公園	0.18
23	翠第二公園	0.14
24	宇品第一公園	1.75
25	宇品第二公園	0.31
26	港公園	4.96
27	鶴見公園	4.59
28	東千田公園	2.54
29	吉島公園	3.64
30	舟入第一公園	4.46
31	舟入第二公園	0.30
32	江波公園	3.96
33	楠木公園	5.47
34	中広公園	4.96
35	福島公園	3.96
36	観音第一公園	0.20
37	観音第二公園	0.20
38	庚午第一公園	0.81
39	庚午第二公園	0.70
40	草津公園	1.88

図E-1　戦災復興計画として当初決定された公園緑地計画図（『広島被爆40年史』）

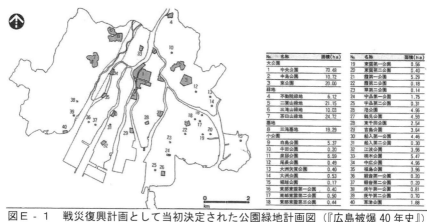

戦時体制における工場疎開などに伴う居住者の住宅を確保するために、大量の住宅供給を進めた組織である。これが短期間であるが戦後直後における住宅不足に対して一定の役割を果たすことになった。ここで採用された住宅供給方式は、一つはセット住宅というものであり、一つは竹ラス住宅、一つはその他の住宅とされ、小規模ながらも短期間に建設が可能な方式であった。このセット住宅とは、まさにプレハブ建築の走りと言え、部材をそれぞれ生産して現地で組み立てた（図E-3）。

終戦翌年の1946年2月にはGHQの指令により戦時協力団体とみなされて解散させられたが、それまで建設資材不足の中で越冬住宅建設などにおいて全国でも一定の役割を果たしたのである。特に、広島では基町地区が活動の場となったのである。

かくして住宅地がかつての軍用地を覆いつくし、表面的にはその重層性を示すことは稀であった。しかし、詳細に見れば煉瓦構造の一部は存続していた。こういった基層の上に戦後の基町が形成されたのである。

こうして城下町から転換した軍用地という基層の上に、戦後の基町住宅地が形成されたのである。

図E-2　基町に当初建設された種類別公的住宅分布図（1949年『広島被爆40年史』）

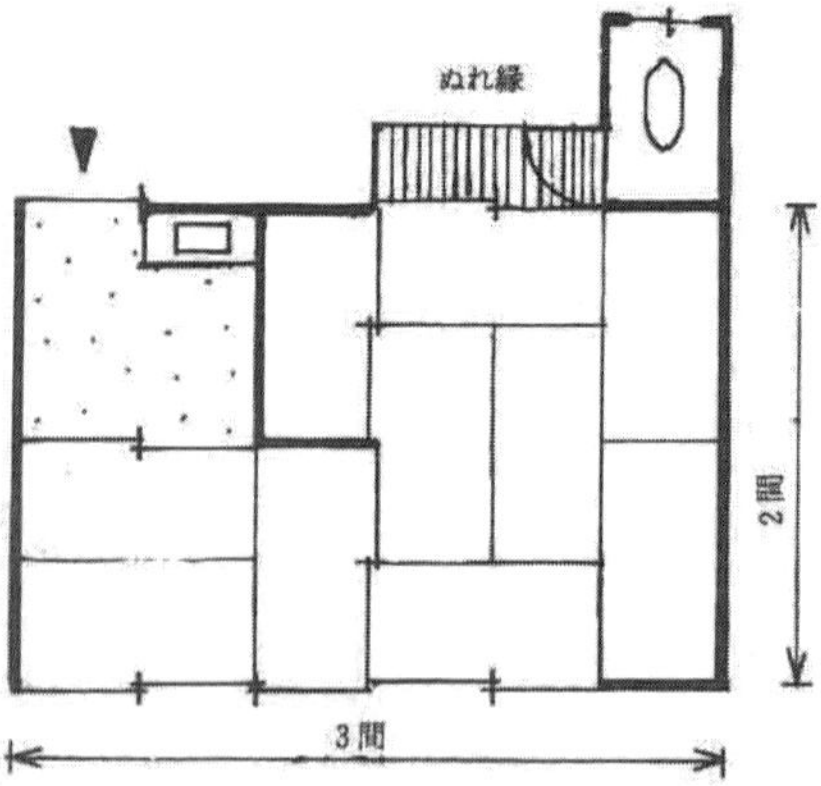

セット住宅の平面図
住宅営団がセット住宅として売出した住宅の平面図。部材をそれぞれ生産，調達しておき，一式をまとめて販売した。1946年当時の値段で1戸3500円であった。面積は6坪2合5勺(約20.6平方メートル)。幟町教会は，このセット住宅2戸分をつなぎ合わせて使用したのである。

図E-3　住宅営団によるセット住宅の平面図例（『世界平和記念聖堂』相模書房出版）

住宅地と公園機能の相互干渉

さらに住宅地としての蓄積を図り、最終的に一部地区を住宅地（一団地住宅経営地区）として承認したことに触れておかねばならない。

1956（昭和31）年に一部地区の公園用地を住宅地区に用途変更した。当時の渡部忠雄市長の公約実行（百メートル道路の幅員を半減させて住宅を建設する）の難しさを説得した建設担当者が導いた結論が、基町における中央公園の面積削減による住宅地公認であった。以後、基町地区の北部で中央公園から転換された住宅地は、中層の市営住宅と県営住宅の建設用地に化したのである。

基町地区の主要部を占める中央公園の位置づけこそ、この地区における最重要課題であった。1952年の平和記念都市建設計画で58・74haに縮小され、1955年の住宅地との共存という方針の大転換を経ながらも、1957年に計画決定した44・1haという面積規模で持ちこたえることになる。

公園整備は、1950（昭和25）年に開催されたマッカーサー杯争奪全国テニス大会に合わせたテニスコート整備など早期に手掛けられた部分もあった。この間にもいくつかの構想は提案された。最も早くは1949年の平和記念公園コンペにおける入選案（図E-4）で、丹下健三グループから展開された1950年におけるCIAM[*5]提出の平和公園案である。これは中島地区の平和記念公園と基町地区の中央公園を一体化させ、新たな平和公園として形成するという計画案であった。しかしこの提案が公式的に承認されたという形跡はなかった。その計画で具体化したのは1952年竣工の丹下健三設計の児童図書館であった。

その後中央公園は、ピクニックや休養の場や、平和記念公園に繋がる活動的戸外施設や文化教養施

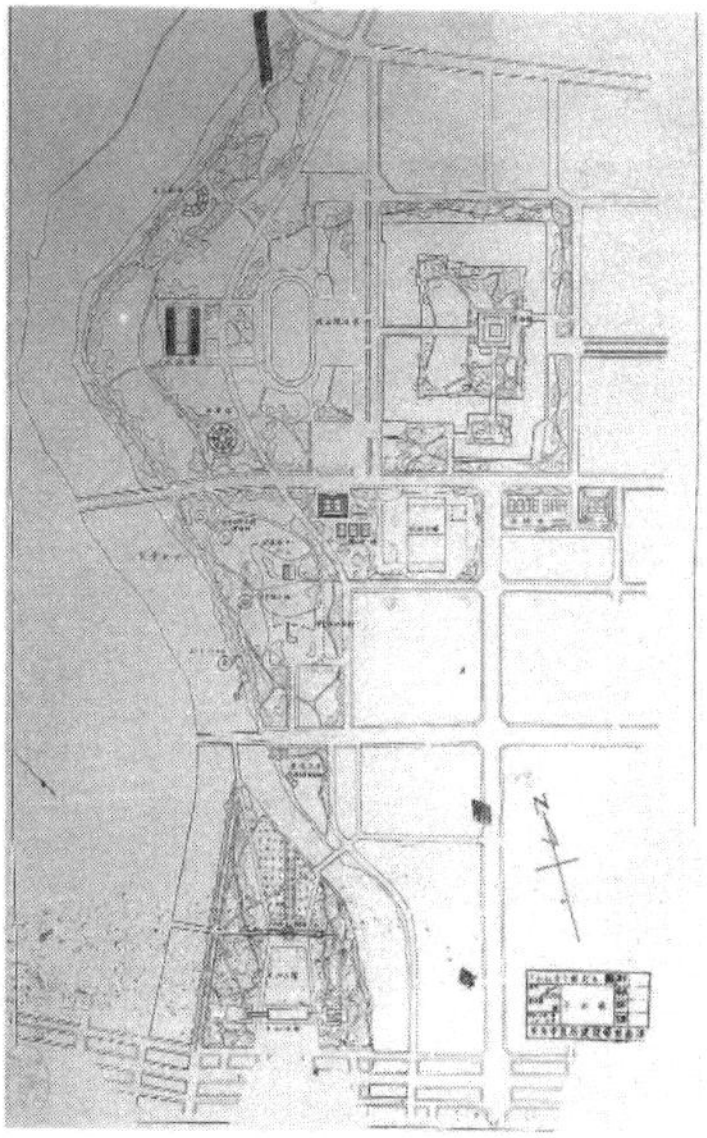

図E-4　平和記念公園計画図として丹下健三と広島市建設局計画課で作成された図面（1951年1月4日とされる『広島市公文書館紀要』第23号）

＊5　「近代建築国際会議」建築家たちによる都市と建築の将来のあり方を討論した国際会議。1928〜59年まで11回開催された。

設の区域、静的利用を図る区域といったゾーニングもなされ、可能なところからの部分的整備で、進捗状況は1976年度までに全体面積の約59％整備済みとされた。＊6

こういった紆余曲折はあったが、最大の転機は1969年から開始された基町再開発事業であった。ここに、基本的な公園用の面積が確保されることになり、初めて全貌を現わしたのである。再開発とは大規模な土地利用転換と言えた（図E-5）。最終的に建築物の出現に繋がるが、基盤としての土地利用が幾多の変遷を経て確定されたことが再開発の最大の眼目であった。例えば、

○ある地区は、城郭周辺地（武家屋敷）→軍事施設→（被爆）→公園用地計画決定→戦後の応急的な住宅建設による住宅地→一団地住宅経営地としての中層住宅建設（住宅地として確定）

○ある地区は、城郭周辺地（武家屋敷）→軍事施設→（被爆）→公園用地計画決定→戦後の応急的な住宅建設による住宅地→住宅を解体して中央公園用地

○ある地区は、城郭周辺地（武家屋敷）→軍事施設→（被爆）→公園用地計画決定→戦後の応急的な住宅建設による住宅地→住宅を解体して再開発による高層住宅地（ショッピングセンター用地、学校用地や公共施設用地を含む）

○ある地区は、堤塘敷きを利用した城下町としての流通施設用地→軍用地としての機能を補完する流通施設用地→（被爆）→相生通りとして集落地の形成→建物は解体・撤去されて河岸緑地としての整備

となったのである。すなわち、最終的に改めて住宅用地として確定する場合と、公園用地に戻す場合とに大別されるのである。そして公園用地として確定される時期は数度にわたってあり、中央公園として形成されるまでには度重なる土地利用転換があり、施策展開が必要であったことが分かる。

＊6　広島市公園協会編『ひろしまの公園　昭和52年版』（広島市公園協会発行、1978年）25頁

再開発後の土地利用状況

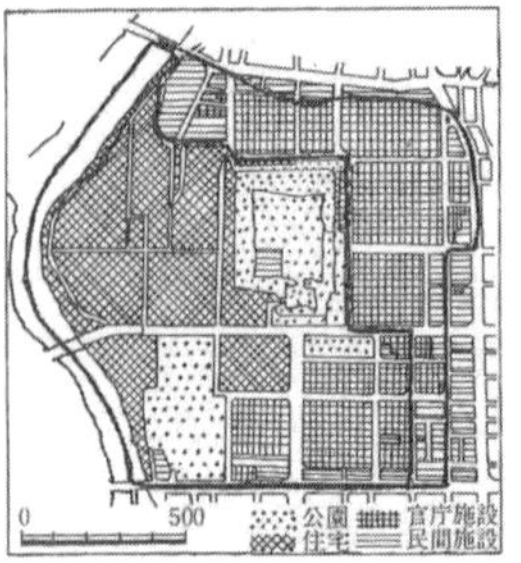

再開発前の土地利用状況

図E-5　再開発による土地利用転換（『広島新史』都市文化編）

住宅地と住宅計画の計画的特質

再開発によって出現した基町の高層住宅は、建築的にも独創的でユニークな景観をもたらし、新たな生活の場となったとされる。

基町地区の変遷で、最も顕著な側面は、住宅と住宅地計画に関わる分野であろう。もちろん時代性もあり、当時の居住水準のレベルではいかにも低い設定ということになるが、それは限界というよりは次代に残された課題であろう。基町地区で切り開かれた住宅、住宅地計画の地平は、その後の政府全体の住宅政策から言えば、顕著な事態であった。日本が戦後復興期から高度成長期、低成長時代を経て経済の変動による都市政策の変動期となるが、地域環境としての住宅地整備のレベルアップにおいては目立つような貢献が少なくなっている。かつての住宅・住宅地計画の足跡を整理し、その成果を継承していくことは、この広島を事例としても可能であると言える。

問題提起としての計画論

基町地区では、集合住宅の建設を果たしながら、単なる住宅地、単なる住宅という枠を超えた意味として戦後復興と都市形成という役割を果たしてきたと言える。都市の景観形成も考慮しながら、広島の歴史を背負い込み、都市に住むこと、多様な人々の住まいになること、建築という枠を超えた存在になったのであり、それはさらに発展させる必要があろう。基町地区の再開発は県と市の共同事業であり、公営住宅系列を踏まえながら、不法建築・住宅を包み込んで、基町再開発と長寿園再開発において生き抜いてきた。しかし問題はさらにどう継承するかであり、その検討が待たれる。

以上より、基町地区の各種試みから計画論としてまとめておきたい。

計画を推進する人であり、組織である。その決定的な事例を示そう。基町地区をどのような方法で再開発に持ち込むか模索されているとき、地区住民も立ち退きを迫られるよりも、地区外に追い出さ

写真Ｅ－１　建設省担当者への地区住民の陳情（１９６６年撮影）（中国新聞社提供）

れるよりも、地区内で解決したいとの思いを強くするようになった。そして1966年9月、「広島市基町地区住宅建設促進同盟連合会の組織が仲介となり、建設省担当者と広島県、広島市の担当者も含めて陳情を行うことができたことである（写真E－1）。基町地区の環境改善は公営住宅の建て替えだけでは実現しないことは誰の目にも明らかであった。かといって例外的に住宅供給して譲与あるいは賃貸に供するといっても根拠なり、制度が伴わないのである。一時は被爆者を援護するという形での特別立法も考えられたが、諸事情から成立不可能と判断された。かくなるうえで、制度的に住宅地区改良法の適用による以外に道はないと判断されたが、そこへの道筋をつけたのが先の陳情であった。そこでもしさらに 要求を突きつけ、決裂させて起業者側を批判し続ける方法もないわけではないが、それでは収まらない時の道筋が読めなくなるであろう。もちろん正解はどれか、答えは明らかでないが、計画論としてはより妥当な選択肢を選びたいであろう。

この住宅地区改良法の適用による再開発は、簡単なものではない。基町地区の相生通りに住んでいたことから、多くは長寿園高層住宅に、場合によっては基町高層住宅に移転できるのであるから、特別の待遇を受けるものではないという原則を守らなければ、市民を納得させることができない、これは行政側が最も気にするところであり、議会などでも批判に晒されるところであった。ここでは改良住宅と合わせて相当数の公営住宅を同時建設し、広く市民の住宅需要に応えるという形にしたのであった。

基町地区の計画過程であまり言及されていないことは、この間の基町の変遷においての関係者の取り組み、とりわけ公園緑地の計画関係者のふるまいである。広島の基町地区で中央公園として計画されていながら、遅々として実現に至らず、長期にわたって耐え忍び、実現機会の到来を待ちわびていたかもしれないではないか。すべての計画者が当てはまるわけではないであろうが、機会を待ちわびながら公園緑地の姿を描いていた関係者がいたとすればそれは重大なことである。かつては公園・緑地計画は造園あるいは施設計画の分野とされ、必ずしも脚光を浴びることはなく、ある意味では隠れ

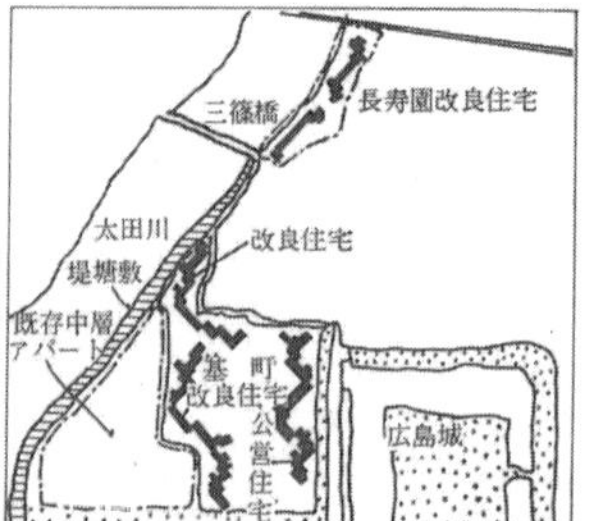

図E－6　基町再開発の高層住宅の配置イメージ（『広島新史』都市文化編）

た存在であった。１９７０年代の頃から緑化とか公園緑地の政策がにわかに重視されるようになり、多くの総合計画やまちづくり計画、文化政策において「緑」、「緑政」がキーワードとして登場し、重要政策に位置づけられるようになった。この時代から、やりがいのある目立つ分野となったのである。かつては、計画論としてコンセプトを論じるような基盤も弱体で、人材の配置・充実に必ずしも配慮が十分でなく、その対応が必要となっていたのである。

不法・混乱を超えて市民・居住者の生活を見守っていく姿勢も重要な計画論として、捉えなければならない。結果的に、このような場所で画期的な住宅デザインを試みたこと、特に近代建築デザインを市民や関係者に開示し、評価対象となったこと、すなわちピロティ方式や屋上庭園、中央ショッピングセンター、コア方式、スキップ形式（廊下階飛ばし方式）、南面日照取り込み方式といった設計手法の試みが、基町住民に馴染むものであるか、大いに検討すべき課題であろう（写真Ｅ‐２）。これは今後の改修や住み方のルール改正を含めて地域の課題である。あるいは将来的に広島としても世界からの見学者を受け入れ討議・セミナー・ワークショップなどの積極的推進・支援を図ることは、不十分ながらも一定の活動の存在を認めることができるし、さらなる展開を追求すべき方向性であり、まさに市民的計画論でもある。

すでに基町プロジェクトという形で、「若者が主体となった創造的な文化芸術活動や地域交流を通じて、まちの魅力づくりや、基町住宅地区の活性化への取組み」が見られ、ここからさらに活動の発展が期待されている。要は、今まで基町地区に投入された人的エネルギーや資金は莫大なものがあり、こういった過去の、いわば貴重な投資とも言える営為を生かしていくのが、これこそまた別の計画論である。

既存の平和都市論にまともに対抗するような新たな提案を必要とするはなかろう。平和都市論として構えなくとも、自然に滲じみ出すような平和都市論でありたい。広島の都市形成論を語る時、平和記念都市のそれよりも全く新たな計画の視点での提案こそ意味がある。

写真Ｅ‐２　基町地区の高層住宅とショッピングセンター

具体的な計画論を提示しよう。

住宅・住宅地の変遷・展開の記録・記憶と開示

基町地区と言えば、全国的にも戦後復興、とりわけ住宅を通しての広島の復興、戦後の生活スタイルの変遷を示してきた典型的な場所であった。「戦後住宅建設の展示（研究も含む）スペース」の建設、その場所を使って、かつての日本住宅公団や建設省時代の功績を含めて、いや住宅営団の活動さえも含めて、歴史的に住宅の図面や復元模型を使用して、キャプションを練り上げれば、日本人に多くのことを知らせることができるし、その内容を継承していくことができるだろう。

伝えるべき内容は多く、次のようなテーマが考えられる。

①戦後広島で実践された住宅営団住宅の復元、まさにプレハブ建築の先例とも言える何種類かがあり、組み立て方式のものもあり、極めて実験的である。

②越冬住宅、引揚者住宅の復元

③広島では51C型[*7]の出現直前の住宅として京橋会館や昭和町の平和アパートの事例があり、2Kや3Kの住宅タイプの復元。

④51C型がまさに1951、52年、県営東観音住宅で出現したことが判明したので、記録と模型作成による復元。

⑤基町でも県営住宅のスターハウスで51C型の変形の復元。

⑥そして最も身近なところでは基町再開発による高層住宅のスキップフロアタイプの復元あるいは模型展示。

これらは広島で展開された集合住宅タイプであり、日本における生活様式の変遷の一端を示すこと

＊7 51C型　戦後の公営住宅政策の中で生まれた住宅形式で、1951年の公営住宅の標準設計で初めて登場した椅子式の食堂・台所で、炊事・食事にも団欒も許容するものである。ダイニングキッチンと呼ばれる空間で戦後の日本人の生活様式を変革したと言われる。（参照：石丸紀興著「広島市に

ができる。

このような展示企画は、形式的な平和都市論を超えて、見る人の心にずしりと訴えるものがあろう。日本人の生活スタイルの変化やあり方に一石を投じつつ、今後の模索を促すことできる。そのようなことができる場所は、日本の中でも広島が最もユニークで適した場所であろう。展示素材はたくさんある。住宅営団が展開した組み立て式住宅もあれば、ダイニングキッチン（DK）の原型も存在しているので、復元できる。場合によっては他都市の事例、例えば晴海の高層アパートや川崎市の河原町共同住宅も引用できよう。全国的に住宅モデルの展示ができれば、生活研究や建築学生、建築関係者にとって絶好の参考場所となるであろう。

そして計画論としては、ある計画が実現したとして、その後においても、現地調査研究、関係住民の追跡調査研究、実態報告、計画・設計の報告等があり、完成後の各種受賞報告やマスコミによるレポートがあり、多くの情報が発信され、蓄積されてきた。問題はこれらの情報・資料が散逸し、また多くの経験も散逸してしまうことである。ここである意味では世紀の挑戦があり、実験的試みがあり、経験があったと考えるならば、何らかの形で集積させ、研究・展示・発信すべきではないか。これも計画論である。

都市の重層性の把握と表現

さらに計画論を展開しよう。それは計画の役割というか、計画の最終的目標に関することである。すなわち、計画とは、ある目標に到達することである。その目標ということにおいて最も重要と思われることは、その計画によって計画された空間、場所、施設等が当該地区で誇れるものであることである。復興計画に際してこの基町において、軍用地の主要部を公園用地として面積70ha以上を確保したことについて述べたが、このことが戦後の広島の運命、広島の中心部の運命を決めたと言っても過言ではない。これは当時の戦災復興院の復興計画策定の基本方針として、可能な限り市街地の1割近

おける51C型・DKタイプの導入・普及・公営住宅編」、『広島市公文書館紀要』第25号、２０１２年）

写真E-3　広島城の内堀に面して建設された「基町地区再開発事業完成記念碑」

くを公園用地として確保すべしという方針に沿ったものであるが、ある意味では戦後のどさくさの中で旧軍用地利用という先見であった。ところが、現在広島においては、はたしてこのようにして確保された中央公園は誇るべき場所として存在しているだろうか。これが最も基本的な問いかけである。

歴史から学ぶということを考えるとすれば、中央公園こそ、時代を先取りし、かつ、本来市民の宝となるべき存在であったはずである。公園は単なる空き地ではない。時代の文化を結集し、長く継承していくべき場であるべきであろう。

基町整備に関して、あるいは都市全体に及ぶこととして指摘しておきたいことがある。それは国有財産払下げに関することである。実は1949年に成立した広島平和記念都市建設法（平和都市法）は、広島を平和記念都市として建設するため国や関係機関は広島を特別に支援するとされ、特別補助であるとか国有財産の譲与が規定された。そのことによって広島の復興は飛躍的に進展したことは事実であるが、折角の法整備がされたのに、公有財産の譲与はどうであったか。

実は広島の平和都市法の制定の翌年1950（昭和25）年、旧軍港市転換法（軍転法）が成立し、旧軍港である横須賀市、呉市、佐世保市、舞鶴市において平和産業への転換のために旧軍用地の大々的払い下げ、譲与が可能とされたのである。そして現実に大規模な旧軍用地が譲与され、転用がなされたのである。その詳細は省くが、例えば呉市で言えば、まさに戦災都市として著しく疲弊しきっていたのであるが、この軍転法によって軍港施設であった港湾施設や製鋼所、その他関連工業用地が蘇えり、一躍呉市で戦後復興を果たすのである。もしこの軍転法が制定されなかったり、旧軍用地が譲与されなかったりした場合を考えると、奇跡の戦後復興と言えよう。佐世保市では多くの公園用地や学校用地、病院用地などが国有財産の譲与によって成立している。

ところがこれに対して、広島では例えば基町において、広大な旧軍用地のある中で、譲与財産と言えば市民病院や基町高等学校であり、面積は併せても4・38ha強である。基町地区全体の国有財産面積から言えばわずかである広島は、国有地の譲与を政策的に進めてきてはいないことになり、その是非は議論の余地があるが、平和記念都市（平和都市）建設のため法的に支援が根拠づけられていることからすれば、軍転法の活用都市と比較しても著しく消極的であったと言えよう。平和（記念）都市として整備するならば、例えば被爆100周年という節目であれば、国有地を使用したプロジェクトが可能なのである。これは国から無理に財産譲与を受けるという意味ではなく、国と協力して何かに取り組むという意味として展開すべきであろう。

基町が幾多の歴史的痕跡を重ねて成立したのであることを忘れてはならない。すなわち、まちは積み重なりながら存続してきた。破壊されて積み上げられたものであろうと、次第に建て替わって形成された場合であろうと、まさにまちは重層したものであり、少しでもその痕跡を留めたり、記念的な施設で意識的に伝承するようにしかけたりすることは、過去からの教訓を学ぶことであり、さらに飛躍しようとする原点ともなりうるのである。

最後に計画論として極めて重要と思われる提案をしておこう。

ニューヨークでは341haという超大規模なセントラルパークを擁しているが、これを邪魔者扱いするどころか誇りとして捉えている。昼休みなど、この公園を横切って休息しようとしても無理に近いほど対辺は離れているが、何かのイベントは可能であるし、ジョギング、サイクリング、アイススケート、散歩といった各種スポーツなどの健康維持保養施設としての役割を果たしており、バードウォッチングや自然観察なども可能としている。大規模施設として唯一メトロポリタン美術館が立地しているだけで、あの野球好きのアメリカ人でさえ野球場を建設して受け入れるという考えはない。セントラルパークはまさにニューヨーク人、アメリカ人にとって誇れる存在なのである。

基町地区の中央公園、あるいは、かつての相生通りの河岸が誇るべき空間になっているであろうか。多くの犠牲を払い、資金や時間、エネルギーを投入したのに、誇るべき空間でないとしたら、今までの計画の意味が問われるであろう。住宅と住宅地の計画された基町地区においては一定の評価があり、なお課題が残っていると捉えられるであろうが、基町地区の再開発が終了した時、中央公園内の広島城内堀の近くに記念碑を設立して「この地区の改良なくして広島の戦後は終わらないと言われた」と記述し、この再開発の意義を説明している。確かに10年という歳月と221億円という巨費を投じて実現したのである。

　それでは、これによって誇れるような空間・場所が実現したのであろうか。この碑文で住宅地建設の意義と少し河川堤塘敷き整備については触れられているが、中央公園の重要性については言及されておらず、その建設が主たる意図として位置づけられていない。

　相生通りの存在していた基町河岸では、護岸として親水のために玉石を使用した環境護岸とし、流速制御のために2つの飛び出しとした水制堤防と言われる整備によって河川景観としたのである。河川敷きにはポプラや伐採を免れた何本かの樹木があり、景観的に特徴づけている。河川としての景観に関連した賞も受賞しており、大いに評価されているであろう（写真E‐4）。

　しかし、計画の意味付けで言えば、相生通りと言われるまちを歩いてみれば、かつてのまちが存在したことに気付く人は少ないであろう。ましてや原爆スラムと呼ばれたまちが軒を連ねて存在していたことを想像できる人も稀であろう。再開発がまさにその存在を取り除くことにあったので、当然であろうが、計画された風景は、歴史の重層性を感じさせるものでなく、相当に注意深く見ていかなければ過去のまちを想起させるものは見つからない場所となっている。

　しかし、単独で存在しているように見えても、辿っていけば時代の中で生まれた空間である。その空間の出自を感じさせることなく、現在だけを表現していけば、まちの物語は廃れていく。それは何かの工夫で救済されていくのである。

　例えば河川敷に連なっていたまちを象徴するような通りを舗装として地面に埋め込めば、かつての集落を想起させることができるのではないか。そのまちを歩いている時、かすかにかつてのまちの存

真E‐4　本川沿いの基町護岸、玉石護岸や水制護岸が見られる

在、相生通りの記憶を呼び起こされるのではないか（E‐5）。

記録され、記憶されていれば何らかの形で時代の象徴として伝えられていくであろう。それこそ、時代の誇りを繋げていくことになる。

景観への誇りが生まれてくるとしたら、どのような空間であろうか。誇れる空間という問いは余りに唐突であり、馴染みにくい発想かも知れない。しかし、その時代の特徴を表現しているとすれば、それは記憶されてしかるべきであり、記録されていなければならない。それはある時代に敬意を払うということであり、その時代の特徴や意味が記憶されるのである。時代の到達点を記憶・記録しておくことが、計画の誇りに通ずるものである。相生通りにシフトして展開したが、基町地区においても歴史の重層性への敬意を払うことによって、いくつかの計画提案が可能であろう。本文でもいくつか散りばめているので、具体的に汲み取っていただきたい。

3　被爆100周年において何を世界に向けて発信できるか

広島は被爆から幾多の試練を超えて変遷を見せてきた。被爆後は、被爆したことから平和に関連して訴えることが多かった。そして、時代が大きく推移した現在、はたして時代に応じた平和の問題と取り組み、新たな試みを展開してきているだろうか。気が付いてみると、核兵器禁止条約への取り組みなど、世界の情勢から一歩遅れているのではないか、いや遅れてしまっているのではないか、と言われるようになってきた。

より現実的に言えば、被爆100周年をどのように迎えるか、重大な問題であり、今から取り組みを始めるべきではないか。世界から広島に関心を持ってくださる人々を、広島に招いて、あるいは来ていただいて、被爆から今までどのようなことがあり、どのような営為があり、そして今後世界のな

写真E‐5　相生橋東詰めからのかつての相生通りへのアプローチ

かで必要な組織やシステムは何かを話し合う場となるべきではないか。そのため、広島がどう機能すればよいか、どういうコンセプトのまちにすればよいか、検討すべきであろう。

広島の戦後直後において、まず被爆1年後に市民団体が結束して平和復興記念祭を基町の当時の護国神社前の広場で実施した。2年後においては広島市が関わる形で平和祭協会が結成され、当時は未整備状態の中島公園に平和広場を確保し、そこで平和復興祭を開催した。現在の平和記念式の前身にあたるもので、まず一歩踏み出したのであった。これが被爆後2年目、3年目に開催実施された後、突然4年目になり広島平和記念都市建設法の制定に併せて「平和の鐘」が作製され、市民広場と呼ばれる基町地区の旧護国神社に近い場所が選ばれて吊るされた。これによって、平和復興祭は基町地区に復帰した。しかし、その後の朝鮮戦争の勃発や世界情勢の変化により、一方で中島地区の平和記念公園という計画が少しずつ姿を現すに至り、次第に広島における空間的位置づけが固まっていった。すなわち、丹下健三の設計した平和記念公園が明確な空間的枠組みを示唆するものであったから、自然にそれに従っていくことになったのである。平和記念公園が平和記念式典の場として世界にアピールし、基町地区はその背景であり、補完場所となった。いや明確なすみわけ、役割分担が確定した。

平和記念公園と中央公園の関係づけが定まり、平和記念公園は明確なコンセプトのもとに整備され、維持運営されることになった。中央公園の方には、平和記念式典開催のような役割から解放されることになり、新たなコンセプトの模索が必要となったのである。すなわち、中央公園は平和記念公園を意識しつつも、独自の役割を持たねばならないと言える。それは計画的に言えばチャンスであり、試練でもある。

平和記念式典のような形式だけが平和を求める人たちの願いではない。広島の持てる力、条件を生かせば、基町地区でもっとできることがあるのではないだろうか。人々を広島に招いて、被爆から今までどのような営為があり、どのような努力をしてきたか訴えることができよう。現在世界で起きている問題を取り上げて議論することは対立の拡大につながり極めて難しいが、当事者が話し合いの場

写真E-6　基町地区再開発事業中の光景、手前は解体を待つ老朽化した旧公営住宅、遠方が再開発整備中の基町高層住宅、新旧取り混ぜたワンショット

として広島を選ぶようになれば、少なくとも歯止めをかけることになろう。広島が、世界の中で必要な組織やシステムは何かを話し合う場として登場すべきであろう。

市内にはいくつかの被爆建物を有しており、そういった場所や建物、施設のネットワークを構築し、それを活用して、世界の平和に関連した意味ある活動を集約して展示し発表の場としたり、議論ができるような場を提供するなど、それらをより促進することを含めて試みることが必要であろう。平和芸術、環境芸術の発表や展示の場としても機能できるし、さらには制作の場の提供も、現代的な平和都市の要件と言えよう。

こういった場やシステムを生かすには、空間だけでなく、それを支える人材、組織、さらにはネットワークや活動の蓄積が必要である。それこそまさに市民の力、都市力である。そういったソフトへの支援、バックアップも考えるべきであり、計画論の重要テーマとなる。

平和記念都市、平和都市は一朝一夕にしてできあがるものではない。不断の努力を重ねていくことが重要である。広島のここまでの都市建設、基町地区の整備においては全国から支援され、海外からも見守られてきた。ある段階で感謝と報告は欠かせないのではないか。都市全体として、基町地区としても大きな役割、使命を有しているはずであり、さらには挑戦が必要になっていることを自覚すべきであろう。広島としては、原風景を記憶し、そこからの転換の意味をかみしめ、世界のなかでの役割にチャレンジすることが望まれる。

最後に、広島が辿ってきた戦後の一光景（写真E-6）を示しておこう。基町地区再開発中の光景である。ここにすぐ隣接して西側に相生通り地区が存在していた。このような時代を経て現在の都市が形成されてきたのであり、広島が記憶しておきたい光景であり、伝えていきたい戦後史の一過程である。本来広島に義務付けられていた平和記念都市・平和都市の建設において未だ十分とは言えない取り組みを顧みて、重要な何かを発信するためにも、広島としても、ある時代の自らの光景をきっちり記憶し、その意味を噛み締めておかねばならないのである。

参考文献

1　広島都市生活研究会編『広島被爆40年史　都市の復興』（広島市企画調整局文化担当発行　1985年）

2　広島市編『広島新史』都市文化編（広島市発行　1983年）

3　石丸紀興「基町・長寿園団地計画―城郭地から公園用地指定を経て都心型高層住宅地へ―劇的な土地利用転換過程」（日本都市計画学会編『60のプロジェクトによむ日本の都市づくり』朝倉書店、2011年）36～39頁

4　石丸紀興「特別法『旧軍港市転換法』適用都市における都市政策の展開と課題」（『広島平和記念資料館資料調査研究会研究報告』第15号、2019年）20頁

おわりに

基町相生通りの最初の調査（1970年）、再開発による移転完了後に行った追跡調査（1979年）からすでに半世紀の歳月が過ぎた。

調査した私たちも年を重ねた。相生のまちが再開発で消えてから40年が過ぎた。戦後の広島の河岸に30年にもわたって存在し、時には原爆スラムと呼ばれた相生のまちは、思えば当時の広島を象徴する空間であった。被爆・国籍問題、貧困・衛生・健康や差別の問題など、様々な問題を抱えながらも、たくましく優しく人々の気配あふれる暮らしの空間であった。

一度は断念しかけた出版を、再び起動できたのは広島市公文書館からの申し出のおかげであった。幸いにも保管され見つかった当時の我々の調査資料を、広島市公文書館に寄贈（2015年）できたことと合わせて、この間書き留めていた文章に今日の視点から新しく書き加えたものを、ここで一つにまとめておくことは、広島の戦後史の大切な一面を確かめる貴重な資料となることと確信している。このささやかな作業が、ヒロシマの廃墟の中から立ち上がった人々の生きた証となり、願いとも呼応して、これからの広島とヒロシマの何かのお役に立てればと願うものである。

2019年に、「はじめに」に一文を加えてから1年たった2020年は、思ってもいなかった年となった。コロナ禍のなかでの制約された環境にあって、遅々として進まない編集作業ながらも、あきらめず連絡を取り合いながらの時間であった。そうした中で昨年末、幸いにも出版を引き受けてもらえる出版社と出会えることができた。

この3月、桜が咲き始める前の晴れた一日、かつての相生通りを相生橋から三篠橋まで歩いた。星形の県営アパートは姿を消し、サッカー場建設に向けての準備か、基町高層・中層アパート南の緑地帯の一部は、工事用の塀で囲まれていた。土手みちは支障なく歩くことができ、コロナ禍のなかでも河岸にはわずかの人たちだが、春の日差しを楽しんでいた。これが今の「基町相生通り」の風景だが、変貌の兆しがそこここに見られたのである。

さて、アメリカ大統領選挙、混乱はありながらも、この4年間と違った連携の構造への道が示されつつある。新たな緊張も芽生え始めているが、地球温暖化に対するパリ協定も徐々にではあっても動き始めるのではないか。そして何よりもこれからの礎となるのが、今年２０２1年の1月22日、50か国の批准を受けて発効した核兵器禁止条約である。核廃絶を目指す広島にとって、これは大切な条約である。広島・基町相生通りを一冊の本としてまとめる意味・願いも、回り巡ってそこにある。これから姿を変えていくであろう基町と、かつての相生通りを注視しながら、そのことを忘れないようにしたい。

最後に、私たちの出版の申し出を引き受けていただいたあけび書房の岡林信一氏に感謝するとともに、著作権整理にあたって貴重なアドバイスをいただいた広島市公文書館や、調査以来お世話になった多くの方たちへのお礼をここで申し上げて、筆をおきたい。

２０２1年4月　筆者一同

執筆者

石丸紀興（いしまる のりおき）

1940年生まれ、岡山県井原市出身。東京大学大学院修士課程修了、広島大学大学院工学研究科教授を経て、現在、「㈱広島諸事・地域再生研究所」主宰、工学博士、技術士。学芸員、日本都市計画学会功績賞受賞、日本建築学会賞（論文）受賞、中国文化賞受賞。

千葉桂司（ちば けいし）

1945年生まれ、広島県福山市出身。広島大学大学院工学研究科修士課程（建築学専攻）修了、日本住宅公団（現UR都市再生機構）を経て、現在「Kまち工房」主宰、博士（工学）、技術士。

矢野正和（やの まさかず）

1946年生まれ、広島県東広島市出身。広島大学大学院工学研究科修士課程（建築学専攻）修了、広島市役所を経て、ハウスプラス中国住宅保証㈱勤務後退職。

山下和也（やました かずや）

1957年生まれ、島根県飯南町出身。広島大学工学部建築学科卒業、現在、㈱地域計画工房、技術士。

調査関係者

●1970年実態調査

調査指導：石丸紀興（前掲）

調査

千葉桂司（前掲）

矢野正和（前掲）

岩田悦次

1947年生まれ、島根県大田市出身、広島大学工学部建築学科卒業、広島市役所／勤務退職、卒業論文「基町相生通り〝原爆スラム〟の構造」、都市住宅誌『不法占拠』共同執筆

調査協力

青山和憲／池田千秋／上野菊江／片山勝美／金子千秋／久世雅義／曾原英夫／東洋子／松尾彰／矢嶋ひろみ（当時）

●1979年追跡調査

調査指導：石丸紀興（前掲）

調査

山下和也（前掲）

富岡康文　広島大学大学院工学研究科博士課程後期・単位取得退学

上木薫　広島大学大学院工学研究科（建学学専攻）
修了
石川忠則　広島大学工学部建学科卒業
真鍋忠晴　広島大学工学部建学科卒業

調査協力
平野英治／岩田悦次／千葉桂司／矢野正和

●2つの基町関連シンポジウム

・「原爆スラムと基町研究に関する徹底討論そして今後の展望」シンポジウム（2015年12月19日　於・安芸リーガルビル会議室）
石丸紀興／佐々木俊輔／仙波希望／中村　圭／西井麻里奈／千葉桂司／矢野正和／山下和也

・「広島基町高層アパートと大高正人」シンポジウム（2016年11月12日　主催：広島市立大学、広島市中区役所／共催：文化庁　於・広島市立基町小学校体育館）
藤本昌也／石丸紀興／小林礼幸／松隈洋

初出

＊『都市住宅』7306号　特集「不法占拠」（1973年　鹿島出版会）

＊広島市『広島新史』都市文化編　第一部　都市の空間と文化（1983年）

＊広島市公文書館『広島市公文書館紀要』第29号（2016年）、同第30号（2018年）、「基町／相生通り（通称「原爆スラム」）調査を回想する」前編・後編

集落構造研究会
1970年調査結果を『都市住宅　7306』に発表の際、千葉・矢野・岩田で結成

参考文献

＊雑誌『都市住宅』7306号　特集「不法占拠」（1973年　鹿島出版会）
同、7307・7308号　特集「高層団地」（1973年　鹿島出版会）

＊日本建築学会編「基町再開発の追跡研究（1～7）」学術講演梗概集　計画系」55・56（1980・1981年）

＊広島市編『広島新史』都市文化編（1983年）

＊広島県・広島市編『基町地区再開発事業記念誌』（1979年）

＊広島市編『都市の復興　広島被爆40年史』（1985年）
本書では「広島被爆40年史」と略す。

＊『ヒロシマの被爆建造物は語る　被爆50周年　未来へ

の記録』（1995年） 本書では「ヒロシマの被爆建造物は語る」と略す。
＊広島市編『広島市被爆70年史 あの日まで そしてあの日から 1945年8月6日』（2018年）
本書では「広島市被爆70年史」と略す。
＊財団法人広島市公園協会編『ひろしまの公園 1978』（財団法人広島市公園協会発行、1978年）
＊大藪寿一「原爆スラムの実態（上下）」、『ソシオロジ』14巻 3号・15巻 1号（1968、1969年 社会学研究会）
＊大橋薫『都市の下層社会』（誠信書房、1962年）
＊『西山卯三著作集2 住居論』戦災者応急住宅の住み方（1968年 勁草書房）
＊日本建築学会編『建築雑誌』1635号 特集「広島（ヒロシマ）・長崎（ナガサキ）」（2012年8月）
＊大江健三郎『ヒロシマ・ノート』（1965年 岩波書店）
＊山代巴『この世界の片隅で』（1965年 岩波書店）
＊大田洋子『夕凪の街と人と』（1953年 講談社）
本文引用は三一書房版（1978年）から
＊仙波希望「平和都市概念の生成と〝原爆スラム〟クリアランス：広島の戦後復興期における広報・都市計画を検討主題として」（東京外国語大学大学院修士論文 2015年）
＊佐々木俊輔「ヒロシマシティアパート観光案内」、『早稲田文学2015』「特集・広島について」（2105年 早稲田文学会）
＊西井麻里奈『広島復興の戦後史』（2020年 人文書院）
＊ジェイン・ジェイコブス『アメリカ大都市の死と生』（1969年 鹿島出版会）
＊石丸紀興「広島市における51C型、DKタイプの導入・普及・公営住宅編」、『広島市公文書館紀要』第25号（2012年）
＊石丸紀興「基町・長寿園団地計画―城郭地から公園用地指定を経て都心型高層住宅地へ―劇的な土地利用転換過程」（日本都市計画学会編『60のプロジェクトによむ日本の都市づくり』朝倉書店、2011年）
＊石丸紀興「特別法『旧軍港市転換法』適用都市における都市政策の展開と課題」、『広島平和記念資料館資料調査研究会研究報告』第15号（2019年 広島平和記念資料館資料調査研究会）

出典

＊写真・図表
口絵・序章～第3章：『都市住宅 7306』（鹿島出

版会）からの転載あるいは転写のうえ加工、及び、著者の作成、撮影したものは掲載していない。

【第4章〜コラム】『広島市公文書館紀要』第29号からの転載あるいは転写のうえ加工、及び、著者の作成、撮影したものは掲載していない。

【巻頭口絵】

図K-1　都市環境研究所提供

写真K-2　広島市公文書館提供

写真K-3　広島市公文書館提供

写真K-4　基町相生通りの風景　上・中段『都市住宅　7306』石井和紘撮影　下段右　佐々木雄一郎撮影　塩浦雄悟提供　下段左『都市住宅　7308』石井和紘撮影

写真K-5　相生通りの屋根、路地で遊ぶ子どもたち　最下段左『都市住宅　7308』石井和紘撮影

図K-4『広島新史』都市文化編

写真K-6　井手三千男撮影

【序　章】

写真0-2　中国新聞社提供

写真0-4　西日本写房提供

図0-2『広島被爆40年史』

【第1章】

写真1-1　広島平和記念資料館提供（林重男撮影）

写真1-2『広島市被爆70年史』写真2-3-2

図1-1　西田ひかり論文「広島城下町の形成と治水事業」中に作成された図から引用（元図　広島城絵図集成）

図1-2　広島大学原爆放射能医科学研究所提供（元図『基町地区再開発事業記念誌』）

図1-3　基町地区再開発事業記念誌

図1-4　同右

【第2章】

写真2-2『広島被爆40年史』

写真2-3　中国新聞社提供

写真2-4　中国新聞社提供

図2-6　広島市公文書館提供（『広島新史　都市文化編』）

表2-1・2『基町地区再開発事業記念誌』

【第3章】

写真3-2『都市住宅』7306（石井和紘撮影）

【第5章】

写真5-1『広島被爆40年史』

写真5-2　広島市公文書館提供

図5-1〜4　基町地区再開発事業記念誌

【第6章】
図6-2 『広島新史』都市文化編
【終　章】
図E-1・2 『広島被爆40年史』
図E-3 世界平和記念聖堂（相模書房出版）
図E-4 『広島市公文書館紀要』第23号
図E-5・6 『広島新史』都市文化編
写真E-1 中国新聞社提供
【コラム】
コラム1 写真「消え去る〝原爆スラム〟を照射」中国新聞社提供
コラム2 写真「広島カープ優勝パレード」中国新聞社提供
「初代広島市民球場」広島市公文書館提供
コラム5 こうの史代『夕凪の街　桜の国』（双葉社2004年）
コラム6 図「緑の十字形」『広島市総合計画1970』

原爆スラムと呼ばれたまち　ひろしま・基町相生通り

2021年7月26日　第1刷発行 ©

著　者 ― 石丸紀興、千葉桂司、矢野正和
山下和也

発行者 ― 岡林信一
発行所 ― あけび書房株式会社
〒120-0015 東京都足立区足立1-10-9-703
☎ 03.-5888-4142　FAX03-5888-4448
info@akebishobo.com　https://akebishobo.com

印刷・製本／モリモト印刷

ISBN978-4-87154-191-6　c3036